治蜀兴川区域法治建设研究系列丛书

成都建设国际门户枢纽城市的
法治保障研究

张立哲 / 著

西南财经大学出版社
中国·成都

图书在版编目(CIP)数据

成都建设国际门户枢纽城市的法治保障研究/张立哲著.—成都:西南
财经大学出版社,2023.10
ISBN 978-7-5504-5312-8

Ⅰ.①成… Ⅱ.①张… Ⅲ.①城市建设—法治—研究—成都
Ⅳ.①D927.711.229.74

中国版本图书馆 CIP 数据核字(2022)第 055798 号

成都建设国际门户枢纽城市的法治保障研究

CHENGDU JIANSHE GUOJI MENHU SHUNIU CHENGSHI DE FAZHI BAOZHANG YANJIU

张立哲　著

策划编辑:李　琼
责任编辑:李　琼
责任校对:李思嘉
封面设计:墨创文化
责任印制:朱曼丽

出版发行	西南财经大学出版社(四川省成都市光华村街 55 号)
网　　址	http://cbs.swufe.edu.cn
电子邮件	bookcj@ swufe.edu.cn
邮政编码	610074
电　　话	028-87353785
照　　排	四川胜翔数码印务设计有限公司
印　　刷	四川五洲彩印有限责任公司
成品尺寸	170mm×240mm
印　　张	12.5
字　　数	291 千字
版　　次	2023 年 10 月第 1 版
印　　次	2023 年 10 月第 1 次印刷
书　　号	ISBN 978-7-5504-5312-8
定　　价	78.00 元

前言

本书撰写正值《中共成都市委、成都市人民政府关于加快构建国际门户枢纽全面服务"一带一路"建设的意见》《建设西部对外交往中心行动计划（2017—2022 年）》《中共中央 国务院关于新时代推进西部大开发形成新格局的指导意见》等重大政策文件颁布实施之际。

全书以《成都市国民经济和社会发展第十四个五年规划和二〇三五年远景目标纲要》《成都市国土空间总体规划（2020—2035 年）》对成都国际门户枢纽城市的核心规划为基本点，聚焦成都建设国际门户枢纽城市法治建设，按照"问题—结构—过程—制度"的逻辑路径开展研究。具体内容包括：第一章为序言，第二章论述了成都建设国际门户枢纽城市法治保障的价值目标，第三章阐述了成都建设国际门户枢纽城市法治保障的历史逻辑，第四章对国内城市西安、重庆以及国际城市纽约、东京和伦敦建设枢纽城市进行了比较借鉴，第五章为成都建设国际门户枢纽城市法治保障的体系与机制，第六章对成都建设国际门户枢纽城市法治保障进行了效果评价。

全书的撰写得到四川大学、中共四川省委党校专家学者的支持。感谢西南财经大学出版社的编辑和西南财经大学的罗江月老师对书稿进行编撰修订使书稿得以顺利出版，同时感谢西南石油大学张祯昊，四川大学李重志、杨恩泰等同学以及中共四川省委党校王倩楠、王丽萍、鲍钰等同学对书稿文字校对做出的贡献。限于水平，加之时间比较仓促，书中不足之处难以避免，请各方专家和读者提出宝贵的批评意见和建议。

张立哲

2023 年 3 月

目录

第一章　序言

　　成都国际门户枢纽城市概念的提出主要基于城市治理的研究背景。纵观人类社会发展史，特别是第二次世界大战以后，一个重大趋势就是世界各地的城市现代化、国际化进程普遍加快，最近三十年来，城市国际化发展趋势在发展中国家尤其明显。应对全球城市现代化挑战，系统研究世界城市治理发展规律，探讨建立普遍性和特殊性相结合的城市治理理论、方法与政策框架，是当前研究的重要内容。作为中国西部重要的经济中心和超大型城市，成都市要推动城市治理体系和治理能力现代化，建设具有世界影响力的社会主义现代化国际大都市，加速理论研究向实际应用的转化，强化实践创新对理论研究的反哺作用显得尤为重要（2021，沈体雁）。城市治理是各种公私机构和个人管理城市公共事务的诸多方式的总和。不同的学者从不同的实践基础、学科背景和研究视角出发，提出了若干不同的城市治理理论，如大都市政府理论（或传统区域主义理论）、新区域主义理论、公共选择理论、地域重划与再区域化理论等理论范式。值得关注的是，《中国特色超大城市治理的十大理念》报告提出了中国特色超大城市治理的十大新理念：城市是人民的城市，人民城市为人民；城市是生命体、有机体；让城市更聪明一些、更智慧一些；城市规划在城市发展中起着重要引领作用；城市建设要注重历史文化保护和以自然为美；城市管理要像绣花一样精细；建构共建共治共享的城市社会治理共同体；统筹城市安全和发展工作；城市治理要增加人民群众获得感；城市治理要打破一亩三分地的思维定式（李文钊，2021）。围绕中国城市治理中的新发展阶段、新发展理念、新发展格局问题，要将成都国际门户枢纽城市建设研究放在新发展格局的战略体系中进行思考；发挥城市治理在"政产学研用"中的基础研发核心作用；成都国际门户枢纽城市建设研究者要成为数字社会和数字时代的参与者、推进者（张立哲，2020）。总体而言，成都国际门户枢纽城市的理论与实践研究，应当运用城市治理研究的最新成果，将具有普遍解释性的城市治理的一般理论与方法与成都国际门户枢纽城市建设的重要实践结合起来。

第一，均衡发展与城市治理现代化研究。通过打造物理空间和社会生态融合的城市治理智能平台和治理共同体，赋能"治理现代化""分配现代化"的实现，需要构建国家现代公益慈善体系，推动中国特色第三次分配的高水平发展。学术界相关研究成果主要有：把握未来城市高质量发展的关键窗口期，坚持问题导向、效果导向，以系统、科学的方法，创造高品质生活，聚焦"宜居与宜业""优质与均衡""发展与共享""效率与公平"的关系，建设橄榄型社会（蓝蔚青，2021）；重视数字经济的均衡性、包容性增长，避免出现数据垄断、平台霸权、赢者通吃现象，应以数字赋能缩小城乡、地区发展差距，推动优质公共服务共享体制机制变革研究（罗卫东，2021）；在城市群发展中要注意中心城市的"虹吸效应"挤压周边中小城市的生存空间，要通过建立群内城市协同平台，推进产业协作一体化，创新群内城市利益分享机制，促进城市群内公共服务一体化研究（董雪兵，2021）；在城市治理中处理好公平与效率、政府与市场、目标与实现方式三组关系，发挥政府主导作用，通过多领域的协同配合，不断探寻有效兼顾公平与效率的措施与途径（马力宏，2021）；城市治理最终要归根于公共福利、公共福祉和公共价值的创造，实现从治理理念到群众获得感的跨越（杨开峰，2020）；打造以人民为中心、以数字治理为依托，有为政府、有效市场和有机社会相结合的国家治理现代化格局研究（王亚华，2020）。

第二，技术发展与城市治理现代化研究。科技的快速发展为城市建设提供了更加有利的技术条件。要运用前沿技术推动城市治理手段、治理模式、治理理念创新，围绕城市治理需求，加强基础设施建设，增强信息采集、交流、发布、共享等功能，助推城市治理决策科学化、服务便捷化。面对人口增长带来的居民利益纠纷、基层治理任务超载和基层治理权责模糊，在内部机制的保障下，学术界相关研究成果主要有：依托物联网提高居民的安全性和流动性，实现城市发展和功能的现代化（德尼卡·门德斯·戈纳雷斯，2021）；通过学校、学院、初创公司、孵化器、加速器等利益相关方聚集的跨地区、跨行业的地理空间提升城市治理的创新性、连通性（梁光辉，2021）；借助大数据、人工智能等科技手段，改善人居环境，创造可持续的、具有造血功能的社区治理空间（于德湖，2021）；科技创新赋能超大城市治理研究（朱春奎，2020）；政府数字化转型和数字化改革的实践经验和理论逻辑有助于城市治理从后发优势向先发优势转变（郁建兴，2021）；探讨作为数字治理的"一网通办"和"一网统管"，实现和践行人民城市理念（吴建南，2021）；运营商、双引擎、网格化城市治理基础设施、城市经理人、城市空间整合服务的投融资、信息公开、运营服务的监管等制度设计对城市治理的影响研究（沈体雁，2020）；政府数据、开放政府和开放数据三个层面在城市治理中的结合研究（吴逊，2020）。

第三，领导模式与城市治理现代化研究。城市治理是一项系统工程，需要坚持系统观念、运用系统思维、推进系统治理。要考虑不同地方、不同区域城市经济社会发展水平，合理协调城市治理中多元主体的关系，推动多元主体之间协同合作，形成多方力量共同参与城市治理的格局。学术界相关研究成果主要有：发挥地方政府内部"政府领导强化机制""党建引领下的政治保障机制""正向反馈机制""渐进累加机制"的作用（吴晓林，2021）；通过平台把政府部门集合起来对接政府和百姓需求的平台型政府城市治理研究（孙志建，2021）；突破社会治理的差异性，摸清社会事实，掌握更多信息、数据，在此基础上形成更有效的知识生产，从而推进城市治理的决策执行研究（韩志明，2021）；通过构建有用的社会信用体系舒缓大城市的社会张力，从而将社会信任变成基于社会信用体系的社会互动基础研究（维特伦科·伊娜，2021）；城市治理要以人为本探索构建共建共治共享的城市治理体系研究（汪碧刚，2021）。

为数不多的研究成果将法治建设与城市治理现代化研究结合起来。例如，对日本有关城市治理的《环境保护法》《青草法》《公海对策基本法》等法律，以及"三阿鲁"政策实施（张纪浔，2021）的研究；希腊政府通过法律制度建设应对环境问题和日常挑战，重视通过实践创新来优化内部流程，提高服务水平，运用系统规范的法治思维方法提高城市治理能力（克里斯托斯·考卡拉，2021）等。类似研究拓展了城市治理研究的视角，也为城市治理实践提供了规范依据和制度支撑。本书的撰写也正是基于这样的思路。全书围绕成都建设国际门户枢纽城市法治保障的价值目标、历史逻辑、比较借鉴、体系与机制、效果评价展开。其中价值目标部分，聚焦习近平法治思想，以《成都市国民经济和社会发展第十四个五年规划和二〇三五年远景目标纲要》提出的国际门户枢纽"六大体系"为着力点，为建设国际门户枢纽城市提供法治保障；历史逻辑部分，梳理了成都建设国际门户枢纽城市的历史脉络，即 2017年成都提出全面建成泛欧泛亚具有重要影响力的国际门户枢纽城市，2018 年《中共成都市委成都市人民政府关于加快构建国际门户枢纽全面服务"一带一路"建设的意见》和《建设西部对外交往中心行动计划（2017—2022 年）》实施，2020 年《中共中央 国务院关于新时代推进西部大开发形成新格局的指导意见》将成都建设国际门户枢纽城市提升为国家战略，2021 年《成都市国民经济和社会发展第十四个五年规划和二○三五年远景目标纲要》提出建设国际门户枢纽城市的"六大体系"任务；比较借鉴部分，聚焦西安"两核两区四园多层次"平台体系 21 条政策，重庆优化开放软硬环境为企业降低通关成本的政策，粤港澳职业资格国际互认、外籍及港澳台高层次人才便利化政策，东京"站城一体化发展模式"，纽约"复合多元化发展模式"，伦敦"梯次差异化发展模式"等；体系与机制部分，围绕多向度战略大通道体系的法治保障、高效率枢纽体系的法治保障、高能级开放平台体系的法治保障、现代流通体系的法治保障、提升开放发展水平的法治保障、联动重点区域协同开放的法治保障展开；效果评价部分，根据《中共中央 国务院关于新时代推进西部大开发形成新格局的指导意见》划定的战略目标、《成都市国民经济和社会发展第十四个五年规划和二○三五年远景目标纲要》提出的"六大体系"任务，围绕后续协议、方案、意见设计衡量法治保障效果的评价指标。

第二章 成都建设国际门户枢纽城市法治保障的价值目标

经济全球化是时代发展的必然潮流，也是我们谋划发展时必须要面对的条件要求①。一个国家要想富强，一个民族要想振兴，关键就是要顺应时代发展潮流，不仅要与时代同行、把握历史大势，更要掌握历史前进的主动权。习近平总书记在《求是》发表的《深入理解新发展理念》一文中，强调要着力形成对外开放新体制，发展更高层次的开放型经济，"实践告诉我们，要发展壮大，必须主动顺应经济全球化潮流，坚持对外开放，充分运用人类社会创造的先进科学技术成果和有益管理经验"②。《国家综合立体交通网规划纲要》强调，"建设面向世界的成渝地区双城经济圈国际性综合交通枢纽集群，不断强化其门户枢纽功能，从而提升对外连通水平与能力"。《四川省国民经济和社会发展第十四个五年规划和二〇三五年远景目标纲要（草案）》提出，成都建设国际门户枢纽成为四川省"十四五"规划的重要内容。《成都市国民经济和社会发展第十四个五年规划和二〇三五年远景目标纲要》针对建设国际门户枢纽城市提出"六大体系"具体任务，即打造多向度战略大通道体系、建设高效率枢纽体系、建设高能级开发平台体系、构建高效现代流通体系、提升开放发展水平、联动重点区域协同开放。

成都，位处长江经济带和"一带一路"交会点，在长江经济带和"一带一路"建设中发挥着承接东部辐射、带动西部发展的战略支撑作用。从历史上的南方丝绸之路，到如今"一带一路"、中欧班列、西部陆海新通道，再到2021年上半年，川藏铁路、成自宜和成达万高铁等战略大通道建设启动，成都天府国际机场建成投运……一系列机遇接踵而来，大通道、大平台接连落

---

① 隆国强. 经济全球化的新特点新趋势［N］. 人民日报，2019-2-22（9）.
② 习近平. 深入理解新发展理念［J］. 求是，2019（10）：5-10.

地。开放,是成都城市跃升的最大变量。一直以来,成都积极探索融入新发展格局的有效路径,充分发挥战略区位优势,坚持对外开放和扩大内需有机结合,加快构建多层次对外通道和高水平对外开放平台,培育全方位对外开放新优势,充分发挥国家中心城市对畅通国民经济内循环和链接全球经济外循环的引领支撑作用,充分利用国内国际两个市场、两种资源,构筑吸引国际商品和要素资源的巨大引力场。如今,成都正大力实施立体多向战略通道建设、国际创新合作、国际经贸往来、国际化消费、国际人文交流五大专项行动,着力打造内陆开放高地①,为国际门户枢纽城市建设起到重要支撑作用。成都始终积极在国家战略和世界城市体系中谋篇布局②,也始终坚持开放发展,积极发展更高层次开放型经济,加快建设国际门户枢纽城市。

一、深入推进国家发展战略

伴随着第一个百年奋斗目标的实现,我国已经全面建成小康社会,当前我国已经开始向第二个百年奋斗目标进军,开启了全面建设社会主义现代化国家的新征程。在新的历史节点之下,成都也正式开启了社会主义现代化城市的建设。全面开放新格局带来的时代机遇,"一带一路"倡议的实施更是为我国建设构建起了陆海内外联动、东西双向互济的全面开放新格局,使成都由第一轮开放的"内陆腹地"跃升为第二轮开放的"前沿高地"。作为距离欧洲最近的国家中心城市,建设西部国际门户枢纽为成都融入全球提供了时代机遇,也为世界深耕中国西部提供了战略支点③。立足新发展阶段、贯彻新发展理念、服务新发展格局,加快构建以国内大循环为主体、国内国际双循环相互促进的新发展格局、"一带一路"建设、成渝地区双城经济圈建设及新一轮西部大开发,都要求成都主动服务国家战略④,进一步认清成都在新发展阶段的战略定位,借势而上,进一步强化成都在国家全面开放新格局中的战略地位和枢纽功能,全面提升区域开放能力和水平。

---

① "双循环"格局下,成都如何加快打造国际门户枢纽城市 [EB/OL]. (2020-11-17) [2021-08-06]. https://news.qq.com/rain/a/20201117a0f40100.
② 本刊编辑部. 开放成都 国际门户 [J]. 先锋, 2019 (8): 30-35.
③ 范锐平. 共建陆海新通道 共享开放新机遇 携手打造面向"一带一路"国际门户枢纽 [J]. 先锋, 2018 (11): 5-6.
④ 田坤明, 卢大文. 成都市构建开放发展新格局研究 [J]. 中国西部, 2018 (5): 28-35.

（一）打造国内循环的战略腹地和国际循环的门户枢纽

党的十九届五中全会通过的《中共中央关于制定国民经济和社会发展第十四个五年规划和二〇三五年远景目标的建议》提出，要加快构建以国内大循环为主体、国内国际双循环相互促进的新发展格局。立足新发展阶段、贯彻新发展理念、构建新发展格局，是以习近平同志为核心的党中央应对百年变局，根据国内外形势发展的新变化、我国经济发展面临的新挑战，准确把握高质量发展新阶段生产力与生产关系的矛盾运动和演变规律，审时度势做出的重大决策①，是习近平新时代中国特色社会主义经济思想的重要组成部分，是指导我们观大势、谋全局、干实事的重大理论创新和实践方法路径。从国际看，当今世界正经历百年未有之大变局，国际环境日趋复杂，经济全球化遭遇逆流、单边主义、保护主义抬头，不稳定性、不确定性明显增强②。受新冠疫情冲击，世界经济低迷，各种风险不断累积和暴露，面对复杂严峻的全球疫情防控形势和世界经济发展的巨大挑战，任何国家都不能独善其身。疫情虽然没有从本质上改变世界格局的演进方向，全球化的趋势没有发生根本性改变，但与此同时，在疫情的影响下全球化进入崎岖甚至险峻路段，出现"逆全球化"的可能性增大③，全球产业链供应链循环受阻，经济陷入深度衰退，国际经济、安全、政治等格局都在深刻调整。因此，亟须构建国内国际双循环相互促进的新发展格局，既要畅通国内产业链，又要加强国际协调合作，保证国内国际循环畅通。当前中国经济已经从高速增长转向高质量发展，我国的经济发展方式正在发生转变，在机遇面前仍然面临着结构性、周期性等相关问题相互交织所带来的挑战。国内外环境的深刻变化既带来一系列新机遇，也带来一系列新挑战。我们要辩证认识和把握国内外大势，统筹中华民族伟大复兴战略全局和世界百年未有之大变局，深刻认识我国社会主要矛盾变化带来的新特征、新要求，深刻认识错综复杂的国际环境带来的新矛盾、新挑战，推动形成以国内大循环为主体、国内国际双循环相互促进的新发展格局。要用顺畅联通的国内国际循环，破除各地小循环，推动建设开放型世界经济，推动构建人类命运共同体，形成更加紧密稳定的全球经济循环体系，形成需求牵引供给、供给创造

---

① 经世民. 打造国内循环的战略腹地和国际循环的门户枢纽［N］. 成都日报, 2020-12-02（6）.

② 彭焕才. 深入理解构建新发展格局［N］. 人民日报, 2021-09-10（9）.

③ 安嘉理. 专访张宇燕：新冠疫情对全球经济的冲击和世界格局演化［J］. 中国银行业, 2020（5）：18-20, 6.

需求的更高水平动态平衡，促进各国共享全球化深入发展机遇和成果①。构建新发展格局需要推动更高水平的对外开放，需要具备强大的国内经济循环体系和稳固的基本盘，形成在国际竞争中的强大竞争力，从而更深度融入全球经济，实现高质量引进来和高水平走出去。

从经济发展规律来看，改革开放伟大实践带给我们深刻启示。改革开放以来，我国对内改革、对外开放，逐步利用国内国际两种资源、两个市场，融入国际经济大循环。中国的改革开放创造了经济高速发展和社会长期稳定的罕见奇迹，同时积累了弥足珍贵的实践经验。改革开放 40 余年的砥砺前行，带给我们"开放带来进步，封闭必然落后"的珍贵启示。在不断扩大开放、促进发展的过程中，在改革开放的伟大实践中，我们逐渐总结出多条经验：一是坚持党的集中统一领导，紧紧围绕国家发展大局，制定对外开放战略；二是顺应经济全球化大势，坚持对外开放不动摇；三是牢牢把握对外开放主动权，与时俱进地调整开放重点与策略；四是量力而行，承担与自身发展阶段相适应的国际责任；五是统筹开放发展与安全的关系，防范风险②。2018 年 6 月，成都市对外开放大会召开，这是一次具有里程碑意义的会议，在改革开放 40 周年的背景下，成都提出了高水平建设体现新发展理念的国家中心城市、高水平建设西部国际门户枢纽，以全球视野谋划国际战略通道建设、以供应链思维谋划国际物流体系建设、以自贸区为载体谋划国际投资贸易平台建设、以服务国家总体外交谋划国际交往中心建设，全面提升成都在全国开放新格局中的战略地位、推动形成全面开放新格局的目标。

改革开放以来，成都城市发展取得了可喜的成绩。成都立足新发展阶段、贯彻新发展理念、服务新发展格局，把新思想、新理念贯穿于成都发展建设的全过程。综合国际和国内权威评价机构的相关评估来看，成都的城市国际化建设的成就有目共睹③。其一，成都城市综合竞争力大幅提升。"十三五"期间，成都实现了从区域中心城市到国家中心城市进而冲刺世界城市的历史性跨越。2020 年，成都地区生产总值达到 17 716.7 亿元，稳居中国（内地）城市第七名，比"十三五"末期增长 45.6%，增幅在内地十大城市中排名第一。根据全球化及世界城市研究网（GaWC）发布的 2020 全球城市最新排名，成都较

---

① 刘鹤. 加快构建以国内大循环为主体、国内国际双循环相互促进的新发展格局 [N]. 人民日报，2020-11-25 (6).

② 刘元春. 读懂双循环新发展格局 [N]. 北京日报，2021-09-06 (12).

③ 冯韧. 新时代成都推动形成全面开放新格局的思考 [J]. 现代交际，2020 (14)：255-256.

2018 年上升 12 位，排名全球第 59 位，在国内的排名仅次于香港、上海、北京、广州、台北、深圳，排名全国第七①。其二，成都产业基础与创新体系日渐坚实。《2021 年成都市产业生态圈引领产业功能区高质量发展工作计划》指出，成都将以产业生态圈和产业功能区高质量发展为抓手，推动产业基础高级化、产业链现代化。一方面，做实产业生态圈，提升功能区协同发展水平，强化产业关联、创新关联和利益关联，推动生态圈开发协同；另一方面，做优创新生态链，培育功能区发展新优势，加快建设智慧产业功能区，聚力推动产学研融合创新②。目前，成都 14 个产业生态圈渐次成型，66 个产业功能区逐渐成势，高新技术企业突破 6 000 家、产值突破万亿元，国家级创新平台达 119 家，新经济活力指数位列全国第二。近年来，以英特尔、京东方等龙头企业为引领的 IT 产业集群，以美敦力等龙头企业为引领的生物医药产业集群，以腾讯、华为等龙头企业为引领的科技互联网经济产业集群已逐渐成为成都的支柱产业，超 300 家世界 500 强企业落户成都。其三，成都经济循环发展动力强劲。2020 年，成都实现社会消费品零售总额 8 118.5 亿元，位列全国第六，已成为全国性消费中心城市③。2020 年，成都进出口总额达到 7 154.2 亿元，同比增长 22.4%，占四川省的比重近 90%，超过杭州、南京等东部沿海开放城市，出口总额跃升至副省级城市第四位。目前，成都本外币存款余额在中、西部城市中已位列第一，其全球金融中心指数排在全国前五，仅次于北、上、广、深；金融中心排名和全球创新指数分别居世界第 43 位和第 47 位④。其四，成都陆海国际大通道日益畅通。目前成都双流机场开通国际地区航线 128 条，成都逐步成了中西部地区链接全球的最大的门户枢纽。2021 年 6 月，随着成都天府国际机场的正式启用，成都成为继北京、上海第三个拥有两座大型国际机场的城市。"一带一路"倡议提出五年来，成都通过国际班列提能计划，构建"纵贯南北、横贯东西、通江达海、四向联通"的陆海国际大通道。中欧班列（成都）累计开行 4 600 列，开行数量连续三年居全国第一⑤。成都正全

———————

① 每日经济新闻. GaWc 发布 2020 世界城市名册：6 座中国城市入围世界一线，成都排名连续三次拉升 [EB/OL]. （2020 - 08 - 23）[2021 - 08 - 06]. https://baijiahao. baidu. com/s? id = 1675796567992415910&wfr = spider&for = pc.

② 成都市发改委. 一图读懂《2021 年成都市产业生态圈引领产业功能区高质量发展工作计划》[EB/OL]. （2021 - 04 - 19）[2021 - 08 - 06]. http://gk. chengdu. gov. cn/govInfo/detail. action? id = 2900950&tn =.

③ 川观新闻. 2020 年成都实现社会消费品零售总额 8118. 5 亿元 [EB/OL]. （2021 - 04 - 14）[2021 - 08 - 06]. https://baijiahao. baidu. com/s? id = 1697011661699402293&wfr = spider&for = pc.

④ 许彦. 攻坚高质量 推进成都经济发展行稳致远 [J]. 先锋，2020 （12）：47-49.

⑤ 崔艳新. 发挥成都优势 建设新发展格局重要战略支点 [J]. 先锋，2021 （3）：25-27.

面提升空铁双港与全球城市的链接水平，大力拓展亚蓉欧陆海空联运战略大通道。成都国际班列累计开行突破 1 万列、连接 63 个海外城市，保持全国领先。成都正加快成为链接全球的中转站、始发地和目的地。其五，成都营商环境便利化程度高。通过打造创新创业、政务服务、产业服务、内陆开放和法治服务五大环境，成都的营商环境进一步得到提升，营商环境的改善有助于降低市场的运行成本，进一步提升市场运行效率，有效提高了国际竞争力，从而吸引了大量企业落户成都。改革的重大发力方向为市场化、法治化和便利化。成都市拥有相对较优的营商环境，根据《中国城市营商环境投资评估报告》，成都在经济竞争力、有形资产实力、无形资产实力、城市品牌魅力等指标中脱颖而出，荣获 2020 "中国国际化营商环境建设标杆城市" 奖①。在第一财经·新一线城市研究所制作的《2020 年城市商业魅力排行榜》中，成都再次荣登新一线城市榜首②。改革开放使成都实现从内陆腹地到开放前沿、从区域中心城市到国家中心城市的跨越。成都的发展进步证明，只有走出盆地局限、树立全球思维才能跟上时代、后发超越。可以预期，在构建新发展格局的大潮中，成都对国际国内高端要素的运筹能力将进一步增强，供需两侧竞争力将不断提升。

新发展格局的构建为成都在新时代征程中提升城市能级提供了新的重大机遇。立足新发展阶段、贯彻新发展理念、构建新发展格局，有利于成都依托全省乃至西部地区广阔腹地优势，提升在全球城市网络体系中的节点地位和枢纽功能，更好地服务国家发展大局。中央财经委员会第六次会议赋予了成都深化对外开放、参与国际竞争的重大政治责任。成都作为国家中心城市，应充分发挥畅通国民经济内循环和链接全球经济外循环的引领支撑作用，在更高层次上充分利用国内国际两个市场、两种资源，构筑吸引国内国际商品和要素资源的巨大引力场，加快建设国际门户枢纽城市，进而迈向世界城市行列。经济发展更稳，内需将成为我国经济行稳致远的主要引擎，将为城市转型升级提供可预期的良好战略环境；市场增量更大，消费规模进一步扩大、消费结构进一步优化，新一轮基建投资在 5G、数据中心、人工智能、工业互联网等新基建领域引领下有效扩大，将为城市高质量发展创造更加广阔的市场空间；创新动能更强，新技术、新产业、新业态、新模式等新经济形态不断涌现，科技创新支撑力度空前，创新成本持续降低，应用场景不断丰富，将驱动城市发展坚定走创

① 成都发布. 成都蝉联 "中国国际化营商环境建设标杆城市" 奖！［EB/OL］. （2020-09-01）［2021-08-06］. https://baijiahao.baidu.com/s? id=1676560767573899898&wfr=spider&for=pc.

② 《2020 城市商业魅力排行榜》成都连续 5 年排名新一线城市榜首［EB/OL］. （2020-05-30）［2021-08-06］. http://sc.people.com.cn/n2/2020/0530/c345167-34051976.html.

新引领的内涵式发展道路①。新发展格局的构建将加快国内产业体系优化布局的步伐，进一步增加优质要素向西部转移的规模和速度，进一步激发西部消费潜力。

(二) 全面服务"一带一路"建设

"一带一路"建设，是以习近平同志为核心的党中央主动应对全球形势深刻变化、统筹国内国际两个大局做出的重大决策②。"一带一路"建设规划把中国的大多数东、中、西部省份都吸纳了进来，连成片、形成带，横向贯穿中国东部、中部和西部；纵向连接主要沿海港口城市，并且不断向中亚、东盟延伸，尤其是使很多西部省份及中部省份成为国际物流通道的节点，大大增强了中、西部地区发展的动力和对人才的吸引力，有利于促进区域经济协调发展。自2013年习近平主席提出这一重大倡议以来，中国已同171个国家和国际组织签署了205份共建合作协议，共同开展了2 000多个项目，推动共建"一带一路"沿着高质量发展方向不断前进③。"一带一路"倡议提出以来，国家从基础设施建设、财政扶持、人才培养、创业就业、对外开放等多方面给予了大力扶持，政策的驱动效应十分明显。丝绸之路经济带由中、西部地区作为新的牵动者，这些中、西部省份一跃由内陆变前沿，与东部地区一起承担着中国"走出去"的重任。2020年以来，百年变局和世纪疫情交织叠加，世界进入动荡变革期，不稳定性和不确定性显著增强。中国同有关国家守望相助、共克时艰，贸易往来保持增长，投资合作不断深化，自贸区建设取得新突破，机制平台更加健全，推动共建"一带一路"取得了新进展、新成效。实践充分证明，"一带一路"建设为世界经济增长提供了新渠道，为国际贸易提供了新平台，在完善全球经济治理方面进行了新实践，更为沿线各国的经济发展和民生福祉做出了重大贡献。

"一带一路"倡议的提出和实施使得沿线国家受益的同时，更为中国在新发展阶段中的高质量发展发挥了巨大的作用。第一，"一带一路"建设有利于巩固我国与其他国家的经济合作，促成新的经济增长点。"一带一路"倡议的施行无疑使其沿线国家在资源、劳动力、资金、技术等方面的往来更加密切，贸易交往更加频繁，"一带一路"共建国家能够帮助我国产品"走出去"，也

---

① 经世民. 打造国内循环的战略腹地和国际循环的门户枢纽 [N]. 成都日报，2020-12-02 (6).

② 袁新涛. "一带一路"建设的国家战略分析 [J]. 理论月刊，2014 (11)：5-9.

③ 本报评论员. 继续高质量共建"一带一路" [N]. 人民日报，2021-04-22 (1).

利于我国对其他产品"引进来"，并且这些沿线国家也会在与我国进行贸易的同时，刺激他们国家的经济迅速发展①，为中国的发展开拓新的经济增长点，进一步推动我国对外开放，促进外向型经济的发展。第二，"一带一路"建设有助于我国区域经济协调均衡发展、可持续发展，促进产业转型升级以及产业结构布局的优化。改革开放以来，我国实施了加快沿海地区发展战略，并在我国东部沿海地区设立经济特区，这也使得我国东部地区在改革开放后呈现出高速发展的繁荣局面。而中、西部地区深居内陆，经济发展大大落后于东部地区，我国的东、中、西部呈现了不均衡的发展态势。"一带一路"倡议的提出，为西部内陆地区提供了重大发展机遇，为弥补我国东、西部发展不均衡做出了巨大贡献，更加有利于我国开放型经济的进一步发展。目前我国正与其他沿线国家一起共同推动新亚欧大陆桥、中国至中亚至西亚、中蒙俄、中国至中南半岛、孟中印缅、中巴六大经济走廊建设。在这样的大背景下，我国西部地区俨然成了"一带一路"建设的主力军和排头兵，为我国西部地区的经济发展提供了重大机遇，让西部地区不再受限于位处内陆所带来的劣势，加速推进西部地区成为我国新的对外开放先行区，促进西部地区对外贸易开启跨越式发展新阶段，有效带动了西部地区经济发展，缩短了其与东部地区的经济差距。另外，"一带一路"建设加快了东部地区向中、西部地区进行产业转移的步伐，从而带动了中、西部地区百姓就业，改变了西部地区传统的资源主导型产业结构，促使东部地区产业转型升级，发展资金技术知识密集型产业，大大优化了我国的产业布局结构②，使得我国经济发展更加协调、均衡，促进了我国区域经济的协调发展、可持续发展。第三，"一带一路"建设有利于促进我国的商品、资本以及货币的输出，推动落实供给侧结构性改革。目前，我国的钢铁行业、水泥产业等都积累了较为庞大的过剩产能。有关数据显示，我国钢铁、煤炭等传统产业的产能利用率仅有 70%~75%，光伏产业的产能利用率不到 60%。产能过剩问题成为我国经济发展的一大挑战，而"一带一路"倡议的实施为我国开辟了更加广阔的市场，为商品输出提供了更加广阔的渠道，加速传统产业的整合发展，提高能源利用效率，有利于化解我国的过剩产能。并且，"一带一路"共建国家拥有较为丰厚的自然资源和劳动力资源，但受到自身产业不足、科技创新能力偏低等相关劣势影响，无法通过产业发展为国家经

---

① 吕景."一带一路"建设与中国开放型经济的转型发展 [J]. 新西部，2020 (2)：53-54.
② 刘丛楠."一带一路"与我国高质量发展 [J]. 现代营销 (信息版)，2020 (2)：120.

济发展奠定基础，而我国的产业类型较为丰富，技术手段相对先进，可以有效帮助沿线国家解决生产落后、技术欠发达等相关问题，多方携手可以促进沿线国家劳动力资源、自然资源等相对优势资源向我国流动，通过多方互补可以有效解决欧洲产能过剩和沿线国家技术欠发达等问题。基于此，我国应加强基础设施建设方面的合作，充分发挥我国产能优势。我国在基础设施建设方面有着丰富的经验、成熟的技术、雄厚的财力，加之我国在基础设施建设所需要的钢铁、水泥等产业领域存在过剩产能，因此加强基础设施建设方面的合作，既发挥了我国的产能优势，又解决了这些国家基础设施落后的问题，对各方都有好处[1]。帮助沿线国家进行基础设施建设，确保基础设施的畅通，有利于各国充分发挥资源优势，进而实现共同发展的美好局面。

成都地处"一带一路"、长江经济带以及"中巴经济走廊""中印缅孟经济走廊"的腹心地带，是连接"一带一路"的枢纽与咽喉，也是向西开放的重要支撑点[2]。四川早在商周时期就开辟了"滇缅道"，即由成都经凉山地区达云南而后入缅甸、印度的"蜀身毒道"。因此，以成都为起点、加快推进"一带一路"向西向南开放战略通道建设，具有可行性与现实意义。成都市必须强化担当、顺势而为，高水平规划建设西部国际门户枢纽，推动互联互通、聚势赋能，为"一带一路"建设发挥重要作用，成为"一带一路"建设重要支撑点。2018 年，成都市出台《中共成都市委成都市人民政府关于加快构建国际门户枢纽全面服务"一带一路"建设的意见》和《建设西部对外交往中心行动计划（2017—2022 年）》，明确了到 2022 年进出口总额、航线总数、客货吞吐量等多个任务目标，彰显了成都全面服务"一带一路"建设、高水平建设国际门户枢纽和内陆开放经济高地的决心。成都要聚焦"四向拓展"战略通道优势，大幅增强国际通达、洲际中转和国内连通能力，全面贯通"一带一路"六大经济走廊和长江经济带，构建全方位立体口岸，建设以成都为核心的供应链体系，完善法治化、国际化、便利化的营商环境，实现服务贸易的跨越式发展，凸显"一带一路"重要节点地位，全面提升对外交流和国际传播能力，推动成都与世界人文相通、交流互鉴。到 2022 年，成都市国际（地区）客货航线总数将突破 120 条，形成 48 条客运、14 条货运、30 条文旅航空战略通道和 7 条国际铁路货运通道、5 条国际铁海联运通道，航空旅客吞

① 张建刚. 畅通国内国际双循环繁荣我国经济的路径研究 [J]. 毛泽东邓小平理论研究，2020（9）：12-19，108.
② 本刊编辑部. 开放成都 国际门户 [J]. 先锋，2019（8）：30-35.

吐量突破 7 000 万人次，航空货邮吞吐量突破 110 万吨①。

成都建设国际门户枢纽城市有助于全面服务"一带一路"建设，成都市应不断提升其经济开放水平，深度融入"一带一路"倡议。

第一，成都应完善国际立体大通道体系。成都要构建空中丝绸之路，2020年1月，成都召开"解读市委十三届六次全会暨市委经济工作会议精神新闻发布会"，会上明确提出要坚持以全球视野构建国际通道体系，加快构建以成都为核心的"空中丝绸之路+陆上丝绸之路"立体大通道体系，坚持量质并进、质效并举，全面增强通达和中转能力，进一步提升全球资源配置和市场覆盖水平，为建成泛欧泛亚门户枢纽城市、实现新时代成都"三步走"战略目标贡献积极力量②。2020年8月，商务部印发《全面深化服务贸易创新发展试点总体方案》明确布局"第五航权"，支持具备条件的试点地区开通第五航权航线，成都等试点地区负责推进。双流航空经济产业功能区依托空港优势对产业进行科学明确布局，以枢纽型航空产业、临空型国际贸易、空港型国际商务为主导产业方向，大力发展航空运营、航空维修、航空总部、跨境贸易等产业。成都国际铁路港经济开发区建立临港产业生态圈，依托中欧班列（成都）发展临港制造、先进材料、国际商贸物流等产业，打造成渝地区双城经济圈高质量发展示范区。从城市规划与发展、产业结构与能级来看，成都的国际营商环境和高端产业优势有助于加快实现第五航权的落地和发展，使其尽快成为反哺城市经济发展的重要因素③。今后，成都应继续发展国际通程中转联运航线，重点培育欧洲与东亚、南亚、东南亚以及澳新间经成都中转的洲际航线，积极争取第五航权航线开放，全力打造航空货运转运中心。四川省委十一届三次全会提出，推动四川对外形成"四向拓展、全域开放"立体全面开放格局。《成都市融入"一带一路"建设三年行动计划（2019—2021年）》明确提出，成都要优化国际班列"四向拓展"网络布局，加快布局境内外枢纽节点，完善覆盖欧洲主要铁路场站的线路和网络④。成都要拓展陆海联运走廊，要以"南

① 本刊编辑部. 加快构建国际门户枢纽 全面服务"一带一路"［J］. 先锋，2018（6）：16-17.

② 人民网. 说走就走! 成都将建"空中丝绸之路+陆上丝绸之路"立体大通道体系［EB/OL］.（2020-01-03）［2021-08-06］. http://sc.people.com.cn/n2/2020/0103/c345167-33687925.html.

③ 成都商报. 逐鹿第五航权 成都将试点开通第五航权航线［EB/OL］.（2020-09-02）［2021-08-06］. http://sc.people.com.cn/n2/2020/0902/c345167-34265764.html.

④ 成都市人民政府. 成都市人民政府关于印发《成都市融入"一带一路"建设三年行动计划（2019—2021年）》的通知［EB/OL］.（2019-09-23）［2021-08-06］. http://gk.chengdu.gov.cn/govInfoPub/detail.action? id=111621&tn=6.

向""西向"为重点。"突出南向"是成都开发开放的主攻点和突破口，是我国西部内陆连通南亚、东南亚、欧洲等地区的国际陆海贸易新通道。作为古代"南方丝绸之路"的起点，四川的南向开放具有广阔的空间和潜力。南亚和东南亚拥有超过23亿人口的巨大市场，历来与成都有着密切的贸易往来和良好的合作基础，四川与南向国家的贸易额占全省外贸总额的1/4左右。成都应向南加强与中南半岛、孟中印缅、中老泰新等国际经济走廊衔接，稳定开行成都—钦州铁海联运班列和成都—凭祥—越南"南向"班列，提前谋划成都至老挝跨境铁路直达东盟的国际班列。通过优化中欧班列通道能力进一步达成"深化西向"的目标，发挥成都"双机场""多航线"的西部国际航空门户枢纽优势，从而推动国内对欧高端合作，进一步巩固成都作为丝绸之路经济带的重要支点的战略地位。加快建设成都至西宁铁路，优化西北地区铁路网布局，大幅度提升青海、甘肃、四川三省的交通通达度、畅通度。向西大力推进经阿拉山口至蒂尔堡、经霍尔果斯至伊斯坦布尔的泛欧铁路大通道建设，尽快打通进出印度洋阿拉伯海最近的铁海联运通道①。

第二，成都应构建国际经贸合作服务体系。培育外贸竞争新优势。推动电子信息、汽车、轨道等优质"成都造"产品出口，积极拓展东盟、南亚、拉美等新兴市场。推动服务贸易创新发展，着力打造一批航空发动机保税维修、中医药服务贸易等样本企业和重点项目，依托信息软件、动漫游戏制作等优势建好国家数字服务出口基地。加快培育跨境电商、市场采购、外贸综合服务等新业态新模式，支持引进国内外知名、市场占有率高的跨境电商平台、供应链综合服务平台、第三方服务商等企业在蓉设立区域运营中心和物流分拨中心，以形成新的外贸增长点。准确把握疫后全球产业发展趋势，针对不同类别企业的敏感要素，精准招引世界500强企业、全球细分行业领域的"单打冠军""隐形冠军"，引培区域总部、专业总部和功能性总部。积极引进一批具有产业带动力的优质外资项目，对在航空航天、节能环保、人工智能等先进制造业和金融、文创、旅游等现代服务业加大投资的企业，按照"一项目一议"予以重点支持。大力支持以核心竞争力和重要知识产权为目的的兼并收购、资产重组等，加快建设中国（成都）—白俄罗斯产业园、中国（成都）—柬埔寨商贸园等境外经济合作区，推动优势产业、企业、技术、品牌向境外输出。

第三，成都应建设高能级开放平台体系。强化三大开放高地的引领功能。

---

① 李好. 成都深度融入"一带一路"提升开放型经济水平研究［J］. 时代经贸，2021，18（4）：62-64.

增强自由贸易试验区改革开放试验田作用，对标国际最高标准，鼓励在生物医药、航空制造、汽车产业、金融服务等关键领域进行制度创新先行先试。增强天府新区开放主引擎功能，依托西部（成都）科学城和天府实验室，与欧洲等沿线国家（地区）共建科技园区、国际联合实验室等创新平台，打造"一带一路"科技创新合作区和国际技术转移中心。增强国家自主创新示范区创新主阵地功能，聚焦电子信息产业功能区和天府国际生物城等重大载体，联合国际顶级科技园区打造链接汇聚全球优质创新创业资源要素的国际化平台。强化六大国别园区的示范作用。中法园区加快推动智能网联测试基地和智能网联创新中心建设，努力打造全球节能减排和绿色低碳发展的典范。中德园区要突出构建中小企业国际交流合作平台，打造世界级"国际生态精工新城"。中意园区应加快推动以文化创意为主，打造链接旅游、时尚、会展、艺术博览等关联产业的国际化产业集群。中韩园区要着力构建全国领先的创新创业服务体系，打造国际一流的创新创业众创空间聚集区。中日园区要深入推进中日（成都）城市建设和现代服务业开放合作示范项目建设。新加坡—中国（四川）园区着力推进 AI 创新中心运营。强化多层级开放平台的有效支撑。健全"3+N"境内外招商网络等海外成都综合服务平台，持续打造保税物流中心、中欧班列集结中心、国际邮（快）件处理中心等国际贸易平台。加快建设"中国—欧洲中心"以及中国（四川）—东盟自由贸易合作中心，打造一批兼具人文交流、信息沟通、展示展销、技术合作、经贸往来等功能的国际合作平台。

第四，成都应构建高端资源要素配置支持体系。持续深化人文交流。拓展友好交流国际网络，积极争取"一带一路"沿线重要大国、关键小国在蓉设立领事机构。要以产业互补为方向争取新增更多"重量级"友好城市，积极争取设立更多驻蓉商务代表处、国际组织分支机构等涉外机构，打造亚洲重要的国际性机构集聚地。积极承办或申办国家主场外交活动，持续举办公园城市全球论坛等高端国际会议，进一步扩大原创 IP 的国际影响力，打造国家级国际交往承载地。促进高端资源聚集。依托桐梓林、大源、麓山等为代表的国际化社区建设，为国际高端创新人才营造宜居宜业的类海外环境。依托天府中央法务区、"一带一路"金融服务中心等载体建设，以高新区、天府新区及周边为核心区域，加快吸引"一带一路"共建国家的科技人才团队、知名创业孵化机构、高端国际商业服务和知识产权、法律、财务等中介机构入驻，形成面向海外的"一带一路"国际创业创新高端要素集聚区。另外，建设"一带一路"开放高地，应对标开放先行城市，充分利用"一带一路"开放高地建设战略机遇，科学系统地提升城市能力与水平，全面提升战略性主导产业国际竞争力、全面提升跨国公司在蓉投资规模和水平、全面提升国别园区的承载力和影响力、全面提升成都新经济品牌国际影响力、全面提升营商环境的法治化国际化便利化水平。如今，以成都为枢纽的国际通道串联起西部 12 省（区、市）广袤腹地和泛欧泛亚广阔市场，使成都成为世界城市体系的重要节点。

（三）推动成渝地区双城经济圈建设

推动区域协同融合发展，打造高质量发展的重要增长极，是我们党领导经济建设的一项重要举措①。成渝地区双城经济圈建设是新时代国家区域协调发展的新战略，以建设成渝地区城市群为抓手，着力形成优势互补、高质量发展的区域经济新格局，进一步突出重庆、成都两个中心城市的极核作用，打造带动全国高质量发展的重要增长极和新的动力源。区域经济一体化已经成为我国现阶段经济与社会发展的显著特征与重要趋势②。成渝地区双城经济圈区域规划是国家根据当前国内外发展形势而顺势提出的一项国家重大区域发展战略。这对成都塑造城市功能、提升产业优势、激发创新活力、拓展空间布局、优化人口结构等提供了机遇、提出了要求、赋予了历史使命。2020 年 10 月 16 日，习近平总书记主持的中共中央政治局会议上审议通过的《成渝地区双城经济圈建设规划纲要》，将成渝地区双城经济圈建设作为国家发展的一项重大战略③，开启了成渝地区双城经济圈建设的新的历史进程，成渝地区双城经济圈成为继京津冀、长三角、粤港澳大湾区后的第四大区域经济协同发展增长极。2021 年《国家综合立体交通网规划纲要》提出，要把成渝地区双城经济圈定位为与京津冀、长三角和粤港澳大湾区同等重要的四大国家级重大交通枢纽④。我国正处于百年未有之大变局的关键时期，在统筹推进"四个伟大"的发展阶段，在我国全面建设社会主义现代化国家的社会主义新时代，在以习近平同志为核心的党中央的坚强领导下，国家提出成渝地区双城经济圈战略，具有重大的时代意义与价值。区域经济一体化已经成为我国现阶段经济与社会发展的显著特征与重要趋势⑤。成渝地区双城经济圈区域规划也是国家根据当前

---

① 李后强. 全面落实新发展理念 深度融入新发展格局［N］. 四川日报，2021-07-01（A44）.
② 李煜兴. 区域行政的兴起与行政法的发展变迁［J］. 武汉大学学报（哲学社会科学版），2018，71（4）：138-144.
③ 中共中央政治局召开会议审议《成渝地区双城经济圈建设规划纲要》［N］. 人民日报，2020-10-17（1）.
④ 姚树洁. 推动双城经济圈发展要增强区域间循环畅通能力［N］. 重庆日报，2021-09-14（8）.
⑤ 李煜兴. 区域行政的兴起与行政法的发展变迁［J］. 武汉大学学报（哲学社会科学版），2018，71（4）：138-144.

国内外发展形势而顺势提出的一项国家重大区域发展战略。为稳定国内发展大局和保障人民的生命财产安全，以习近平同志为核心的党中央运筹帷幄、着眼于百年未有之大变局和中华民族伟大复兴战略全局，将成渝地区打造成我国西部地区区域发展的又一增长极。成渝地区双城经济圈建设是习近平总书记亲自谋划、亲自部署、亲自推动的国家重大区域发展战略。党的十八大以来，我国的社会主要矛盾转变为人民日益增长的美好生活需要和不平衡不充分的发展之间的矛盾，社会主要矛盾的变化和我国处于社会主义初级阶段的基本国情决定了以习近平同志为核心的党中央聚焦重点区域、重点流域，坚持因时应势、精准施策，谋划实施一系列区域发展重大战略，有力促进了全国区域协调发展。新时代推动成渝地区双城经济圈建设是党中央基于我国国家发展形势和国内外发展背景而提出的重大国家发展战略，是着眼新发展阶段、完善区域布局、促进协同发展做出的重大战略决策，是抢占国家发展有利位势的重大举措，是构建新发展格局的一项重大举措，也是新时代更好地服务于中华民族伟大复兴的重大国家战略①，为成都抢抓机遇、更好地融入新发展格局提供了战略引领。

成渝地区双城经济圈发展是促进我国区域协调发展的重大战略，具有重要意义。第一，成渝地区双城经济圈发展是我国区域协调发展战略的重要组成部分。从成渝经济区到成渝城市群，再到成渝地区双城经济圈，成渝地区在全国区域发展中的战略地位不断上升。成渝城市群的地区生产总值增速在全国的城市群中位居前列，显示出了较强的增长动力②。成渝经济区作为西部大开发的"主阵地"和"前沿窗口"，"一带一路"倡议、长江经济带发展等国家区域战略深入全面实施的重要支点和引擎，应当在国家大力实施区域协调发展战略中当好"排头兵"，实现新作为③。在国家提出推动成渝地区双城经济圈建设的大背景下，应多方合力打造内陆开放经济发展高地，增强成渝综合实力、辐射带动力和区域竞争力，使成渝地区双城经济圈在国家区域发展和对外开放格局中发挥更加重要的作用。第二，成渝地区双城经济圈发展是带动西部地区发展的战略引擎。在我国区域经济发展不平衡的态势之下，西部地区的经济发展问题亟待解决，而解决这一问题就更加迫切地需要西部地区发展起与东部沿海地区能级相匹配的城市群。在西部城市群中，成渝城市群坐拥两座国家级中心城

---

① 中共中央印发《法治中国建设规划（2020—2025 年）》[N]. 人民日报，2021 - 01 - 11 (1).

② 张志强，熊永兰. 成渝地区双城经济圈一体化发展的思考与建议 [J]. 中国西部，2020 (2)：1-12, 2.

③ 曹清尧. 成渝城市群一体化发展的战略思考 [J]. 经济，2018 (14)：74-81.

市，从 GDP 角度来看，成渝城市群的实力远超西部内陆其他城市群，从规模和经济发展程度来看，成渝城市群也是首屈一指。区域一体化是指空间上邻近并且具有广泛经济往来的地区，试图跨越行政区划，实现区域经济一体化、空间发展一体化、基础设施建设一体化等①。成都、重庆两个城市体量相当、位置相邻、文化相似，完全可能打造成为我国第四个超大城市经济圈、西部地区最大的一体化发展区域。第三，成渝地区双城经济圈发展是辐射区域协调发展的重要动力源。我国西部地区一直以来缺乏重大发展战略平台和经济动力源，很难争取到国家重大发展支持政策。而成渝地区双城经济圈发展将极大地提升成渝地区的经济实力、经济竞争力以及辐射带动力，成为四川、重庆乃至整个西部地区未来在国家层面发展的大平台和动力源。二者共同争取全球知名企业、国家级重大设施平台、重大项目等入驻布局，不仅可以弥补西部地区大城市群一体化发展国家战略的空白，更有望成为辐射带动整个西部地区发展的动力源。

在成渝地区双城经济圈的背景条件下，规划、建设、治理成都和重庆国际门户枢纽城市，必将成为西部地区发展过程中的亮点和突破点。"十四五"时期是成都等城市在国际门户枢纽城市建设道路上最为关键的五年，在新机遇之下也面临着创新任务繁重等巨大挑战。国际门户枢纽城市的建设不仅是成都发展的大事，更是西部和国家发展的大事。应深入领会国家的战略意图，将中央政府的意志通过治理体系与治理架构予以体现②。四川省交通运输厅和重庆市交通局出台的《成渝地区双城经济圈交通一体化发展三年行动方案（2020—2022 年)》文件要求，把目标放在基础设施的短板上，加快构建内部畅通外部联动、高效快捷的区域交通运输体系，共同建设成都—重庆国际性综合交通枢纽，合力推动成渝地区双城经济圈交通一体化试点工程先行先试。大力推动成渝地区双城经济圈交通基础设施建设，增强成渝交通设施内联外通的作用，充分发挥该地区交通枢纽的作用，不断完善传统和新型基础设施建设，构建互联互通、管理协同、安全高效的基础设施网络，使成渝地区成为我国交通基础设施建设的样板，成为西部地区进行国际交流的枢纽。2021 年 6 月国家发展改革委印发的《成渝地区双城经济圈综合交通运输发展规划》是国家首次针对成渝地区交通建设制订的专门规划。该规划一方面明确了当前制约成渝地区发展的交通瓶颈，如对外运输通道不畅、互联互通仍有短板、枢纽辐射带动力不

---

① 张利华，徐晓新．区域一体化协调机制比较研究［J］．中国软科学，2010（5）：81-87.
② 杨艳．建设成渝地区国际门户枢纽 推动与欧洲各国深化合作［J］．重庆与世界，2020（10）：42-43.

强等；另一方面针对这些短板提出相应对策，以强化成都、重庆"双核"联系及对外联通、开放辐射为重点，确立发展目标。该规划明确支持"成都推进干线铁路、城际铁路、市域（郊）铁路融合建设，有序新建部分都市圈市域（郊）铁路，打造'轨道上的都市圈'"。另外，该规划提出到 2025 年，成渝地区双城经济圈将基本建成"轨道上的双城经济圈"，轨道交通总规模达到 10 000 千米，其中铁路网规模达到 9 000 千米。力争重庆、成都"双核"之间以及"双核"与成渝地区双城经济圈区域中心城市、主要节点城市 1 小时通达，重庆、成都都市圈内享受 1 小时公交化通勤客运服务。

成渝地区双城经济圈交通基础设施建设是发展成渝经济的重要保证，对经济发展起到的基础性、导向性、推动性作用是不可替代的。从古至今，小至一个村庄大至一个国家，要想发展致富，前提就是以交通为主的基础设施的发展。党的十九届五中全会强调要加强交通强国建设①，这就要求交通设施发挥内外经济联动的重要纽带作用，成为改善人民生活质量、促进共同富裕的重要保障。高铁等交通基础设施互联互通，是唱好"双城记"、建好"经济圈"的重要支撑。成渝地区作为国家级新兴发展战略区域，在发展中需要加快区域间公路、成渝高铁、飞机、大型电站基础通信设施等的建设，交通等基础设施的一体化应被视为重中之重，应科学规划布局，加强精准调度，强化工作落实，深入推进成渝地区基础设施建设相关项目，加快交通基础设施互联互通。成渝两地在发展中应重点思考如何通过改善成渝两地的法治环境来确保区域发展基础设施的建设和运行，这样才能从根本上增强成渝地区区域经济协同发展的自我"造血"功能。加快建设成渝区域性综合交通枢纽。从整体上看，成渝两地的基础交通设施建设起步较早，早在 2011 年，两地根据《成渝经济区城际轨道交通线网规划》提出的"一主两轴四骨架"和"一小时交通圈"，着手开始成渝间交通设施的建设。为深入贯彻落实习近平总书记关于成渝地区双城经济圈的规划与建设，中共四川省委十一届七次全体会议结合省情，坚持习近平总书记的重要讲话精神指导，加大成渝地区交通基础设施建设。聚焦区域发展"内联"，从构建区域便捷交通网入手，从而实现成渝两市"直联"、成渝城市群"直联"和成都都市圈"直联"，确保 1 小时直达。成渝地区双城经济圈要长远发展，就要加强成渝地区协同立法，尤其是增强地方立法的自主性与空间性，使地方立法更有针对性与凸显时代性。习近平总书记在中央财经委员会第六次会议中强调，要大力推动成渝地区双城经济圈建设，在西部形成高质量发

---

① 中共十九届五中全会在京举行［N］. 人民日报，2020-10-30（1）.

展的重要增长极，发挥好重庆和成都两座中心城市的领导带头作用，助推成渝地区乃至长江中上游及西部地区高质量向上向好发展。坚决贯彻落实交通强国指示精神，根据四川省交通运输厅和重庆市交通局出台的《成渝地区双城经济圈交通一体化发展三年行动方案（2020—2022年)》文件要求，把目标放在基础设施的短板上，加快构建内部畅通外部联动、高效快捷的区域交通运输体系，共同建设成都—重庆国际性综合交通枢纽，合力推动成渝地区双城经济圈交通一体化试点工程先行先试。大力推动成渝地区双城经济圈交通基础设施建设，加强成渝交通设施内联外通的功能，充分发挥该地区交通枢纽的作用，不断完善传统和新型基础设施建设，构建互联互通、管理协同、安全高效的基础设施网络，使成渝地区成为我国交通基础设施建设的样板，成为西部地区进行国际交流的枢纽。在坚持绿水青山就是金山银山的倡导下，大力发展绿色交通、智能化交通，促进交通运输结构的优化，充分发掘和利用已有的资源，提高交通基础设施建设的效率和质量，实现交通和生态环境的和谐共存。统筹推进，合力发展，根据各地的实际情况发展出独具特色的一体化道路和模式，共同构建成渝地区交通融合发展的新格局。

如今，成渝两地在铁路、公路、航空、水运、运输服务方面的交通基础建设齐头并进，在交通基础设施的规划、建设、管理运营等方面取得了辉煌成就。在铁路建设方面，推动干线铁路、城际铁路、都市圈市域（郊）铁路和城市轨道交通"四网"融合发展，克服地形带来的困难，打造多方向的对外大通道，形成米字形干线铁路网络，依靠"一带一路"和长江经济带建设发展，促进铁路建设的出海出关，加强成渝地区对内对外的联系，带动本地区经济的发展；坚持"多中心、多层级、多节点"网状的城市建筑特点，推动一体融合、互联互通、环射结合的城际铁路的建设，构建"1小时交通圈"，促进城际、地域之间的协调发展；根据地形和城市建筑特点开建更多的轨道线路，加强轨道站点和常规公交站点的无缝衔接，提高城市的现代化水平，实现轨道交通和人口、产业、土地利用协调发展。在公路建设方面，畅通对外高速公路通道，加快加密公路干线，打通"断头路"和"瓶颈路"，促进地区之间的交流和联系；完善中心城区城市道路网络，强化主城都市区高速公路和快速路一体化衔接。在水运建设方面，建设四通八达、协调联动的水运网络，建设以长江干线为主通道、多条重要支流为骨架的航道网络，加快长江上游航道整治和梯级分层，加强港口分工协作，构建结构合理、功能完善的港口群，着力打造长江上游航运枢纽，加强成渝地区航运体系统筹分工协作，提高长江上游航运中心服务水平。在航空建设方面，建设引领内陆、辐射全球的航空网络，不断增加成渝地区机场的建设数量，进一步扩大航空服务覆盖面，加快构建以"枢纽机场为核心、支线机场为支撑"的运输机场布局体系。在全国各地的航空建设中，成渝更应发挥好模范作用，创造建设多位一体的全国航空服务网络。在交通运输服务方面，利用先进的网络手段，通过建设"1+5+N"物流信息平台，融合发展铁路水路、公路铁路、"一单制"联运服务，加速促进高铁快运、电商快递班列、多式联运班列的发展与完善，提高成渝两地交通运输服务能力，更好地服务人民群众，便捷人民出行，提升人民的生活幸福感。要立足成渝地区双城经济圈发展，依托重庆物流通道、成都国家重要商贸物流中心，以满足成渝地区经济发展需要为目的，利用成渝地区地理位置优势，发挥"水水中转""铁水联运"物流通道方式的优越性，着力建设成渝连接长江中上游和西部地区的重点运输通道，使成渝物流通道成为长江上游的物流中心、西部地区物流服务的重要组成部分。成渝地区运输服务建设的全面开展，是成渝地区双城经济圈交通基础建设的重要一环，是加速物流交易、提升物流服务水平、完善现代物流体系的一大步，是提高双城人民生活质量的添翼之笔，是成渝经济发展的巨大推手。交通基础设施的建设和完善，不仅缩短了两地空间上的距离，而且加强了两地人才、信息、金融、产业的联系，通过发挥四川、重庆两大核心地区辐射、带动作用，促进了经济的发展、人员的流动、产业的更新换代升级。要继续按照"统一谋划，一体衔接，互联互通，协同管理，共治共享"的思路，坚持交通一体化发展，坚持"川渝一盘棋"思维，牢固树立一体化发展理念，在坚持国家大政方针的前提下，到 2025 年，基本实现基础设施网络"一体化"、运输服务体系"一体化"、交通治理体系"一体化"三个"一体化"；到 2035 年，构建"面向全球、辐射全国、引领西部"的成渝地区双城经济圈现代化综合交通运输体系。要牢牢抓住成渝地区双城经济圈建设的时机，不断增强各部门的工作责任感，紧盯该地区建设的问题、短板、弱项，要不断细化中央、省政府关于交通建设的意见措施，着力建设内联外通的综合立体交通网络，加快构建便捷的运输服务体系，大力推进交通和产业的发展，逐步做强交通企业，推动我省由交通大省向交通强省迈进。

（四）把握新一轮西部大开发机遇

西部大开发战略实施 20 多年来，我国西部地区发生了巨大的变化，社会各层次、各领域、各方面均取得了显著的成就，充分证明了西部大开发战略的前瞻性、正确性和有效性，充分彰显了我国国家制度和国家治理体系的优越性。首先，我国西部地区经济总量不断增加，西部地区生产总值 1999—2019

年这 20 年的年均增长率为 11.09%，高于全国平均水平，西部地区生产总值占全国 GDP 的比重 20 年间上升了 2.1 个百分点，西部地区与东部地区的经济差距进一步缩小①。其次，我国西部地区产业结构不断优化，第一产业增加值占GDP 的比重不断下降，第二、第三产业增加值占 GDP 的比重不断上升，呈现"二三一"型的发展态势②。再次，我国西部地区城乡居民人均收入水平不断提高。《中国统计年鉴》2020 年的统计数据表明，20 年来西部地区城乡居民收入都有较大提升。最后，我国西部地区基础设施建设取得重大突破，教育、社会保障、医疗等社会事业全面发展。西部大开发 20 多年来的基础设施建设，尤其是交通基础设施建设取得重大突破，西部地区交通线路综合密度大幅增加，道路等级和质量显著改善。

2020 年 5 月，中国政府网公开发布《中共中央 国务院关于新时代推进西部大开发形成新格局的指导意见》（以下简称《指导意见》），正式披露新时代推进西部大开发的顶层设计。《指导意见》从推动高质量发展、加大西部开放力度、加大美丽西部建设力度、深化重点领域改革等六个方面提出了 36 条举措，对新时代推进西部大开发形成新格局做出了部署③，鼓励重庆、成都、西安等加快建设国际门户枢纽城市，提出要推动城市群高质量发展和大中小城市网络化建设等，突出了中心城市和城市群的核心引擎作用，对于形成新的强大的动力源，推动新时代西部大开发具有重要的现实意义和方向性意义。第一，凸显了西部大开发战略的前瞻性、正确性和有效性。《指导意见》指出："我国西部地区的发展，事关我国国家发展战略全局，特别是扩展了我国国家发展的战略回旋空间。"④西部大开发战略实施以来，党中央、国务院颁布的各项指导意见和规划既一脉相承，又与时俱进，不仅展现出针对西部地区政策的连续性、稳定性，又体现出西部大开发战略的不同时代特色，面对不同时期的具体问题进行科学应对。特别是本次《指导意见》的印发，一方面表明了国家对西部大开发政策和西部地区社会经济发展的高度肯定；另一方面，国家结合西

① 郑嘉禹，沈蕾. 新时代推进西部大开发形成新格局的三个维度：历史成就、时代意义和实践理路 [J]. 石河子大学学报（哲学社会科学版），2021，35（4）：37-46.

② 西部蓝皮书. 西部产业结构持续优化，呈现"二三一"态势 [EB/OL]. (2014-08-01) [2021-08-06]. https://www.pishu.cn/psgd/96651.shtml.

③ 中华网财经. 新一轮西部大开发顶层设计出台 36 条举措：到 2035 年西部基本实现现代化 [EB/OL]. (2020 - 05 - 18) [2021 - 08 - 06]. https://baijiahao. baidu. com/s? id = 1666997007855866202&wfr=spider&for=pc.

④ 中共中央，国务院. 中共中央 国务院关于新时代推进西部大开发形成新格局的指导意见 [N]. 人民日报，2020-05-18（1）.

部地区发展的实际情况，对西部地区的经济社会发展提出新发展战略和发展理念。一是要落实总体国家安全观。当今西部地区维护民族团结、社会稳定、国家安全的任务依然繁重，这就需要我们必须落实总体国家安全观。西部地区作为我国贯彻落实总体国家安全观的主阵地，需要我们将西部地区所存在的问题放在西部大开发战略的政策体系中，通过发展的手段进行解决，不断提高我国国家治理的能力水平。二是要形成以"一带一路"建设为引领的对外开放格局。我国西部地区长期落后于东部地区，并且这种差距还很大，特别是边疆民族地区与东部地区的发展差距就更大。我国改革开放40多年的成功经验说明，要发展就要对外开放。西部地区要发展，就要进行对外开放，要抓住"一带一路"建设的发展机遇，将西部大开发政策与"一带一路"倡议融合，形成西部地区对外开放新格局。第二，对加快构建中国特色社会主义区域经济学具有重要意义。该《指导意见》是以习近平同志为核心的党中央根据西部地区经济社会发展的实际情况，提出的新时代推进西部大开发形成新格局的纲领性文件，是习近平新时代中国特色社会主义思想的重要组成部分，对于加快构建中国特色社会主义区域经济学具有重要意义。中国特色社会主义区域经济学是以马克思主义政治经济学基本原理，特别是以习近平新时代中国特色社会主义思想为理论基础，以中国发展的现实为导向，形成的具有中国特色的关于区域经济发展的学科。我国的区域经济学与西方的区域经济学有着显著的不同，集中表现在以下三点：一是我国区域经济发展的目标是解决人的需要；具体而言就是满足人们对于美好生活的需要，相比之下西方区域经济发展的目标是区域经济利益的最大化。二是我国区域的发展，在某一区域优先发展的同时，注重其他地区的协调发展，这是我国社会主义本质、共同富裕原则的重要体现；而西方区域经济发展就是区域之间共同"抱团取暖"，从而导致强的地方越强、弱的地方越弱，加剧了贫富分化的程度。三是我国区域发展的重要载体是国家治理体系和国家制度，而这个体系和制度具有显著的优越性，是我国区域内部与区域之间经济社会得以共同发展的重要原因；西方国家区域经济发展则是建立在本国市场经济制度的框架下，虽然有一定的积极作用，但是随着全球化浪潮的推进，其消极作用也逐渐显现，这也成为阻碍它们区域经济发展的最大劣势。《指导意见》的印发，客观体现了中国特色区域经济学的价值目标，成为加快构建中国特色区域经济学的经典文献。一方面，《指导意见》将西部大开发战略放在我国全面建成小康社会的战略高度来通盘考量，并且提出要在2035年实现人民生活水平与东部地区相当的目标，体现了以人民为中心的发展思想，体现了我国共同富裕的社会主义本质；另一方面，《指导意见》的第七部分"加强政策支持和组织保障"中提到，要发挥我们的制度优势，给予西部地区政策支持，包括财税、金融、产业、用地、人才和帮扶政策等。特别是在政策支持的基础上，要发挥我国组织优势和组织保障的作用，要加强党对西部大开发工作的全面领导，发挥基层党组织战斗堡垒作用，充分体现了我国国家制度和治理体系的显著优越性，充分说明了我国国家治理能力的不断提高。第三，对于加快形成西部大开发新格局，推动西部地区高质量发展，促进区域协调发展，开启全面建设社会主义现代化国家具有重要意义。《指导意见》的生命力在于推进西部大开发形成新格局。新时代出现新形势，新形势产生新课题，新课题需要新理论，新理论需要新实践。党的十八大以来，以习近平同志为核心的党中央面对西部大开发所取得的重大历史成就，高瞻远瞩地指明了我国西部大开发所面临的新挑战和新机遇，在全面建成小康社会、实现第一个百年奋斗目标的关键时期制定了《指导意见》，足见习近平总书记高超的政治智慧和强烈的历史担当。《指导意见》的印发有两重现实意义。一方面，《指导意见》明确指出，新时代要推进西部大开发形成大保护、大开放、高质量发展的新格局，并规划分"两步走"，到 2035 年实现"人民生活水平与东部地区大体相当"① 的目标。《指导意见》还指出，要从"打好三大攻坚战、提升创新发展能力、形成现代化产业体系、优化能源供需结构、城乡融合发展、基础设施规划建设、国家安全和社会稳定"等方面贯彻新发展理念，从而推动西部地区高质量发展。这为我们新时代推进西部大开发形成新格局提供了思路、指明了方向，是我们做好新时代西部大开发的根本遵循和行动指南。另一方面，《指导意见》指出，当今的西部地区"仍然是实现社会主义现代化的短板和薄弱环节"②，小康路上一个都不能少，这是我国社会主义本质的体现，也是我国国家制度优越性的体现。既然西部地区是我国实现社会主义现代化的主要短板，我们就要集中力量补齐短板，促进西部地区的发展，这对开启全面建设社会主义现代化国家新征程具有重要意义。从这个层面而言，通过西部大开发政策推动西部地区经济社会发展，进而促进全国现代化建设的发展意义重大。第四，为世界其他国家，特别是发展中国家促进区域协调发展提供了中国智慧和中国方案。习近平总书记指出："今日之中国不再是中国之中

---

① 中共中央，国务院. 中共中央 国务院关于新时代推进西部大开发形成新格局的指导意见 [N]. 人民日报，2020-05-18（1）.

② 中共中央，国务院. 中共中央 国务院关于新时代推进西部大开发形成新格局的指导意见 [N]. 人民日报，2020-05-18（1）.

国，而是亚洲之中国，世界之中国。"① 习近平总书记的讲话说明了当今的中国前所未有地走近世界舞台的中央，中国的发展受到全世界人民的共同关注，同时中国在自身发展的同时，也密切关注着全人类的发展，不断为全人类的发展提供中国智慧和中国方案。一方面，《指导意见》的出台与印发，是马克思主义基本原理同中国具体实际相结合的产物，是习近平新时代中国特色社会主义思想在西部地区实践的产物，对于世界其他国家，特别是发展中国家促进区域协调发展具有借鉴意义；另一方面，"一带一路"倡议就是坚持共商共建共享原则，着眼于构建人类命运共同体。西部地区是我国"一带一路"倡议的重点发展区域。要加大西部地区对外开放的力度，形成西部地区大开发的对外开放格局，从而使西部大开发所带来的成果由"一带一路"共建国家和人民所共享，进而推动构建人类命运共同体。

根据此次《指导意见》，成都的定位上升到"国际门户枢纽城市"，这赋予成都加快建设国际门户枢纽、内陆开放高地和开发开放枢纽的战略定位。一方面，其鼓励成都加快建设国际门户枢纽城市，构成"3+5"的开放型城市框架。这个框架的特征是抓核心带沿边，突出开放引领。这就意味着，重庆、成都、西安这三个国际门户枢纽城市与其他的沿边城市，要为整个西部大开发尤其是开放做出贡献。建立具有全局性质的开放城市体系，是西部开发和开放不断深入、资源要素流动不断加快，西部区域和城市发展进入新阶段的重要标志②。另一方面，有利于形成更加均衡有力的国家开放新格局。西部地区的开放发展亟须形成强大的功能平台，以实现东西南北的均衡配置。将西北的西安以及西南的重庆、成都打造成为国际门户枢纽城市，对于开放空间格局起到极大的优化与完善作用。成都建设国际门户枢纽城市，更好地把握新一轮西部大开发发展机遇，根本落脚点在于以人民为中心，提升人民群众获得感、幸福感、安全感。人民至上，是中国共产党矢志不渝的价值追求。新时代坚持以人民为中心的发展思想，就是要把人民群众的获得感、幸福感、安全感放在首位。改革开放以来，我们逐步建立起了社会主义市场经济制度来保障和促进我国经济发展，但是我们的目标并不是赚取经济利润，而是要满足人民的需要，这是我国社会主义市场经济制度的本质，也是我国的优势，更是与资本主义市场经济制度的最大不同。同样，我国发展西部地区，实施西部大开发战略的效

① 习近平. 深化文明交流互鉴 共建亚洲命运共同体：在亚洲文明对话大会开幕式上的主旨演讲 [N]. 人民日报，2019-05-16 (2).

② 冯奎. 优化中心城市和城市群治理 促进西部大开发 [J]. 中国发展观察，2020 (11)：24-26.

果也不能单纯地以经济效益来衡量。我国发展西部地区，归根到底，是为了解决人民日益增长的美好生活需要和不平衡不充分的发展之间的矛盾，满足人民的需要是西部大开发战略的价值目标，也是马克思主义政治经济学的价值追求，更是我国与资本主义区域经济发展机制的最大区别。因此，凡是有利于满足人民群众获得感、幸福感、安全感的事情，我们就干；反之，我们则坚决抵制。把满足人民群众获得感、幸福感、安全感作为根本标准，就要牢固树立"人民是历史的创造者，人民是真正的英雄"① 的观点；就要坚持走群众路线；就要一切以人民的需要为根本遵循，发展群众迫切需要的，改正群众不满意的；加强群众的监督。成都要想当好"极核"与"主干"，就要努力下好开放发展这一盘棋，为"盆地"变"高地"提供更有力的支撑。新发展格局，绝不是封闭的国内循环，而是更加开放的国内国际双循环。只有以开放倒逼改革创新、倒逼动能转换，重塑对外开放体制机制新优势，才能更好地利用国际国内两个市场、两种资源，为成都的高质量发展注入新动力、拓展新空间②。成都建设国际门户枢纽城市要求既发展自己，同时也要满足"腹地"空间的需求。以西部各省份为主，包括东部等其他地区在内，各方面都会对成都作为"门户"的作用提出新的更高的要求，寄望成都发挥经济、金融、文化、科技、交流等多方面的门户功能。打造西部内陆开放新高地，首先要不断拓展对外通道，持续拓展"48+14+30"国际客货航线网络，有序推动重点区域定期直飞航线航班恢复和重要航点频次加密。建设亚蓉欧陆海联运战略大通道，加快推进成自铁路至昆明段、成渝铁路成隆段、成达万高铁、沪渝蓉高铁成都至重庆段建设，川藏铁路引入成都枢纽线（朝阳湖至天府站段）、成都外环铁路、成渝中线争取 2021 年内开工，宝成铁路改造工程争取纳入国家规划。全力推进中欧班列集结中心建设，做强中欧班列（成渝）优质品牌，深化"枢纽对枢纽"的"欧洲通"运输模式，增强成都国际铁路港承载集疏功能③。其次，还要深入实施稳外资外贸行动，力争落地首家市内免税商店。与此同时，积极争取成都国际铁路港经开区升级为国家级经开区，支持成都东部新区申报建设自由贸易试验区新片区，并纳入川渝自贸试验区协同示范区。最后，增强

① 人民是历史的创造者，人民是真正的英雄［EB/OL］．（2021-07-01）［2021-08-06］. http://cpc.people.com.cn/n1/2021/0701/c437828-32145870.html.
② 本报评论员.牢牢抓住新时代西部大开发新机遇［N］.成都日报，2021-09-17（4）.
③ 四川省人民政府.新时代西部大开发 成都这样做［EB/OL］.（2021-06-10）［2021-08-06］. http://www.sc.gov.cn/10462/10464/10465/10595/2021/6/10/201b453a126540a1ae58a427e5af87df.shtml.

区域开放优势方面，要深化"两区一城"协同发展。高标准推进四川天府新区、成都东部新区和西部（成都）科学城建设，统筹布局重大功能项目和平台载体，构筑具有强大国际竞争力和区域带动力的高能级共同体。

二、持续推动城市高质量发展

成都锚定"三步走"战略目标和"四个城市"战略定位，坚持以创新发展培育新动能、以协调发展构筑新空间、以绿色发展开辟新路径、以开放发展厚植新优势、以共享发展开启新局面，经济发展方式加快转变，经济发展空间有效拓展，城市能级不断上升。新时代新机遇，成都唯有紧跟时代步伐，在全球互联互通中加快建成中国西部国际门户枢纽城市，才能带动经济增长、提高战略地位、推进法治建设，才能在中华民族伟大复兴中成长为世界城市。

（一）带动城市经济增长

成都要想提升经济发展的层次，带动经济增长，就必须跳出本地经济的围城，用全球化的视野认识和发展成都，从世界经济发展的战略高度审视成都经济，以时代发展进步的眼光建设成都。在经济全球化大趋势的引领下，我国逐渐实现了从最初的沿海、沿边开放到全面、全方位开放的转变，在这一转变中，成都的经济也已全面融入世界发展潮流①。成都被称为"中国第四城"。如今，除长三角城市圈、珠三角经济圈和京津冀都市圈这三大经济圈外，成渝地区双城经济圈成为我国经济发展中的"第四极"。基于此，作为我国经济发展最活跃的长三角经济圈迅速与成渝地区双城经济圈联系起来，继而上海这一国际航运中心和金融中心便成了成都的主要出海口，这也极大地促进了成都经济的外向型发展。同时，成都中欧班列使内陆城市沿海化，内陆城市和沿海城市一样，站在了自由贸易和全球产业分工协作的前沿。另外，珠三角经济圈也部分实现了与成渝地区双城经济圈的整合、捆绑，作为珠三角经济圈中最重要的投资地之一的四川，也正根据泛珠三角战略（将珠三角地区和成渝地区联系起来的一种经济战略）打造旅游度假基地、能源原材料基地等七大基地。随着中国中西部地区经济的发展和产业转移步伐的加快，打造四川工业强省等

---

① 江东东，白翔. 当前全球化形势下成都经济发展对策分析［J］. 中国产经，2021（13）：136-137.

区域性战略政策相继出台，成都作为中国西部地区的门户势将迎来经济发展的黄金时代。在这个时代，成都不仅是一座千年古都，还代表着现代的西部中国，因此，重视成都经济发展、探寻提升成都经济的对策至关重要。

成都建设国际门户枢纽城市，发展枢纽经济、门户经济、流动经济，是省委、省政府聚焦于现阶段成都市的发展实际，通过提出建设经济高质量发展的新思路，大力发展"三个经济"。这是成都进一步扩大开放、实现追赶超越的必然选择，也必将成为成都经济高质量发展的新引擎。"三个经济"有利于推动成都高质量发展变革：枢纽经济是推动成都发展的动力变革；门户经济是夯实成都经济发展的质量变革；流动经济是提升成都经济发展的效率变革①。首先是发展枢纽经济。枢纽经济指充分利用大型综合运输枢纽的优良区位、强大的中转功能、巨大的空间容量和高效的配套设施，通过要素流动、重组、整合，吸引相关制造业和服务业集聚并带动广域空间的产业发展，为实现可持续发展提供所需的市场资源和持久动力，是都市圈高质量发展的先导条件和重要抓手②，也是一种利于当地综合实力提升、利于区域协调发展的综合型经济系统。在全球经济框架下，成都作为一个国际化的枢纽城市，要充分、合理利用这一机遇，不断创新经济发展模式，切实将本地区的枢纽条件变成枢纽经济，继而为成都更好成为中国西部核心经济地区提供重要的支撑助力作用。一方面，需要完善立体式综合交通枢纽，发展枢纽经济增长极。在发展枢纽经济中，成都可实现航空、高铁、公路、地铁等多种交通方式无缝衔接，形成立体化综合交通枢纽，从而增强辐射我国中西部，联通全国甚至全世界的能力，真正把成都的区位优势转化为现实生产力。2021年6月，随着天府国际机场投入运营，成都也成了中国大陆第三个"双机场"城市。天府国际机场总投资超700亿元，是"十三五"时期我国规划建设的最大新建民用运输机场，它跨过龙泉山支撑成都一路东进，与北、上、广遥相呼应，促成东西双向互济互补。成都应不断利用本地交通优势开展区域合作，用交通圈带动经济圈，可以借自由贸易，通过与国内外的贸易联系，借助如经济论坛、国际峰会等交流平台，增强成都地区与国内外其他地区的贸易联系，继而为本地区经济的有效提升打下坚实基础。另一方面，需要加强产业融合，推动产业高端化发展。成都是"一带一路"重要节点，要充分发挥人才、教育、科技等自身资源优势，使优质资源要素和成都相关产业深度融合，加强建设如电子商务平台等物质流

---

① 程斑.“三个经济”助推陕西经济高质量发展的对策研究［J］.产业与科技论坛，2021，20（15）：17-18.

② 索超，徐海贤.以枢纽经济发展助力都市圈建设［J］.群众，2021（10）：15-16.

平台，通过现代化物流服务的提升，将物质流变成经济流，形成资源共享互补的生态集群，推动发展集约高效的产业格局；要利用成都区位优势，集聚高端要素，培育一批枢纽型企业，以基础设施的互联互通推动大数据与相关产业融合发展，带动相关产业结构转型升级；要深化国有资本经济改革，搭建境内外资本流通桥梁，以此建设好资金流平台，发挥资金流在地区经济发展中的促进作用；要通过定期开展人才洽谈会、建立多渠道的人才流通路径、鼓励地区企业与相关院校合力培养经济型人才等方法做好人才流平台的建设，实现人才培养和人才截留；充分利用四川省科技成果优势，重视各项技术与创新，围绕产业链布局创新链，围绕创新链拓展产业链，借助信息网络化的东风，建设技术流平台，加快布局一批战略性新兴产业，加强技术创新成果转化，使成都真正成为中国西部地区技术流的共享首脑。其次是发展门户经济。门户经济指依托成都经济发展水平较高的区域，创新利用自身发展优势，对外产生极大的吸引力和辐射力，通过这种强大的虹吸式效应，吸纳聚集商贸、旅游、体育等资源要素，形成新的经济增长点，促进成都经济强有力发展。发展门户经济要整体谋划，统筹布局，成都要用好国家建设自贸区的历史机遇，加大开放力度，切实发挥经济联动和互通的门户作用，以创新为驱动力，培育贸易新业态、新模式，促进贸易转型升级，提高国际贸易中心地位，以更高的开放层次、更优的营商环境，引领门户经济高质量发展。最后是发展流动经济。流动经济指依托相应的平台和条件，吸引成都市外的人才、技术、信息、资金、文化等资源要素向成都转移，资源要素流动过程中会产生集聚融合效应，通过这些资源要素重组整合，带动成都各类产业快速发展，从而达到促进地区经济规模扩大和持续发展的目的。流动性是市场经济体系最鲜明的特征，经济的流动实质上就是各种资源要素的重新配置和融合，应充分发挥成都开放集聚辐射互动的作用，加强各种先进资源要素与成都市相关产业融合创新发展，实现成都经济高质量发展。

（二）提高城市战略地位

从全球范围看，国际门户枢纽已经对全球城市体系的构建产生基础性、引领性和全局性的影响。建设成都国际门户枢纽，是成都建设引领型全球航空大都市的基础保障和战略支撑。国际航空枢纽以其强大的人流、物流、信息流、资金流、技术流、商务流等经济要素的整合能力，已经成为集聚、融合先进制造业和现代服务业的全球城市体系的中心。成都市委、市政府审时度势，将成都国际航空枢纽建设提升到城市发展的战略高度进行部署和推动，是立足新时代加快推进成都全球城市体系构建、打造具有中国特色的引领型全球航空大都市的关键一环。民航机场业是衡量一个国家和地区经济国际竞争力的硬指标，也是加快转变发展方式、发展现代产业、建立现代化经济体系的重要抓手和平台。发达国家纷纷将国际航空枢纽建设作为提升其国家竞争力的重要战略进行部署。韩国把国际航空枢纽建设上升为国家战略，将仁川机场打造成为东北亚航空枢纽，进一步扩大国际影响力。新加坡为了巩固其国际竞争力，提出了"七小时腹地战略"，即以新加坡樟宜机场为起点，七小时飞行航程所覆盖的范围为新加坡经济发展的腹地。"航空枢纽以其强大的人流、物流、信息流、资金流、商务流整合能力，成为集聚现代物流、金融、会展、总部经济等现代服务业的航空大都市圈的核心，也是全球高能级生产要素配置的最佳场所。"①资料显示，进入世界一线城市排名中的城市，无一例外都有一个具有全球竞争力的国际航空枢纽。由此可见，哪里有全球竞争力强的国际航空枢纽，哪里就将是全球的中心。一个城市要在全球城市体系中保持超强的竞争力，国际航空枢纽的战略支撑作用至关重要。国际航空枢纽在我国的战略地位空前提升。民航业是我国重要的战略性产业，也是综合交通运输的重要组成部分。打造具有全球竞争力的国际航空枢纽，是我国由民航大国实现向民航强国转变的既定战略部署，更是促进国家发展的一个新的动力源。建设国际航空枢纽，在我国已经被摆在了前所未有的高度。毫无疑问，建设国际航空枢纽是成都提升城市能级的重要抓手，是打造引领型全球航空大都市的动力源和战略支撑。

近年来，西部陆海新通道在衔接"一带"和"一路"、支持西部大开发、促进西部进一步开放等方面的作用日益凸显。成都市坚持发挥陆海新通道的基础性、战略性和先导性作用，以"陆海统筹、双向互济"为统领，推动西部陆海新通道高质量发展，取得积极进展②。截至2021年年底，从成都出发的西部陆海新通道已覆盖约60个国家、超过120个目的港。2021年11月，成都国际铁路港已参与成立中欧班列国际供应链联盟及南向通道战略合作等活动，推动国际通道多层次合作，并重点谋划"中老""中缅"国际铁路大通道，进一步提升成都作为泛欧泛亚国际门户枢纽在全球的影响力。未来，成都（双流）空铁国际联运港向南辐射泛亚地区、向北直达俄罗斯、向东链接日韩、向西深入欧洲腹地，年度国际班列通道总量不低于500列，东盟海外仓不少于

① 朱前鸿. 发展空港经济对促进我国产业转型升级的战略研究［J］. 中国民用航空，2017（11）：42-45.
② 白洋，李颖. 7条国际铁路通道 5条国际铁海联运通道［N］. 成都日报，2021-09-23（1）.

3~5 个，致力成为全球供应链服务重要节点和国际物流集散枢纽①。内陆开放新高地的建设有利于成都企业引进先进的经营理念和管理模式，加强高新技术的引入、培育产业新业态，进一步提升产业竞争力，提升成都在全国开放格局中的战略地位。正是因为开放，成都不断缩小与世界一线城市的距离，持续增添内生动能和外向活力。全球化与世界城市研究网络副主任德拉德教授认为，中国的国际化网络正越来越明显地形成一种多中心格局，而"成都正是该体系中的主要节点"。成都的战略升级方向，其一是产业战略的升级，成都、西安、重庆等西部城市正处于良性竞争环境中，成都可以突出自身优势，突出差异化，以"魅力古都、西部心脏"作为战略之一，大力发展现代物流、文化产业等高端的生产型现代服务业，通过打造中国的物流之都、文化之都、人居之都等方法实现成都的经济升级；其二是空间战略的升级，在地理因素和交通因素等种种因素的综合作用下，成都目前的主要拓展方向就是向南和向东②，因此，在空间战略上，成都应该按此方向结合产业升级战略实现新成都的再造，以此让成都成为真正的中国经济发展的"西部之门"。2017 年，成都开启"东进"战略，迎来了城市格局的千年之变。从"两山夹一城"到"一山连两翼"，成都在龙泉山以东开辟了城市永续发展新空间，而天府国际机场的布局为成都东部新区带来了立城优势。在"东进"区域，高端制造业、航空航天、电商、物流等临空产业正加速聚集中。中通、申通、韵达、传化等物流巨头纷纷将西部（西南）总部落户在此，人才技术也在加速汇聚，正在建设中的民航科技创新示范区不仅与华为、阿里等企业合作建设联合实验室，还已与多位院士签约。全球化已经深刻改变了资源配置方式和全球市场格局。"一市两场"机遇之下，双机场的差异定位和一体化运营势必会发挥"1+1>2"的最大协同效应，吸引高端资源聚集、培育新动能，通过枢纽的辐射效应拓展城市发展新空间。这些都是成都"一市两场"的巨大潜力所在。当前，成都已经建立国际空港、铁路港"双枢纽"，形成"一市两场"航运格局，正加快构建亚蓉欧陆海空联运战略大通道，全球网络枢纽节点功能不断增强。2017 年以来成都新增 40 余条国际航空战略通道，2020 年被国际航空运输协会评为全球航空连通性最强的第四大城市，中欧班列开行量率先突破 6 000 列，七条国际铁路通道和五条国际铁海联运通道连接海外城市 59 个，是 2016 年的 14.8 倍，高效畅达的国际通道网络使成都成为西部乃至全国向西向南开放的主要门户。东向，

① 代磊. 成都国际通道建设再上新台阶 [N]. 国际商报，2021-09-17 (6).
② 江东东，白翔. 当前全球化形势下成都经济发展对策分析 [J]. 中国产经，2021 (13)：136-137.

依托长江黄金水道和沿江铁路，进一步扩大与长三角城市群的合作，构建通江达海、首尾互动的东向国际开放大通道，直接连接日本及美洲地区市场。南向，主动参与西部陆海新通道建设，深化与钦州、防城港等南向节点城市的合作，联通北部湾经济区、中南半岛、孟中印缅经济走廊，深度融入南亚、东南亚国际大市场。北向，加密北向进出川通道，持续扩大连接俄罗斯等国家的中欧班列服务网络，衔接中蒙俄经济走廊。西向，加强与攀西经济区合作，打通经瑞丽至缅甸皎漂港的大通道，衔接 21 世纪海上丝绸之路，打通与欧洲、中东、非洲的开放大通道①。以开放发展厚植新优势，成都正着力建成以开放为新引擎的双循环发展先行区。2021 年上半年，成都对"一带一路"共建国家进出口 1 122.7 亿元，增长 12.1%；民营企业进出口 709.7 亿元，增长 43.8%。成都持续增强全球资源配置能力、科技创新策源能力、高端要素集成能力、投资消费辐射能力，提升国际竞争力和区域带动力，从而推动着成都由国家中心城市向世界城市迈进。

（三）推进城市法治建设

党的十八大以来，以习近平同志为核心的党中央将全面依法治国纳入"四个全面"战略布局，全面推进科学立法、严格执法、公正司法、全民守法，开创了全面依法治国新局面，为在新的起点上建设法治中国奠定了坚实基础。2019 年 8 月，为深入贯彻落实党中央、国务院关于法治政府建设的决策部署，积极争创新时代法治政府建设新标杆，推动法治政府建设向纵深推进，成都市委依法治市办印发的《关于做好全国法治政府建设示范创建工作的通知》，在全市部署开展示范创建活动，并以此为契机，推动城市法治建设各项任务全面落实。2021 年 4 月，成都市人民政府办公厅印发的《成都市人民政府 2021 年度法治政府建设工作要点》提出，在新时代成都"三步走"战略第二步目标的起步之年，要坚持以习近平新时代中国特色社会主义思想为指导，全面贯彻习近平法治思想，提升法治政府建设水平，持续推进法治化营商环境建设，深入推进"放管服"改革②。国际化是营商环境的发展逻辑。市场经济的核心特征是开放型经济，没有开放的国内国际市场就没有市场经济的发展。

---

① 通达全球、立体开放！[EB/OL].（2021-04-27）[2021-08-06]. https://www.thepaper. cn/newsDetail_forward_14065085.

② 成都市人民政府.成都市人民政府办公厅关于印发《成都市人民政府 2021 年度法治政府建设工作要点》的通知 [EB/OL].[2021-08-06]. http://gk.chengdu.gov.cn/govInfo/detail.action? id=128223&tn=6.

国际化是市场主体发展壮大和国际经贸合作的内在要求，是营商环境的发展逻辑。只有开放的制度规则，才能支撑要素、商品与服务跨国界自由流动，实现更优资源配置和更高经济效率，助推国内国际双循环新发展格局的形成。因此，优化营商环境，市场化是基础、法治化是保障、国际化是目标方向，三者有机统一、相辅相成。同时也要看到，改革开放以来，随着国家深度参与并积极引领全球化进程，国际化的营商环境在构建新型国际经济关系中发挥着越来越重要的作用，习近平总书记在国内外多个重要场合提出营造国际一流营商环境的要求。与国家发展步骤一致，中国城市逐渐走上世界舞台，成为国际竞争的重要主体，各个城市纷纷根据城市能级和发展战略制定国际化发展战略，如建设全球城市、世界城市、国际大都市、国际化城市等，开启了城市国际化的发展历程。从城市的视角看，优化营商环境能有效提升城市的国际吸引力、影响力、竞争力，也自然地成为各个城市国际化战略的一个重要组成部分，打造国际化营商环境，成为中国城市优化营商环境的一条典型路径①。随着西部综合交通枢纽成都主枢纽建设的深入推进，成都的交通基础设施得到显著改善，交通运输能力得到大幅提升。将成都建设成国际门户枢纽城市，构建通达全球、中转高效、功能完善的国际航线网络，就要不断提升法治在形成公平开放国际航线网络中的重要作用。

首先要积极推进法治建设，进一步完善人民代表大会制度，与时俱进地完善交通运输法规标准。市人大常委会应充分发挥人大的职能作用，积极为成都交通运输发展提供法律支持，营造法治环境，为成都交通运输业实现跨越式发展、建成国际门户枢纽城市贡献力量。做好人大议案和建议、意见的办理工作，加强成都市人大代表与成都市广大人民群众的联系与交流，进一步畅通民意表达的渠道，进一步完善建言资政机制，及时吸纳人大代表的合理建议②，提升政策建议的民主性、科学性、实际性。除此之外，应出台纲领性综合交通运输基本法律。需要基于跨运输方式和超运输方式，既支撑各运输方式协调发展和综合衔接，又反映交通运输与经济社会发展间的融合关系，制定具有战略性、全局性、综合性、纲领性和协调性的综合交通运输基本法律，全面反映我国综合交通运输发展的长远目标、指导纲领、基本政策和基本原则。加快修订完善相关交通运输法规。加快完成《收费公路管理条例》《城市公共交通条

---

① 李金兆，董亮. 制度视角下城市建设国际化营商环境研究：以成都市为例 [J]. 西华大学学报（哲学社会科学版），2021，40（1）：80-90.

② 李晓帆. 充分发挥人大职能作用 为交通运输发展提供法律支持 [N]. 成都日报，2010-12-08（1）.

例》《农村公路条例》等法律法规的修订工作,推进《中华人民共和国航运法》《中华人民共和国道路运输法》《综合交通运输枢纽条例》《港口管理条例》《邮政业安全管理条例》等重点领域法律法规的制定和修订,建立健全交通应急管理法规制度和预案体系,鼓励自动驾驶测试、验证和商业应用。尽快强化交通运输标准制定。完善基础设施和载具装备技术标准体系,加快制定完善枢纽换乘、轨道交通土地开发、低空空域、交通信息化和智能化、运输服务新业态等技术标准,强化各类标准衔接协调,在高速公路、国省干线部分项目试点弹性车道数建设标准,研究适当降低中小机场配套设施建设标准要求。构建适应智能交通和融合发展的标准规则体系,指导规范化建设智慧道路、智慧枢纽等基础设施。加强生态环境监测和标准建设,严格执行大城市机动车尾气排放限值标准。推广应用集装化和单元化装载技术,统一多式联运装载单元规格、技术、货种限制等标准。加强与国际组织事务合作,争取主导交通领域国际标准制定,提升国际竞争力和话语权。完善适应融合和绿色发展的统计体系,创新统计方法①。其次,要加强地方立法工作,加强成都市法治人才交流与学习,发挥人大及其常委会在立法各个环节的主导作用,科学立法是维护成都国际门户枢纽城市法治保障的前提,要建立完备高效的立法体系,只有坚强有力的法治社会才能为打造公平开放的国际航线提供最坚实的法治保障。再次,要进一步健全交通运输依法决策机制建设。建立健全重大事项依法决策的制度机制。政府治理始于决策,决策的科学化和民主化需要法治化的保障。重大决策是指对经济社会发展将产生全局性、综合性、长期性影响并对决策有较高专业性要求的行政决策事项,需要将公众参与、专家论证、风险评估、合法性审查、集体研究决定等流程制度化。建立健全重大事项依法决策的风险评估制度及应急预案,充分发挥政府法制部门及法律顾问在行政决策中的作用,细化重大行政决策终身责任追究制度及责任倒查机制。另外,提高领导干部对重大事项依法决策的能力。交通运输部门能否做到依法决策,取决于党政机关领导干部这个关键的少数群体。应切实提高各级领导干部依法行政和依法决策的能力,自觉并善于运用法治方式和宏观思维化解社会矛盾,维护社会的稳定和谐,更好地发挥法治在国家治理、社会管理中的重要作用,保证依法治国基本方略的全面落实。最后,要稳步推进交通运输综合执法改革。建立综合性交通执法行政体制。改革分散式交通行政执法体制,整合交通运输行业执法资源,将交通部门内部的征稽、路政、运政、航政等多支执法队伍归并为一支执法队

---

① 马德隆. 全面提升交通运输治理能力和水平 [J]. 宏观经济管理, 2021 (5): 28-35, 45.

伍，形成一个多政合一的行政执法和管理网络，加快构建跨部门协作机制，实现交通运输领域的综合执法。发挥公安、交警等部门的积极作用，统一设置公共服务的行业管理平台和系统。加快推进执法方式创新。利用信息化手段创新公路、水路运输执法模式，完善公路源头治超、联合治超、科技治超的长效工作机制。通过提高违约成本提升对违法行为的震慑力，积极推行行政指导、行政合同、行政奖励等柔性或激励性执法方式。善于运用说服教育，以政策为指导，通过调节疏导等柔性手段提供相关法律帮助和技术支持，克服执法的简单化、粗糙化倾向，以此消解执法冲突出现的可能。依托微信公众号、手机 App 等加强公众对执法工作的参与和监督，研究提升执法人员执法积极性的激励机制，进一步通过政府购买服务等方式推动社会优势力量参与执法工作，形成交通运输领域以人人执法促人人守法的良好局面。成都加快推进"48+14+30"国际航空客货运战略大通道布局，这其中会牵涉各国经济、政治、文化、民族等的差异，在谈判、文件签署等环节都需要法律的支撑与保障，在维护我方利益的前提下尽最大可能使签署双方或多方都感到公平正义。国际航线建设中的各个环节也需要法治人才进行维护，保障成都与各个国家航线的正常建立和运行。我国相关法治人才在遵循国际法的前提下要运用专业知识尽可能最大限度地维护成都在建设国际门户枢纽城市中的利益和地位。将法治融入成都发展规划中，要坚持依法治市，深化法治成都、法治政府、法治社会建设。

三、积极融入国际竞争合作

2005 年，中华人民共和国原建设部在编制全国城镇体系规划时首次提出"国家中心城市"这一概念，从此开始了建设中国的国家中心城市的历程[1]。2007 年《成渝城市群发展规划》等文件详细阐述了"国家中心城市"这一概念。国家中心城市是经济社会、金融贸易、行政管理、文化交流和交通运输的中心，通过经济和文化对外开放打造具有区域性和国家中心性的大都市。2016—2018 年，根据国家经济发展和战略规划的要求，国家发展改革委与住房和城乡建设部先后发布文件明确支持成都、西安等建设国家中心城市。学者认为，国家中心城市涉及得更多的是城市的功能与地位，对内代表我国城市发展的最高水平和顶层建设，在全国经济发展中处于中心地位；对外则承载着我

---

[1] 王志博. 国家中心城市功能评价与提升研究 [D]. 郑州：河南财经政法大学，2020.

国参与世界经济竞争与建设人类命运共同体的核心理念①。《中共中央 国务院关于新时代推进西部大开发形成新格局的指导意见》指出，鼓励成都、重庆、西安等加快建设国际门户枢纽城市。门户是一定空间场域的进出要地，枢纽是事物或活动相互联系的中心环节。国际门户枢纽城市是在对外开放和国际交往中起到重要联通作用的中心城市，是现代化和全球化进程中形成的高层级城市。其重要功能之一就是国际竞争功能，国际竞争功能决定着国家中心城市未来发展的潜能，是指外贸依存度、对外合作交流、国际性组织参与度和国际人文交流等方面的竞争，是国家或地区对外发展的核心竞争力，体现在对外开放水平、国际贸易水平、吸引外资能力和国际旅游、物流等方面。经济全球化是社会生产力发展和科技进步的必然规律和结果，尽管其中可能会经历许多曲折和弯路，但其长期发展趋势不会改变。因此，即便是在当前单边主义、保护主义、霸权主义日益抬头和猖獗，经济全球化遭遇逆风逆流之际，中国仍毅然决然地选择站在历史正确的一边，坚定倡导和推动贸易与投资自由化、便利化，坚定维护多边贸易体制②。当前世界迎来百年未有之大变局，在后疫情时代背景下，国际局势紧张，依靠海运的传统外贸收缩，东部沿海地区出口受限严重，外循环短期内很难恢复如前，以外循环为主的经济发展模式难以为继，内外双循环新发展格局应运而生。中国为了更好更快发展，需要一个内陆枢纽来承接欧美日韩的技术，并向"一带一路"共建国家输出产品。新发展格局下，以西部连接欧亚大陆将成为外循环新方向，在国内大循环还不够成熟的时候，大力开拓泛欧、泛亚市场，将国际贸易重心转向西部内陆，或可弥补部分缺口。从国家层面来说，西部内陆大中城市都有开放门户的必要，四川凭借地缘优势，被再次推到重要战略位置，而成都具备成为这些城市的枢纽的硬实力，必然在其中扮演重要角色。放眼西部内陆，国际国内循环均不如东部沿海充分，意味着有较大潜力可供挖掘，完全可以复制过去东部沿海的成功经验，让西部通过国际贸易富裕起来，再带动当地内循环发展，最终形成国内国际双循环相互促进的格局。

纵观历史，成都向来就是"塞而不闭"的开放之都。商周时期，"蜀身毒道"让蜀地文明与南亚文明相互交融，多元文化从各国汇入成都，成都以包容的姿态吸收各类文化的精髓，以此推动古蜀文明的发展。作为南方丝绸之路的起点，络绎不绝的商队曾从成都出发，穿越戈壁荒漠，既实现了蜀锦北去、

---

① 姚华松. 论建设国家中心城市的五大关系 [J]. 城市观察 2009 (2)：62-69.

② 戴翔，占丽. 塑造参与国际合作和竞争新优势 [N]. 中国社会科学报，2021-09-08 (3).

茶叶西行，又换回了棉花、羊毛等外域物产，凭借互利互惠的公平贸易维持着丝绸之路的长期繁荣。进入新时代，逐步从愿景变为行动的"一带一路"倡议，不仅成为国际合作中深入人心的"中国方案"，也为成都走向世界提供了千载难逢的历史机遇。面临"一带一路"倡议和长江经济带交汇点的战略优势和区位优势，成都召开了历史上规模最大的对外开放大会，明确提出要把握"一带一路"建设破除成都对外开放区位、平台、通道、空间制约的历史机遇，重塑对外开放新格局。随后，成都发布新一轮对外开放政策，面向全球分享发展机会。

《成都市融入"一带一路"建设三年行动计划（2019—2021年）》强调要增强国际门户枢纽和国际创新中心、国际贸易中心、国际消费中心、国际交往中心等的节点城市功能，加快建设泛欧泛亚国际门户枢纽城市和内陆开放高地。以"一带一路"建设机遇为抓手，成都以更加主动的姿态与世界各国展开交流合作，国内外物资流、资金流、人才流、技术流和信息流的加速集聚，使得成都从内陆腹地变身为开放高地，做到朋友圈越来越大，发展前景也越来越好。作为中国最西部的特大城市，成都和新加坡差不多处于同一经度，与泛欧、泛亚地区的直线距离比中国其他大城市都更具优势。且成都身处内陆，地缘危机较小，是真正意义上的中国大后方。面对开放大局释放的红利，难的是如何将机遇"变现"，让价值理念促成的丰硕成果真正落到实处。基于此，"一带一路"商协会对话与合作年会特别设置了全球化投资议题、项目对接洽谈、项目考察等环节，旨在高效整合"一带一路"共建国家商务资源，发挥成都的节点城市功能，为各国企业"引进来"和"走出去"搭建友好交流的平台，助力新时代的开放机遇惠及全球。于成都而言，加大对外开放的广度和深度，既得益于国家战略机遇和全球区位优势，同时也是满足日益强大的内部消费市场和消费需求、进一步积蓄冲刺世界城市能量的关键环节。

成都作为西部内陆城市，想要在新发展机遇中后发赶超，就必须在扩大开放中进一步加强竞争合作，这样才能够达到科学发展的目标。成都作为内陆中心城市，加快推进"四向拓展、全域开放"，其时已至，其势已成。在国际竞争与合作之中，成都想要抢抓机遇，在新发展阶段抢占后发优势，必须要依靠战略性优势产业的支撑，更加积极主动地融入国内区域合作以及国际产业合作，这样才能够确保自身立于不败之地。成都始终以国际视野和历史眼光审视发展的"势"与"场"，坚持在世界城市体系和国家战略全局中谋篇布局，在国家开放全局中的门户地位和枢纽功能持续强化，由此实现了从内陆腹地到开放前沿的位势之变。实实在在的发展成绩足以表明，在加速崛起的中西部对外开放全景中，成都已成为不可或缺的中坚力量。2021 年上半年，四川货物贸易进出口总值为 4 189.5 亿元，创历史同期新高，规模位列全国第八，较 2020 年同期增长 16.1%。其中，成都实现货物贸易进出口总值 3 679.5 亿元，规模在全国副省级城市中位列第六，同比增长 14.9%，占同期四川进出口总值的 87.8%，其中外贸进口、出口均实现同比增长 10.4%、18.7%，在全省外贸运行中继续发挥主干引领作用。疫情之下，与东部沿海城市相比，成都航空、铁路运输反而异常繁忙，改变了人流、物流向东部地区港口出海的方向，人货向成都空港、陆港集结出境，成都因此变为对外贸易的运输物流中心。在"双循环"新发展格局之下，成都国际空港、铁路港"双枢纽"格局已经形成，成都承担起国内循环回旋空间和国际循环门户枢纽作用，稳稳地支撑着国家战略，也让更多人看到了全球视野中的成都。成都国际铁路港依托中欧班列通道优势，建立起以成都为主枢纽，西进欧洲、北上蒙俄、东联日韩、南拓东盟的成都国际班列线路网络和全球陆海货运配送体系，成为成都建设国际门户枢纽、面向泛欧泛亚开放的战略门户。2021 年上半年，成都铁路港综合保税区正式封关运行，国家级经济技术开发区——成都国际铁路港经济技术开发区正式获批，中欧班列（成渝）开行 2 816 列，开行量增长 44%。今后，成都将深入推进与东盟的交流合作，不断拓展欧洲、南亚市场，持续加大与"一带一路"共建国家的经贸合作力度。同时成都将围绕重点产业持续引进领军企业和重大项目，积极引进跨国公司区域总部、国际中小企业。加快外贸转型升级，加快国家数字服务出口基地建设，加快推动市场采购贸易、二手车出口。除此之外，成都有望建设成为特色彰显、国际知名的国际消费中心城市，为我国推动形成全面开放新格局提供战略支撑，为促进经济高质量发展提供经验示范。成都建设国际消费中心城市，有利于在更高层次、更宽领域参与全球消费资源的整合和竞争，营造丰富、多样、现代的消费场景，提升吸引高端人才的软实力，加快国家中心城市建设。同时，通过与更广区域的联系互动，还有利于实现各种要素资源优化配置，从而辐射带动区域的协同发展。

第三章　成都建设国际门户枢纽城市法治保障的历史逻辑

　　国际门户枢纽城市不仅仅体现在外在层面的交通便利、贸易通畅、信息便利等特征上，更重要的是要做到内外兼修，要体现在科技、人才、治理能力等方方面面。这是城市整体发展质量和发展能力等核心竞争力的攀升，其本质是城市能级的提升，具体来讲则包括建成交通便利的枢纽城市、治理能力现代化的法治城市、科技进步的创新型城市、贸易进出口总量高的开放型城市以及环境优美的公园城市。

　　习近平总书记在2013年9月和10月分别提出建设"丝绸之路经济带"和"21世纪海上丝绸之路"构想，"一带一路"倡议由此萌芽，党的十八届三中全会将"一带一路"写入《中共中央关于全面深化改革若干重大问题的决定》。2015年3月，国家发展改革委、外交部、商务部联合发布了《推动共建丝绸之路经济带和21世纪海上丝绸之路的愿景与行动》，标志着"一带一路"倡议的正式提出，这为中西部地区发挥区位特色优势，进一步提升区域开放水平、经济水平提供了新机遇。2015年4月，《成都日报》刊登成都社科院文章《把成都建成"一带一路"的战略支撑》，文章指出成都是丝绸之路经济带的核心节点城市，更是我国内陆地区重要的国际性门户城市，建议成都建设内陆西向开放战略高地，将参与"一带一路"建设规划与"十三五"规划紧密结合，为成都新发展提供保障和指导①。自成都被国家列为重点打造的内陆开放型经济高地以来，成都主动融入"一带一路"建设，积极抢抓新发展机遇，2015年6月，成都市委财经领导小组听取了成都主动融入"一带一路"倡议、推进建设国际物流枢纽城市等事项报告，并提出要充分发挥区位优势，加快建设"立足西部、辐射全国、影响全球"的西部区域物流中心和面向亚欧的国

---

　　① 阎星，尹宏. 把成都建成"一带一路"的战略支撑［N］. 成都日报，2015-04-15（4）.

际贸易物流桥头堡，全力助推城市现代化、国际化进程。2015 年 12 月，四川大学城市研究所发表文章《成都在"一带一路"建设中应成为中国内陆对外开放的枢纽》，文章指出四川在"一带一路"建设中，步伐相较于其他西部省份更慢，因此成都应该在"一带一路"倡议中重新定位，从"内陆开放型经济高地"提升为"中国内陆对内对外开放的枢纽"①。历时长达两年、历经两任市委书记的深思熟虑，终于在 2017 年 3 月，成都正式提出建设国际门户枢纽城市的目标。2017 年 12 月，成都市委十三届二次全会召开，会议确立了新时代成都"三步走"战略，明确提出从 2020 年到 2035 年，加快建设高品质和谐宜居生活城市，全面建成泛欧泛亚有重要影响力的国际门户枢纽城市。2020年 5 月 17 日，在西部大开发战略实施 20 周年之际，中共中央、国务院颁布了《中共中央 国务院关于新时代推进西部大开发形成新格局的指导意见》，鼓励重庆、成都、西安等加快建设国际门户枢纽城市，将成都建设国际门户枢纽城市提升为国家战略。

一、成都关于建设国际门户枢纽城市的提出

成都建设面向欧洲东南亚的国际门户枢纽最早可以追溯到 2015 年 3 月"一带一路"倡议的提出，经历了两年多的深思熟虑，到 2017 年 12 月成都提出全面建成泛欧泛亚具有重要影响力的国际门户枢纽城市。这一阶段是成都关于建设国际门户枢纽城市的提出阶段，其中提出的"三步走"战略对成都的发展具有重大意义和影响，体现成都城市门户开放的发展方向。

（一）提出背景

"蜀道难，难于上青天。"成都地处四川盆地，四周群山环绕，对于一个深居于中国西南内陆的城市，自古以来便有着交通闭塞的区位特点，在一定程度上影响了成都贸易和经济的发展，但也正是因为对外交通不便使得成都在经济、文化等各个方面都形成了开放包容的特点。从中国宏观的地理情况来看，成都的地理地位极其特殊，是北方丝绸之路、南方丝绸之路和长江经济带三大交通线和经济带的交汇点，千百年前，以成都为起点的南方丝绸之路就已经开

---

① 何一民. 成都在"一带一路"建设中应成为中国内陆对内对外开放的枢纽 [J]. 开发研究，2015（6）：1-4，189.

通，历经各个朝代而不断发展。成都由于坐拥天然的区位优势，成了中国古代三大经济带的重要交汇点和交通、经济枢纽。作为国内高成长性的城市之一，成都在城市的发展上表现出了巨大的潜力。在 2017 年，成都的经济总量就已经达到 1.39 万亿元，成功跃居世界城市体系 Beta 级，位居全球第 62 位①。随着铁路技术和航空技术的飞速发展，航空、铁路交通基础设施的不断完善，世界贸易的主导权被海滨城市牢牢掌控的日子逐渐远去，濒海不再是国际门户枢纽城市的必要条件，新型国际门户开始逐渐摆脱沿海化区位选择，依托于"一带一路"建设，中国等发展中国家亟待依靠内陆枢纽实现国际贸易，向"一带一路"共建国家输出产品，国际市场也将进一步摆脱沿海化区位选择，进而在中国更为辽阔的内陆城市寻求新的贸易中心。作为中国西部内陆地区的特大城市，成都距离亚欧地区的直线距离相较于中国其他大型城市更具有优势，伴随着不断开拓的国际航线和中欧班列，成都打通了对外的物流通道，从交通层面奠定了物流优势，在"一带一路"建设中，成都的地缘优势和物流优势逐渐显现。

成都作为四川省省会以及我国西南重镇，新中国成立以来，始终肩负着快速发展的重任。在 70 多年的城市发展历程中，成都积极抢抓三线建设、改革开放等重大发展机遇，实现了高速发展。成都的交通系统在不同的发展阶段对城市发展发挥着重要的支撑作用。伴随着新中国的成立，成都也迈入了与共和国一起成长蜕变的新阶段。成都市围绕城市发展实际需要，前瞻性地构建完善全市交通系统，在遵循老城空间格局的基础上，逐步形成"环+方格网"的城市道路骨架，从 1954 版成都市城市总体规划的路网规划方案中不难看出，两江环抱区域的内环路和一环路成为满足城市内部交通出行需要的主要干道。同时，在城市建设区外围适度拓展规划形成的二环路为将来的城市外拓建设预留了发展空间，支撑城市快速建设与发展②。并且，从 1950 年开始，邓小平同志四次领导铁路建设，于 1952 年 6 月，成渝铁路的轨道铺到了终点站成都，这不但是四川的第一条铁路，更是中国第一条自主设计、自主建造、材料零件全部国产的铁路，彰显了中国人民的伟大潜能与智慧③。随着改革开放的号角带来的全新历史机遇，天府之国再一次迎来了新的快速发展阶段，成都城市建设逐步向外拓展，城镇化率逐年提升。在成都市开展编制的历版城市总体规划

---

① 范锐平. 共建陆海新通道共享开放新机遇携手打造面向"一带一路"国际门户枢纽 [J]. 先锋, 2018 (11): 5-6.

② 杨潇, 乔俊杰. 成都交通规划建设发展之路 [J]. 地产, 2019 (14): 37-39.

③ 邱潇. 新中国成立后的第一条铁路: 成渝铁路 [J]. 先锋, 2021 (1): 44-47.

中，交通系统始终围绕着总规所确定的城市发展战略方向，发挥着重要支撑作用。通过历版城市总规来看，成都市通过城市东部地区的工业布局和城市逐步突破二环向南发展，逐步形成了"东城生产、西城居住"的功能格局；在老版成都总规的道路系统规划中明确提出在保持老城棋盘式路网格局的基础上，强化二环路疏解过境交通的交通功能，开辟三环路为远期城市发展提供交通服务支撑；在 20 世纪 90 年代的成都总规中，中心城区"井"字形骨干道路网络的规划布局充分承担了疏解过境交通和提高居民出行效率的功能，通过完善成都"环 + 放射"路网系统，切实加强各组团间联系，有力支撑着城市空间格局的快速发展。在城市规划建设历程中，成都规划建设工作者们经历着不断摸索前进的交通规划发展过程，逐步完善的城市路网系统发挥了拉开城市总体架构和支撑拓展城市发展空间的重要作用，不断健全完善的公共交通系统为成都绿色交通体系的构建奠定了重要的基础，交通支撑城市发展的使命担当始终未变。2010 年 9 月 27 日，成都轨道交通 1 号线正式开通运营，这既是成都市第一条地铁线，也是我国西部地区开通的首条地铁线路，1 号线的开通标志着成都进入轨道交通时代。自 2015 年以来，成都市明确提出"发挥轨道交通引领带动城市发展作用"的战略部署，围绕这一战略要求，并于 2015—2016 年相继编制发布成都市城市轨道交通线网规划和成都市城市轨道交通建设规划，轨道交通建设快速推进，在 1 号线开通后的不到十年时间里，成都相继开通轨道交通 2 号线、3 号线、4 号线、7 号线、10 号线，城市轨道交通系统逐步成网。成都市在多轮轨道线网规划中，轨道网络不断根据城市空间结构的战略调整而完善，承担着支撑带动拓展城市永续发展空间和引领空间格局变化的使命担当，引领成都由原先"单中心"空间结构向"双核联动发展、多中心网络化"城镇空间格局发展。与此同时，在以轨道交通为主导的牵引带动下，成都市逐步探索构建市域铁路、地铁、有轨电车、快速公交和常规公交等多种交通融合发展的公共交通体系，促进公共交通为主导的绿色机动化出行，在满足长距离出行需求的同时，减少对小汽车出行的过度依赖，缓解拥堵、污染等"大城市病"，以轨道交通为主导的城市公共交通系统在成都前进发展的长河中扮演越发重要的角色。

"一带一路"倡议的正式提出更是为成都的发展提供了新的机遇，同时也受到社会各界的广泛关注，政界和学界清晰地认识到作为国家重点打造的内陆开放型经济高地，成都在"一带一路"建设中的战略地位，并就成都抢抓发展机遇，融入"一带一路"建设展开了广泛的研究和讨论。2017 年 12 月，成都市委十三届二次全会召开，会议确立了新时代成都"三步走"战略，明确提出从 2020 年到 2035 年，加快建设高品质和谐宜居生活城市，全面建成泛欧泛亚有重要影响力的国际门户枢纽城市。历经两年的研究、探讨，成都建设国际门户枢纽中心被首次正式提出，这也将全面提升成都新经济发展的国际化水平。

（二）具体内容

"一带一路"倡议是党的十八大以后，习近平总书记提出的我国扩大开放的重大举措和经济外交的顶层设计。共建"一带一路"的倡议，就是在古丝绸之路的基础上提出来的，"一带"是指"丝绸之路经济带"，"一路"是指"21 世纪海上丝绸之路"。"一带一路"倡议在继承"和平合作、开放包容、互学互鉴、互利共赢"的丝绸之路精神的同时，又有了更加丰富的现代内涵和外延。由于历史基因来自古丝绸之路，"一带一路"以亚欧大陆为主要区域，贯穿亚欧非大陆，一头是活跃的东亚经济圈，一头是发达的欧洲经济圈，中间是发展潜力巨大的腹地国家。构建"一带一路"的核心内容是促进基础设施建设和互联互通，对接各国政策和发展战略，深化务实合作，促进协调联动发展，实现共同繁荣，"一带一路"已然成为新的历史时期沿线各国联动发展的巨大合作平台。

2015 年 3 月"一带一路"倡议正式提出，成都被列为重点打造的内陆开放新型经济高地；2017 年 12 月成都市委十一届二次全会上成都建设国际门户枢纽城市被首次正式提出。历经两年时间的研究和探讨和两任市委书记和政府领导班子的深思熟虑，由此可以看出成都建设国际门户枢纽中心并非一时兴起，而是通过严谨的论证得到的最能够发挥成都优势特色，且最符合成都未来发展方向的结论。2015 年 3 月，"一带一路"倡议正式提出，成都被列为重点打造的内陆开放型经济高地。成都积极融入"一带一路"建设，主要包括四个层面：一是大力推进外向型产业快速发展。加快国际化高端产业引进和培育，加大外商投资与境外投资促进力度，探索产业合作园和境外经贸合作区建设机制，鼓励企业集群式"走出去"。二是着力推进国际化环境建设。按照建设国际化现代化新城的方向，积极营造开放的发展环境，建设好国际化社区、工作和休闲环境。三是加强国际化人才、高端人才的引进，推进"一带一路"共建国家人才的交流和互联，为人才进区创造良好的政策和服务环境。四是加强国际化发展研究，为未来新一轮对外开放发展确定发展路径，积极制定政策，采取有效的发展措施。2015 年 6 月，成都市委财经领导小组听取成都主动融入"一带一路"倡议、推进建设国际物流枢纽城市等事项报告，提出要充分发挥成都的区位优势，加快建设"立足西部、辐射全国、影响全球"的西部区域物流中心和面向亚欧的国际贸易物流桥头堡，全力助推城市现代化、国际化进程。同时，为重振水运，四川提出用10年左右的时间建成长江上游港口大省和西部水运强省，将乐山港升级为成都港，弥补成都缺少水运的遗憾。2017年3月，成都正式提出建设国际门户枢纽城市。2017年12月，成都市委十三届二次全会确立了新时代成都"三步走"战略目标。

成都市"三步走"战略的提出也标志着成都进入了新发展阶段，探寻新一轮改革开放，剑指可持续发展的世界城市。"三步走"战略明确提出到2020年，高标准全面建成小康社会，基本建成全面体现新发展理念的国家中心城市，"五中心一枢纽"功能显著增强，创新驱动体制和现代化产业体系基本形成，公共服务供给能力、生态环境质量显著提升，推动成渝城市群建成经济充满活力、生活品质优良、生态环境优美的国家级城市群。从2020年到2035年，加快建设高品质和谐宜居生活城市，全面建成泛欧泛亚有重要影响力的国际门户枢纽城市，届时，世界文化名城、世界旅游名城、世界赛事名城和美食之都、音乐之都、会展之都的世界影响力显著提升，成为"一带一路"建设的内陆开放型经济高地和西部国际门户枢纽，绿色发展体制机制更加完善，公共服务更加优质均衡，人民生活更加幸福安康，走在新时代城市改革发展的前列。从2035年到21世纪中叶，要全面建设现代化新天府，使成都成为可持续发展的世界城市。届时，建成国际重要的经济中心、创新中心和文创中心，体现传承、彰显现代、面向世界的现代化新天府独特魅力充分展现，人与自然和谐共生、可持续发展的现代城市全面建成，建成富强民主文明和谐美丽城市；提升代表国家参与国际合作的能力，为实现中华民族伟大复兴、建设美丽繁荣和谐四川贡献成都力量。"三步走"战略是站在中国特色社会主义进入新时代，四川开启了建设美丽繁荣和谐四川新征程的历史节点上，把握城市的历史、现实和未来得出的成都发展"最优解"。未来世界城市发展将从六个方面进行转型，分别是经济增长向高质量发展转型，从以能源土地为核心的"资源拉动"向以人为核心的"创新驱动"转型，从工业经济向服务经济、融合型经济形态转型，从中心圈层向多中心、网络化结构转型，从集约低耗向生态价值开发转型，由开放发展向更高层次开放型经济体系转型。实现"三步走"战略必须坚持用科学规划指导城市建设发展，因此在城市总体规划中，成都提出了"四定原则"，即坚持以水定人、坚持以底定城、坚持以能定业、坚持以气定形。按照"生态投资是政府最优质资产"的理念，成都大力实施生态保护和建设，通过高标准打造天府绿道，建成"一轴两山三环七带"区域级绿道；通过增加城市公园、小游园和微绿地，达到"300 米见绿，500 米见园"的目标，实现"绿满蓉城、花重锦官、水润天府"的盛景。通过构建系统完善的历史文化遗产保护体系，全面保护世界文化遗产、历史文化名镇（村）等历史文化资源，并发展天府文化，深入挖掘"创新创造、优雅时尚、乐观包容、友善公益"的天府文化内涵，进一步提升城市文化软实力。通过建设全国重要的经济中心，重点打造电子信息、汽车、生物医药、航空航天、智能制造、轨道交通六大主导产业核心区和老城片区、天府新区、空港新城三大现代服务业核心区；通过建设全国重要的科技中心，系统推进全面创新改革"一号工程"，积极争创综合性国家科学中心，实施成都科学城、鹿溪智谷、独角兽岛、云锦天府、无线谷等重大项目；通过建设全国重要的金融中心，加快建设老城金融服务区、成都金融城、天府商务区，推进金融高科技园区、天府国际基金小镇、环西南财大财经智谷等重大项目；通过建设全国重要的文创中心，高标准打造天府文化标志和品牌，高质量发展文创街区和文创小镇，推进天府自然博物馆、天府文化国际中心等重大项目；通过建设全国重要的对外交往中心，成都逐步优化中心城区、城市新区、郊区新城国际交往功能布局，引入国际高端资源，加强国际交流合作，以经济、文化、科技为核心功能，全面提升国际合作园区的合作层级，依托国际铁路港等空间载体，谋划国际战略通道建设，进一步加速建设西部国际门户枢纽城市。

（三）意义及影响

成都"三步走"战略的提出聚焦于"站高看远务实"的维度，全面服务于国家宏观发展战略和四川省委决策，着眼于城市区位特色和地域优势，充分把握城市发展规律，充分把脉城市基因，多层次表达了城市发展的方向，对成都的发展具有重大意义和影响。在服务于国家宏观发展战略方面，"三步走"战略紧跟国家、省战略目标的方向。党的十九大对我国发展战略做出从 2020 年到 2035 年、再到 21 世纪中叶两个阶段的重大安排，描绘了"从全面建成小康社会到基本实现现代化，再到建成社会主义现代化强国"的宏伟蓝图。四川省委十一届二次全会遵循国家发展战略时间点，提出了"从确保与全国同步全面建成小康社会到四川基本实现社会主义现代化，再到全面建成美丽繁荣和谐四川、在建成富强民主文明和谐美丽的社会主义现代化强国进程中走在前列"的发展目标。在城市发展逻辑方面，"三步走"战略体现了城市发展规律的方向。随着城市发展逻辑由"产—城—人"向"城—人—产"演进，宜居成为当今主要世界城市建设共同追求的重要目标。建设具有全球领先水平的和谐宜居城市，将生活城市作为城市永续发展的最高目标和本质要求，不仅是应对日益严峻的自然资源、生态环境等方面挑战的必然要求，也是满足人民对美好生活的向往的内在需求。在全球化格局方面，"三步走"战略体现了城市门户开放的方向。开放是繁荣发展的必由之路，在"一带一路"建设、长江经济带发展、西部大开发新格局、成渝城市群发展规划等国家战略的大背景下，成都已由内陆走向门户、由传统后方走向前沿。成都"三步走"战略绘制了一张到2035年全面建成泛欧泛亚有重要影响力的国际门户枢纽城市的时间表，既是成都在国家向西向南开放中的枢纽作用的体现，也是承担国家中心城市核心功能，实现作为"一带一路"重要节点的战略支撑。

二、成都建设国际门户枢纽城市的具体实施

成都自提出建设国际门户枢纽城市以来，出台了一系列相关文件进行支持，为建设国际门户枢纽城市指明了前进方向和总体道路。2018年成都发布《中共成都市委成都市人民政府关于加快构建国际门户枢纽全面服务"一带一路"建设的意见》和《建设西部对外交往中心行动计划（2017—2022年）》，为成都"量身打造"全新政策。2020年中共中央、国务院发布《中共中央 国务院关于新时代推进西部大开发形成新格局的指导意见》，将成都建设国际门户枢纽城市提升为国家战略。通过几年的大胆创新与勇敢实践，成都取得了显著的成效，为今后建设国际门户枢纽城市积累了丰富的经验。

（一）政策、理论支持

2017年成都提出全面建成泛欧泛亚具有重要影响力的国际门户枢纽城市后，便开始紧锣密鼓地部署建设工作。党的十九大报告中指出："要着力培育一批贸易投资区域枢纽城市，重点是把具有特色产业优势、物流网络优势、要素集聚优势枢纽城市的区域辐射力突出起来、发挥出去，形成带动内陆发展的新的增长极。"习近平总书记来川视察时提出了"推动城乡区域协调发展，健全城乡统筹、区域协作的体制机制和政策体系，打造各具特色的区域经济板块，推动各区域共同繁荣发展、同步全面小康"和"五个着力"的重大要求，其中"着力推动经济高质量发展"是当前和今后一个时期确定发展思路、制定经济政策、实施宏观调控的根本要求。没有高水平的经济中心城市的辐射带动，就难以实现高水平的区域协调，推动经济高质量发展。2018年6月2日，

成都召开了对外开放大会，会上提出，高水平规划建设西部国际门户枢纽，全面提升成都在全国开放新格局中的战略地位必须要以全球视野谋划国际战略通道建设；必须要以供应链思维谋划国际物流体系建设；必须要以自贸区为载体谋划国际投资贸易平台建设；必须要以服务国家总体外交谋划国际交往中心建设①。会后不久，《中共成都市委成都市人民政府关于加快构建国际门户枢纽全面服务"一带一路"建设的意见》和《建设西部对外交往中心行动计划（2017—2022 年）》正式发布。

《中共成都市委成都市人民政府关于加快构建国际门户枢纽全面服务"一带一路"建设的意见》的出台明确了四个维度目标：一是全面建成国际门户枢纽，到 2022 年，全市国际（地区）客货航线总数突破 120 条，航空旅客吞吐量突破 7 000 万人次，航空货邮吞吐量突破 110 万吨，国际铁路港集装箱吞吐量突破 100 万标箱，国际班列在国内开行城市中持续保持领先地位，服务贸易规模达到 2 000 亿元；二是全面建成内陆开放高地，到 2022 年，全市货物及服务贸易进出口总额达到 1.2 万亿元，实际利用外资到位额超过 150 亿美元，对外直接投资总额超过 20 亿美元，科技进步贡献率达到 68%，全社会研发投入占地区生产总值比重达到 4.3%；三是全面建成国际化公园城市，到 2022 年，以"三城三都"为载体塑造成都标识，公园城市特点初步显现，初步建成全域公园体系，全市森林覆盖率达 40%，建成区绿地率达 40%，绿化覆盖率达到 45%，人均公园绿地面积达 15 平方米；四是全面建成国家中心城市，到 2022 年，地区生产总值超过 2.1 万亿元，全市社会消费品零售总额突破1 万亿元，外来消费占社会消费品零售总额的比重达 30%，在"一带一路"共建国家建立 100 个以上海外综合服务站，实现沿线重要城市国际友城和友好合作关系城市全覆盖，年入境游客达到 620 万人次，年度举办国际会展次数超过200 场。《建设西部对外交往中心行动计划（2017—2022 年）》提出了五个新目标：一是通过强化"一市两场"航空格局、架设联通世界的"空中丝路"等方式推进西部门户枢纽城市新发展；二是通过推动成都电子信息等九大优势产业开展国际产能合作、建立跨国成长型企业库等方式构筑内陆开放经济新高地；三是通过发展"海外成都"工作站、建立"成都川菜海外推广中心"、开展"全球精选川菜餐厅"认证等方式拓展国际交流合作新渠道；四是实施"蓉漂计划"，通过对来蓉创新创业给予综合资助、全面推进外国人来华工作

① 范锐平. 高水平打造西部国际门户枢纽加快建设"一带一路"开放高地［J］. 先锋，2018（6）：4-9.

许可制度等方式创新人才引进培育新体制；五是通过构建世界知名的"大熊猫"城市之都、加快成都领馆区建设等方式打造对外交往新环境。

两个文件是成都在新的历史起点上为深入推进对外开放出台的纲领性、全局性、宏观性文件，彰显了全面服务"一带一路"建设、高水平建设国际门户枢纽和内陆开放经济高地、构建立体全面开放新格局的决心，更为成都国际门户枢纽城市的建设提供了根本遵循和保障。《中共成都市委成都市人民政府关于加快构建国际门户枢纽全面服务"一带一路"建设的意见》明确提出建设国际门户枢纽城市。新一线城市中，除成都外，杭州也提出建设国际门户枢纽城市。不过，两大城市的定位明显有差异。杭州是要加快建设亚太地区重要国际门户枢纽城市，而成都，虽同样强调是国际门户枢纽，但主要着眼于欧亚。成都市要围绕建设国际门户枢纽、打造内陆开放经济高地、建设世界文化名城和建成"一带一路"重要节点城市四个发展目标发力，到2022年，努力把成都建设成国家内陆开放型经济高地和国际友好往来门户城市，推动泛欧泛亚有重要影响力的国际门户枢纽城市建设取得明显成效。建设泛欧泛亚有重要影响力的国际门户枢纽城市，也就是要建设中国内陆城市中的对外门户枢纽。成都瞄准这一定位，当然还是由自身的地理区位决定的。不同于东部沿海城市的对外开放战略，成都要打好手中的牌，就必须要将劣势转化为优势。在对外开放上，身处内陆的区位对成都而言是劣势，但"一带一路"建设的推进，则为成都向西开放打开了广阔天地。这一机遇窗口下，成都适时提出建设泛欧泛亚有重要影响力的国际门户枢纽城市，既契合了国家的"一带一路"倡议需求，也是将自身发展融入全球版图的一种主动尝试。"一带一路"规划的省份中，西南地区只有广西、云南、西藏加上作为内陆城市的重庆，并不包括四川，但成都入选了十大节点城市。考虑到成都在四川的综合权重，成都入选其实一定程度上可以说代表了整个四川在"一带一路"建设中的站位。不过，"一带一路"建设终究不同于某一个区域的规划，节点城市较多，包含的区域也比较广，成都要把这种战略机遇和政策赋能用足，就必须更主动。这也是确保四川能最大程度参与"一带一路"建设的需要。成都提出打造国际门户枢纽来为"一带一路"建设服务，既能够明显与其他城市在"一带一路"建设中的角色区分开来，也实现了自我发展与国家战略的完美契合。一个城市的发展要摸高，就必须准确找到并适时刷新自己在国家战略中的定位，典型如改革开放后的深圳、上海，都是如此。过去，成都是西部大开发战略中的重要城市，是大后方，现在国家战略转向国际化，成都再次紧跟并调整步伐，这种战略意识很重要。只有主动融入国家大势，城市发展才能如虎添翼，永远处于风口。一座真正意义上的现代化大都市，必然要具有综合性功能。特别是在全球化时代，一座城市要具有全球影响力，其对外交往、参与全球事务的能力是必不可少的素养。基于这一点，成渝城市群规划中其实已经赋予了成都建设对外交往中心的定位：以建设国家中心城市为目标，增强成都西部地区重要的经济中心、科技中心、金融中心、文创中心、对外交往中心和综合交通枢纽功能，加快天府新区和国家自主创新示范区建设，完善对外开放平台，提升参与国际合作竞争层次。

2020 年 5 月，中共中央、国务院发布《中共中央 国务院关于新时代推进西部大开发形成新格局的指导意见》，将成都建设国际门户枢纽城市提升为国家战略。该意见指出要以"一带一路"建设为引领，加大西部开发力度，鼓励重庆、成都、西安等加快建设国际门户枢纽城市；研究按程序设立成都国际铁路港经济开发区；有序推进国家级新区等功能平台建设；整合规范现有各级各类基地、园区，加快开发区转型升级；鼓励国家级开发区实行更加灵活的人事制度，引进发展优质医疗、教育、金融、物流等服务；办好各类国家级博览会，提升西部地区影响力。对于四川和成都来说，该意见的出台是继中央做出推动成渝地区双城经济圈建设重大决策后的又一个重磅利好消息，这将把成都推到内地改革开放的最前沿。该意见共七大点，36 条，超一万字，涵盖的内容很广，不仅有打好三大攻坚战、提升创新发展能力、优化能源供需结构等涉及地区经济社会高质量发展的推动措施，也有积极参与和融入"一带一路"建设、拓展区际互动合作等经济社会对外开放提升的举措，还有加大美丽西部建设、深化重点领域改革，以及提升与人民群众生活息息相关的教育、医疗、养老等民生服务品质的强化办法。该意见中还不止一处明确提到了四川，提到了成都，比如支持四川打造内陆开放高地和开发开放枢纽，支持川陕革命老区和川渝、川滇黔等跨省（自治区、直辖市）毗邻地区建立健全协同开放发展机制，鼓励成都加快建设国际门户枢纽城市等。该意见表明在新的历史条件和经济社会发展背景下，西部地区的发展被国家赋予了更加重要的战略意义，而作为西部桥头堡的成都，也将迎来更大的历史发展机遇，打开发展新局面。为贯彻落实该意见精神，抢抓西部大开发重大机遇，加快推动四川转型发展、创新发展、跨越发展，四川省出台《关于新时代推进西部大开发形成新格局的实施意见》，指出四川省要加强国际双边多边合作，向南对接东南亚、南亚国际大市场，向东承接美、日、韩等发达国家先进生产力，向西推进对欧高端合作，向北参与中蒙俄经济走廊建设；扩大区域协同开放，发挥川港、川澳合作会议机制作用，深化与台湾的交流合作，推动川粤、川浙、川桂等省际常态化合作，加强与京津冀、长三角、粤港澳大湾区、北部湾经济区的对接合作；加快构建南向至北部湾经济区、粤港澳大湾区的高速铁路和国际货运大通道，打通最近出海口，提升互联互通水平；积极拓展洲际 10 小时、亚洲 5 小时航程圈，争取更多国际航权安排，构建国际航空客货运战略大通道；推动中欧班列（成都）高质量发展，创新"蓉欧+"东盟国际铁海（铁）联运模式，强化连接长三角、珠三角、环渤海等地区的铁海联运大通道，积极开展"一带一路"国际多式联运试点示范。

（二）部署实施

成都市政府从找准国际门户枢纽发展方向、确立国际门户枢纽重点任务、圈定国际门户枢纽核心目标、压实国际门户枢纽发展基础四大方向入手，开启了建设高水平对外开放国际门户枢纽的征程。

一是找准国际门户枢纽发展方向。作为一个重要的新课题，国际门户枢纽城市的概念和定义就显得尤为重要，也亟须探讨。2018 年 3 月 21 日，时值全国两会召开之际，《成都日报》推出两会特别报道，将国际门户枢纽城市这个大课题分解成了若干小课题，并指出国际门户枢纽城市的建设一方面体现在外在的区位功能提升，另一方面则在于内在的发展质量和发展水平的提升，不能仅仅重视一个方面，而是要做到"内外兼修"，从而实现城市能级全面升级的宏远目标，其具体包括创建经济发展均衡化的和谐城市，建成治理能力现代化的法治城市，打造生态环境最优化的公园城市，筑造基础设施智能化的智慧城市，构建文化内涵普惠化的人文城市等①。进入新时代，成都不断提升自身站位，深度融入国家对外开放战略，遵循共商共建共享原则，加强创新能力开放合作，形成陆海内外联动、东西双向互济的开放格局。一是积极打造战略通道枢纽，把综合交通通信枢纽建设作为国家中心城市建设的重要支撑，并提出建设国际铁路货运枢纽、国际航空枢纽和国际信息枢纽，为西部国际门户枢纽城市建设夯实了通道基础；二是充分利用自贸区、欧洽会、驻蓉领事机构、世界 500 强企业、国际合作园区、国际议题会展等各类平台和丰富资源，将其作为成都对外开放、吸引人才、集聚资源的重要载体；三是深化区域合作进程，抢抓"一带一路"倡议机遇，通过建设西部国际门户枢纽城市，充分发挥成都首位城市的带头带动引领示范辐射作用，立足于成都区位优势，打造区域经济

---

① 王辉耀，陈涛. 深刻把握"一带一路"机遇加快建设西部国际门户枢纽城市 [N]. 成都日报，2018-03-21（10）.

增长极，加强对外交通网络体系建设，构建宽领域、多层次的开放合作新机制，形成区位优势、区块合力、产业协同、市场共享的有机整体，推进成渝城市群立体全面开放；四是加快建设国际文化交往中心，文化是城市的形象和软实力，通过发展具有民族特征和区域特色的本土文化，涵育开放包容、多元集纳的"天府"文化，为国际文化交往提供保障；五是建设国际产能合作中心，自"一带一路"倡议提出以来，成都实施全方位双向开放，已与许多"一带一路"共建国家开展产业与投资合作对接，不仅引入别国高端高质生产要素，而且还大力促进"成都制造"走向世界、参与竞争。

二是确立国际门户枢纽重点任务。2018 年 6 月，成都市召开对外开放大会，会议明确了五大重点任务，为成都打造高水平国际门户枢纽城市指明了战略方向。其一是定位升级，明确将成都"国家中心城市"的定位进一步升级到"国际门户枢纽城市"和"世界城市"战略定位，为今后成都发展指明方向，通过建设国际门户枢纽城市进一步提升成都国际竞争力和城市发展水平；其二是构建通道体系，抢抓"一带一路"倡议发展机遇，依托于国际空港、铁路港"双枢纽"形成以成都为核心的亚蓉欧"空中丝绸之路 + 陆上丝绸之路"立体大通道体系，打通亚蓉欧贸易路线，进一步强化成都国际门户枢纽城市功能；其三是打造全球配送枢纽，依托于成都特有的地缘优势和物流产业优势，打造面向全球的制造型企业配送枢纽，面向泛亚国际区域分销企业开展配送服务，同时建立与全球接轨的国际供应链服务保障体系，确保配送枢纽运转顺畅，进一步打通全球贸易路线；其四是完善国际贸易功能，依托于自贸试验区，形成较为完备的国际贸易中心核心功能框架，率先形成国际采购交易、综合保税、国际物流、国际会展、国际金融结算和国际财经资讯六大功能；其五是拓展国际交流渠道，建设国际资源集成转化高地，提升国际交往承载能力，进一步拓展国际交流合作渠道。

三是圈定国际门户枢纽核心目标。《中共成都市委成都市人民政府关于加快构建国际门户枢纽全面服务"一带一路"建设的意见》和《建设西部对外交往中心行动计划（2017—2022 年）》的出台为成都建设国际门户枢纽城市指明了方向、明确了具体目标。其中《中共成都市委成都市人民政府关于加快构建国际门户枢纽全面服务"一带一路"建设的意见》共分为八个部分，包含 38 条具体的政策措施。其一是通过实施国际客货运航线拓展、航空货运重点发展等计划，全面构建联通全球通江达海的战略大通道；其二是通过强化三区引领、五园示范、多平台支撑等方式，做强做优"三区五园多支撑"开放平台体系；其三是通过实施跨国企业总部提升、促进国际中小企业来蓉发展等计划，积极推动国际贸易和投资优化升级；其四是通过实施海外人才来蓉创新创业、本土人才国际化培育等工程，精准高效促进资源要素全球配置；其五是通过实施国际友好往来、医疗卫生开放合作等工程，全面深化高品质国际人文交流合作；其六是通过建设市场开放先行城市、高效政务一流城市等方式，加快形成法治化国际化便利化营商环境；其七是通过健全对外开放统筹协调和考核机制、加强政策研究和细化落实、营造良好的对外开放氛围，强化对外开放工作的组织领导。除此之外，《中共成都市委成都市人民政府关于加快构建国际门户枢纽全面服务"一带一路"建设的意见》还明确到2022年，成都市货物及贸易进出口总额达到1.2万亿元，全市国际（地区）客货航线总数突破120条等相关内容。这为成都建设国际门户枢纽城市提供了更加直观、准确的奋斗目标和实施路径，是为成都"量身打造"的全新政策，"含金量"十足，将为全面服务"一带一路"建设、高水平建设国际门户枢纽和内陆开放高地提供有力支撑。

四是压实国际门户枢纽发展基础。万事开头难，尽管成都拥有先天的地缘优势和改革开放以来奠定的发展优势，但成都还是清醒地认识到想要建好高水平国际门户枢纽城市必须要打好坚实的基础。其一是改善营商环境，开设企业并不难，难的是把企业良好地经营下去，因此企业家最关心的就是一个城市的营商环境，从某种程度上来看，在全球化的大浪潮之下，一个城市的经济发展取决于营商环境的竞争力。为改善营商环境，成都市委十三届四次全会暨市委经济工作会，将2019年确定为"国际化营商环境建设年"，并在春节后的第一个工作日召开了国际化营商环境建设年动员大会，会上时任成都市委书记范锐平指出："营商环境的改善要以企业为中心、市场为导向、服务为抓手，走出彰显成都特色的国际化营商环境建设之路。"动员大会的召开，旨在通过改善营商环境促进国际门户枢纽建设，2019年，成都市真抓实干，切实实现了营商环境的改善，因营商环境持续优化，成都跻身各大榜单，如"2019中国国际化营商环境建设标杆城市""2019中国招商引资最具国际竞争力城市""2019中国最具投资吸引力城市"等。其二是进一步加强对外开放，2020年四川省政府正式批准设立成都国际铁路港经济开发区，并要求成都市政府深入践行新发展理念，将国际班列通道优势转化为发展优势，着力打造特色产业集群，严格落实国土空间规划，坚守生态保护红线和安全生产底线，坚持高起点规划、高标准建设、高效能管理，将开发区加快建设成为区域经济高质量发展的引领示范区。开发区的设立也进一步促进了成都市的对外开放，推动成都在对外开放的道路上迈上了新台阶。

（三）实施成效

2020 年，成都全市实现地区生产总值 17 716.7 亿元，按可比价格计算，比 2019 年增长 4.0%。从产业视角来看，第一产业实现增加值 655.2 亿元，增长 3.3%；第二产业实现增加值 5 418.5 亿元，增长 4.8%；第三产业实现增加值 11 643.0 亿元，增长 3.6%。

成都市固定资产投资质效不断提升。成都市通过集中开展项目招引攻坚行动，建立辐射国内重点区域的"3+6"招商网络，围绕"两新一重"建体系、强功能、锻长板、激活力，投资运行态势持续向好。2020 年成都市固定资产投资同比增长 9.9%，增速较前三季度提高 2.1 个百分点。工业投资持续回升，同比增长 2.9%，增速高于上年 1.7 个百分点；电子信息、医药制造业投资增长 6.5%、13.2%。基建领域投入加快，在大运会场馆、天府国际机场、地铁等重大项目带动下，基础设施投资增长 14.3%，增速高于上年 8.5 个百分点。以 5G 基站、充电桩为主的新基建项目 187 个，完成投资超 300 亿元。民生保障投入持续加强，公共服务投资增长 29.8%，连续 10 个月保持 20% 以上的增速，教育、卫生投资增长 23.4%、44.5%。重点区域投资较快增长，天府新区成都片区、"东进"区域完成投资分别增长 15.0%、8.4%。为期三个月的项目招引攻坚行动成效显著，签约注册重大项目 497 个，计划总投资 8 671 亿元，增长 57.7%，其中百亿级重大项目 28 个。外贸增长逆势上扬。2020 年实现进出口总额 7 154.2 亿元，同比增长 22.4%。其中，出口总额 4 106.8 亿元，增长 23.7%；进口总额 3 047.4 亿元，增长 20.7%。加工贸易持续增长，以加工贸易方式实现进出口总额 5 031.6 亿元，增长 25.8%。外贸商品结构持续改善，高新技术产品实现出口总额 3 384.3 亿元，增长 33.6%，占出口总额的 82.4%。"一带一路"倡议合作持续深化，对"一带一路"共建国家实现进出口总额 2 226.6 亿元，增长 29.9%；对欧盟、东盟进出口总额分别增长 30.1%、20.0%。保税贸易增势良好，成都高新综合保税区实现进出口总额 5 491.7 亿元，增长 26.8%，贸易总额稳居全国同类保税区首位。自贸试验区改革纵深推进，自贸试验区新增企业、注册资本数均在全国第三批自贸试验区中排名第一。

国际化营商环境持续优化。成都市出台了实施国际化营商环境 3.0 版政策，积极打造"蓉易办"政务服务品牌，连续三年获评"中国国际化营商环境建设标杆城市"。减税降费成效显著，2020 年 1 至 11 月新增减税降费 229.7 亿元，惠及纳税与缴费人 48.3 万户次，减免行政事业性收费和政府性基金 13.3 亿元；全年阶段性减免企业社保费 353.3 亿元。要素供给持续增强，金融服务实体经济质效提升，企（事）业单位本外币贷款同比增长 13.5%，直接融资 2 927.6 亿元，增长 27.4%。现有境内外上市（含过会）公司 122 家，其中 A 股上市公司 97 家，新增上市公司 19 家。土地市场交易保持活跃，全年招拍挂成交经营性用地 322 宗，面积 1 400 万平方米。深入推进"放管服"改革，进一步拓宽企业开办便企项目，推广电子营业执照和电子印章应用，企业开办时间压减至 0.5 个工作日以内，新登记市场主体 61.8 万户，增长 15.6%。

创新生态加快成型。成都市召开全市科技创新大会，制定科技创新 18 条、人才新政 2.0 版政策措施，高水平建成运营 617.5 万平方米科创空间，着力建设具有全国影响力的科技创新中心。新经济新动能增势蓄力，成都市通过深入推进新经济"双百工程"和新经济企业梯度培育，已累计培育 224 家双百企业，1 318 家新经济梯度企业，举办 10 场"场景营城产品赋能"双千发布会，吸引社会资本超过 600 亿元。全市新经济企业注册数共计 45.8 万户，成都已成为"最适宜新经济发展的城市"之一。创新活力持续迸发，成都市以"两区一城"为主要载体优化西部（成都）科学城"一区四核"布局，成都超算中心建成投运，新增市级及以上科技企业孵化器及众创空间 62 家，累计突破 250 家，其中国家级双创载体达 75 家，高新技术企业数量超 6 000 家，高新技术产业营业收入突破万亿元。

以开放发展厚植新优势，着力打造国内大循环的战略腹地和国内国际双循环的门户枢纽，亚蓉欧立体大通道体系基本形成，对外交往中心加快建设，城市国际竞争力和区域带动力显著提升。城市枢纽能级不断提升。国际航空大通道持续拓展，开通国际（地区）客货运航线 130 条，其中定期直飞航线 79 条，新开通 6 条，国际航线规模稳居全国第四、中西部第一。双流国际机场旅客吞吐量 4 074.2 万人次，居全国机场第二；起降架次量和总客运航班数均居全球机场第八。成都国际铁路港经开区获批设立省级经开区，国际班列开行 4 317 列，同比增长 35.5%；中欧班列（成渝）开行近 5 000 列，历年累计开行量达 14 000 列，占全国中欧班列开行总量的 40%。开放合作平台加快建设。2020 中国—东盟数字经济论坛、第四届国际城市可持续发展高层论坛在蓉举办。对外交往持续深化，外国获批在蓉设立领事机构达到 20 家，国际友城和国际友好合作关系城市 104 个，落户世界 500 强企业达 305 家。外资招引持续加强，新批外商投资企业 699 家，外商投资实际到位 504.2 亿元，新批或增资 1 000 万美元以上的重大外资项目 112 个。四川天府新区成为首批国家级进口贸易促进创新示范区之一。对外开放程度更深，境外投资已分布在全球 87 个国家和地区，"走出去"企业数增长 8.9%，经济外向度达 40.4%，为近年来最高水平。

三、成都建设国际门户枢纽城市的深入推进

2021 年，《成都市国民经济和社会发展第十四个五年规划和二〇三五年远景目标纲要》提出建设国内国际双循环门户枢纽远景目标，并指明"六大体系"任务，推动成都建设国际门户枢纽城市进一步发展。成都具有建设国际门户枢纽的先发优势，也同样存在着一些必须面对和解决的问题，"六大体系"任务成为未来成都建设国际门户枢纽城市的主要方向和着力之处。

（一）发展基础

成都是中国西南地区的经济、金融、商贸、文化、科技和交通中心，也是世界历史文化名城和国家历史文化名城。成都拥有丰富的人力资源、科技资源、文化资源和生态资源，是中国重要的创新创业基地和现代服务业集聚地。成都还是中国西部大开发战略的重要支点和"一带一路"倡议的重要节点，是国家级中心城市和国际化大都市。根据 2022 年发布的《全球城市综合竞争力报告》，成都在全球城市综合竞争力排名中位居第 29 位，位列中国内地第 4 位，仅次于北京、上海和深圳。报告显示，成都在全球城市体系中具有经济规模、人口规模、创新能力、人才吸引力、生活质量等方面的优势。报告还预测，到 2035 年，成都将进入全球城市综合竞争力前 20 强。成都作为高成长性城市，具有建设国际门户枢纽的先发优势。在全球城市体系排名中，成都综合潜力巨大，通过国际门户枢纽建设能够尽快促使中西部地区市场体系融入全球市场。成都的国际化功能发展进入快车道，对外交通比其他中西部城市更受到市场的青睐，国际交往事务在中西部地区遥遥领先。因此，在内外双循环的新发展格局下，以西部连接欧亚大陆将成为外循环新方向。

第一，通过国际门户枢纽建设促使中西部地区融入全球化。国际门户枢纽建设是指通过提升城市在全球范围内的开放度、互联互通度和影响力，实现与世界各地的经济、社会、文化等多方面的交流合作，从而提升城市的国际竞争力和国际地位。国际门户枢纽建设包括国际航空枢纽建设、国际物流枢纽建设、国际金融枢纽建设、国际会展枢纽建设、国际文化枢纽建设等方面。成都作为中国西部地区最具影响力的城市之一，积极推进国际门户枢纽建设，努力打造成连接欧亚大陆的重要枢纽和服务"一带一路"倡议的重要平台。近年来，成都在国际航空枢纽建设方面取得了显著成效。截至 2022 年，成都双流

国际机场已开通了 113 条国际（含港澳台）航线，覆盖了全球五大洲和 30 多个国家和地区。此外，成都还通过开通中欧班列、中亚班列、中越班列等国际铁路货运通道，建设了中国西部最大的国际铁路物流枢纽。成都还积极发展国际金融、国际会展、国际文化等，吸引了众多国际机构和国际活动落户成都，提升了成都的国际影响力和吸引力。通过国际门户枢纽建设，成都不仅为自身的发展创造了更多的机遇和空间，也为中西部地区的市场体系融入全球市场提供了有力的支撑和带动。成都与世界各地的经贸往来日益频繁，成都的对外贸易、外商直接投资、外汇储备等指标均保持了较高的增长率。成都也为中西部地区的企业和产品提供了更多的出海通道和平台，促进了中西部地区的产业升级和转型。同时，成都也加强了与世界各地的人文交流和合作，促进了中西部地区的文化多样性和包容性。

第二，成都的国际化功能发展进入快车道。国际化功能是指城市在全球范围内承担和参与各种功能活动的能力和水平。国际化功能包括经济功能、政治功能、社会功能、文化功能等方面。城市的国际化功能水平反映了城市在全球城市体系中的地位和作用。成都作为中国西部地区最具国际化功能的城市之一，近年来在各方面取得了突出的进步。在经济功能方面，成都已经形成了以电子信息、汽车制造、生物医药、食品饮料等为代表的现代产业体系，并与世界各地建立了广泛的合作关系。目前，已有超过 300 家世界 500 强企业在成都设立了分支机构或投资项目。在政治功能方面，成都已经成为中国与欧亚大陆各国交流合作的重要窗口和平台。2019 年 11 月，第六届中国—欧亚经济合作论坛在成都成功举办，为推动"一带一路"倡议与欧亚经济联盟对接合作发挥了重要作用。在社会功能方面，成都已经建立了以高等教育、科研院所、医疗卫生等为主要内容的现代社会服务体系，并与世界各地开展了多层次、多领域的人才交流和合作。目前，成都拥有超过 100 所高等院校，其中有 20 多所与外国高校建立了合作办学机构或项目。在文化功能方面，成都已经形成了以历史文化遗产、民族民间文化、创意文化产业等为主要特色的多元文化体系，并与世界各地开展了丰富多彩的文化交流和合作。目前，成都已经被联合国教科文组织授予"世界音乐之都""世界美食之都""国际创意设计之都"等荣誉称号。通过国际门户枢纽建设，成都的国际化功能发展进入了快车道，为成都的经济社会发展提供了强大的动力和支撑。

第三，对外交通比其他中西部城市更受到市场的青睐。对外交通是指城市与世界各地的交通联系及其便利程度。对外交通包括航空交通、铁路交通、公路交通、水运交通等方面。对外交通水平反映了城市的开放度和互联互通度。

成都作为中国西部地区最具对外交通优势的城市之一，近年来在各方面取得了显著的提升。在航空交通方面，成都已经建成了中国西部地区最大的国际航空枢纽，拥有两座国际机场，即双流国际机场和天府国际机场。双流国际机场是中国第四大机场，也是全球第十二大机场，年旅客吞吐量达到1.2亿人次。天府国际机场是中国第七大机场，也是全球第二十八大机场，年旅客吞吐量达到5 000万人次。两座机场共同构成了成都"双机场"战略，形成了覆盖全球五大洲的航空网络。在铁路交通方面，成都已经建成了中国西部地区最大的国际铁路物流枢纽，拥有四个国际铁路货运站，即青白江站、龙泉驿站、郫县站和新津站。这四个站共同构成了成都"四站一枢纽"战略，形成了连接欧亚大陆的铁路网络。成都已经开通了中欧班列、中亚班列、中越班列等多条国际铁路货运线路，年货运量达到100万标箱。在公路交通方面，成都已经建成了中国西部地区最完善的高速公路网络，拥有11条高速公路出口，形成了连接全国各地的公路网络。在水运交通方面，成都已经建成了中国西部地区最重要的内河港口，拥有三个港口区域，即金堂港区、新津港区和龙泉驿港区。这三个港口区域共同构成了成都"三港一枢纽"战略，形成了连接长江黄金水道的水运网络。目前，成都已经开通了长江—南海航线、长江—东海航线等多条国内外水运线路，年货运量达到2 000万吨。通过对外交通建设，成都的对外交通水平显著提升，比其他中西部城市更受到市场的青睐，为成都的对外开放和合作提供了便利和保障。

第四，国际交往事务在中西部地区遥遥领先。国际交往事务是指城市与世界各地的政治、经济、社会、文化等方面的交流合作活动。国际交往事务活跃度反映了城市的国际影响力和吸引力。成都作为中国西部地区最具国际交往事务活跃度的城市之一，近年来在各方面取得了突出的成就。在政治交往方面，成都已经与全球50多个国家和地区建立了友好城市或合作伙伴关系，包括美国、英国、法国、德国、日本、韩国等。成都还定期举办或参与各种国际会议和论坛，如中国—欧亚经济合作论坛、世界旅游城市联合会大会、世界创新创业大赛等，为推动全球和地区的和平与发展发挥了积极作用。在经济合作方面，成都已经与全球100多个国家和地区开展了贸易往来，其中包括欧盟、美国、日本、韩国等重要市场。成都还积极引进外资和技术，吸引了众多世界知名企业和机构在成都投资兴业或设立分支机构，如英特尔、戴尔、富士康、埃森哲、高盛等。同时，成都也支持本地企业和产品走出去，拓展海外市场和合作空间。在社会交流方面，成都已经与全球30多个国家和地区开展了人才交流和合作。成都还积极引进外籍人才和留学生，为本地高校和科研机构提供了优质的人才资源，如四川大学、电子科技大学、西南财经大学等。同时，成都也支持本地人才和学生走出去，参与海外学习和研究。在文化交流方面，成都已经与全球40多个国家和地区开展了文化交流和合作。成都还积极举办或参与各种国际文化活动和节庆，如欧洲电影节、法兰西艺术节、日本樱花节等，为增进全球人民的友谊做出了贡献。同时，成都也支持本地文化和艺术走出去，展示中华文明的魅力和创造力，如川剧、蜀绣、竹编等。通过参与国际交往事务，成都的国际影响力和吸引力显著提升，为成都的城市形象和品牌塑造提供了有力的支撑。

第五，以西部连接欧亚大陆成为外循环新方向。外循环是指城市与世界各地的经济联系和合作。外循环能力反映了城市的开放度和国际竞争力。成都作为中国西部地区最具外循环能力的城市之一，近年来在各方面取得了突破性的进展。在"一带一路"倡议的引领下，成都积极拓展与欧亚大陆的经济合作，打造了连接欧亚大陆的重要通道和平台。目前，成都已经成为全球最大的中欧班列始发站，累计开行超过8 000列，运输货物超过70万标箱，覆盖了欧洲21个国家和地区。成都还通过建设天府国际机场、天府国际港口等重大项目，增强了与欧亚大陆的航空和水运联系。此外，成都还通过建立多边和双边合作机制，加强了与欧亚大陆各国的政策沟通、设施联通、贸易畅通、资金融通、民心相通等方面的合作。例如，成都与俄罗斯、哈萨克斯坦、白俄罗斯等国家建立了经贸合作区、工业园区、农业示范园等合作平台，促进了产业对接和投资合作。成都还与法国、意大利、西班牙等国家开展了文化旅游、教育科技、民间交流等领域的合作，增进了人文交流和友好往来。通过与欧亚大陆的经济合作，成都实现了外循环的新突破，为内外双循环的新发展格局提供了新动能和新支撑。

（二）远景目标

为积极探索融入新发展格局的有效路径，成都坚持对外开放和扩大内需有机结合，充分发挥国家中心城市对畅通国民经济内循环和链接全球经济外循环的引领支撑作用，着力增强国际资源要素集聚与辐射能力、规则制度集成创新能力、信息资源汇聚运用能力，在更高层次上充分利用国内国际两个市场、两种资源构筑吸引国际商品和要素资源的巨大引力场。2021年，《成都市国民经济和社会发展第十四个五年规划和二〇三五年远景目标纲要》提出建设国内国际双循环门户枢纽远景目标，并指明"六大体系"任务：一是打造多向度战略大通道体系，二是建设高效率枢纽体系，三是建设高能级开放平台体系，四是构建高效现代流通体系，五是提升开放发展水平，六是联动重点区域协同开放，为成都进一步构建国际门户枢纽城市指明了方向。

随着我国发展阶段发生变化，我国开启社会主义现代化建设新征程，处于重要战略机遇期。我国正处于实现中华民族伟大复兴的关键时期，已转向高质量发展阶段。"十四五"时期，我国将进入全面建设社会主义现代化国家、向第二个百年奋斗目标进军的新发展阶段，积极构建"双循环"新发展格局，加快经济由高速增长向高质量发展转型。在充满机遇和挑战的大环境下，成都要找准发展新方位，就必须把握新机遇新使命，科学应对多方现实挑战，在危机中育新机，于变局中开新局，这样才能够服务于国家战略，高质量建设国际门户枢纽城市。

一是打造多向度战略大通道体系，构建通达全球、中转高效、功能完善的国际航线网络。成都"十四五"规划中指出，要加快推进"48+14+30"国际航空客货运战略大通道，形成通达48个全球重要航空枢纽城市及经济中心城市的国际精品商务航线，连接14个全球重要物流节点城市的国际全货机航线，辐射30个重要世界旅游目的地及入境游来源地的国际优质文旅航线。重点完善覆盖全球重要航空枢纽城市、经济中心城市的客运航线和连接欧美亚洲的"Y"字形全球货运网络和"两场一体"功能分工方案，提升国际中转通程服务水平，构建"腹舱+全货机"协同发展的航空货运网络体系。并且，加快构建"7+5"国际铁路货运及铁海联运大通道，加快建设中欧班列成都集结中心示范工程，加快推进成都铁路枢纽总图规划修编，科学制订班列开行计划，推动国际班列高质量发展；增强对西部陆海新通道的引领带动作用，加快推进成都经泸州（宜宾）、百色至北部湾出海口主通道建设，稳定开行成都至北部湾港口高频次陆海联运班列，加快推进直达东盟的跨境公路货运班车常态化运行，进一步强化与东盟间陆上经济联系，通过拓展南向东中西三大泛亚陆海贸易通道、西向泛欧泛亚陆上贸易通道，提能东向经济循环通道，加密北向进出川通道，持续优化中欧班列"四向拓展"网络布局；持续完善成都国际铁路港货运场站功能布局，构建以成都国际铁路港为主、铁路货运场站为补充的铁路货运体系，全面增强国际铁路港承载集疏功能和中欧班列集结中心、西部陆海新通道主枢纽功能。

二是建设高效率枢纽体系，要坚持以开放发展厚植新优势，加速推进城市枢纽能级实现跨越式提升。其一推动"一市两场"航空枢纽格局加快构建，进一步推动天府国际机场、双流国际机场"两场一体"协同运营和航线网络结构优化，大幅提升航空枢纽客货量级和货运能力。着眼于市场需求，加速开拓西部腹地市场空白航点，加快构建干支衔接的航线网络，提升与西部地区地级城市的通达性。其二强化泛欧泛亚陆港枢纽，通过优化"铁海""铁水""铁公"联运模式，推进多式联运示范工程，提升枢纽间衔接转换效率，进一步增强枢纽集疏、辐射功能，如推进天府国际机场"动货、普货双铁进港"工程和多式联运示范工程，创新面向全球的"中欧班列+国际客货机"陆空联运模式，开展航空中转集拼业务通关、空铁联程联运试点和空铁公运输体系一体化建设试点。其三完善国家高速公路枢纽，聚焦于提升空港陆港"双枢纽"集疏运能力，提升成都国内交通运输能力，加快建设成都经济环线高速等成渝地区高速公路，持续强化成都与周边城市的快速链接能力，形成覆盖全域、畅接全省、辐射中西部、通达全国的高速公路网。其四建设国际性区域通信枢纽，推动信息基础设施演进升级，打造国际信息港，提升巩固国际性区域通信枢纽行业地位；提高电子信息产业能级，构建产业生态圈、创新生态链，推动产业向中高端发展，建成全球电子信息高端研发制造基地和世界软件名城；抓住机遇发展数字经济培育新动能，推动三次产业数字化、核心技术突破以及现代服务业与先进制造业深度融合。

三是建设高能级开放平台体系，增强国家级平台开放引擎功能，增强国际合作园区窗口示范功能。做强天府新区开放主引擎，着力打造新增长极和内陆经济开放高地。增强成都高新区国家自主创新示范区创新主阵地功能，打造链接汇聚全球优质创新创业资源要素的国际化平台。天府新区是四川省下辖的国家级新区，是第 11 个国家级片区。2020 年，四川天府新区实现地区生产总值 3 561 亿元、增长 6.7%，居国家级新区第五位。天府新区在发展中始终秉持公园城市理念，加快建设西部开放新高地，发挥西部地区高质量发展引领示范作用。强化临空临港经济区开放主枢纽功能，高标准建设国家级临空经济示范区，争取在成都东部新区设立国家级临空经济示范区。2021 年 6 月，四川省政府办公厅正式印发《关于支持成都东部新区发展的政策措施》，明确"努力把成都东部新区打造成为成渝地区双城经济圈高能级发展新平台"，并提出支持政策措施，包括支持发展主导产业、支持创新能力建设、支持开放平台建设、加大财政支持力度、强化用地保障、支持创新用人机制、赋予省级项目管理权限等几个方面。发展主导产业方面，重点支持成都东部新区依托成都天府国际机场，培育壮大与航空关联的先进制造、航空物流、高端商务等现代产业集群，创建国家临空经济示范区，支持完善国际航空枢纽配套功能，支持创建国家检验检测认证公共服务平台示范区，支持建设质量基础设施"一站式"服务示范应用平台，开展"一站式"服务工作试点。创新能力建设方面，支持高等院校、科研院所在成都东部新区建设天府实验室，支持航空科技、航空制造等领域国家级和省级重点实验室、工程研究中心等创新平台优先在成都东部新区布局，支持校院企地合作重点项目优先落户，鼓励高等院校、科研院所、企业在成都东部新区联合设立研发基地和成果转化基地。开放平台建设方面，申建成都天府国际空港综合保税区，支持成都东部新区规划建设加工制造中心、研发设计中心、物流分拨中心、检测维修中心、销售服务中心，申建成都天府国际空港综合保税区。支持成都天府国际机场实施"7×24 小时"通关保障，开展口岸通关监管模式创新改革。

四是构建高效现代流通体系，集聚培育高能级流通主体，建设便利化流通服务平台体系。引育一批全球知名的国际物流综合服务商、全球供应链龙头企业，为电子信息、装备制造等世界级产业集群提供国际采购、全球配送、跨境分销等功能集成服务，形成与现代产业体系相匹配的现代供应链体系。政府应当通过资金、政策等鼓励流通企业加强供应链管理，提高市场上的流通运行效率。构建"平台+科技"赋能体系，加强物联网、5G、人工智能等新一代信息技术在流通领域中的推广应用，提升供应链稳定性和竞争力。依托数字化平台、信息化系统拓展等载体，打造智能仓储、智慧配送、自动化包装等场景应用，进一步提升流通效率。社会主义建设新时期不仅要坚持"引进来"，而且要以更加开放的心态鼓励更多有条件的企业"走出去"，提升我国企业知名度和国际影响力，实现全球要素优化配置和国内国际资源有效整合。还要鼓励高端企业强强联合，培育具有国际竞争力的大批流通骨干企业，增强中国企业流通主体的国际影响力。要进一步优化市场营商环境。成都要建设国际门户枢纽城市，将会吸引大量的资金、技术、人才、企业来此落户发展，因此，建立和营造绿色、健康、公平、公正的市场环境是非常有必要的。国家或政府相关部门尽快建立健全相关法律体系，制定与市场发展相适应的法律法规，对于一些通过假冒伪劣、哄抬价格、以次充好等不良行为导致市场恶性竞争、流通资源失衡等恶劣后果的企业，要严厉打击，加大处罚力度，整治不良行为，营造健康的社会营商环境，引导商品、要素自由健康流动。

五是提升开放发展水平，推动"走出去"量质齐升，开展更加广泛务实的国际交流合作。积极争取国家批准在蓉增设更多外国领事机构，打造国际合作园区"国际会客厅"。随着我国国家经济实力的增强，我国在国际舞台上拥有越来越多的话语权，也更加积极地参与国际事务，加强与世界其他国家或地区的交流与合作。成都市要努力抓住国家区域发展战略机遇，按规定程序积极加入具有国际影响力的世界城市和地方政府国际组织，吸引国际组织在蓉设立分支机构，把握中欧投资协定、RCEP 等战略机遇，推动成都产业加快"走出去"，提升全球资源配置能力。一些有实力的国企或大型企业要充分利用航空货运网络、陆海新通道和中欧班列构建全球供应链网络，发展全球营运业务。成都市要努力在跨境贸易、产业投资、金融服务、数字平台、产权交易、全球采购等领域培育一批有全球资源运作能力的国际化企业，带动成都企业"走出去"。要立足于"融"，共同搭建合作平台。良好的平台是对外企业高质量发展的必要条件，在川企业要想更好地"走出去"，就要按照"自愿平等、合作共赢、互助互惠、共商共享"的原则，建立对外企业发展联盟，加快形成西部地区企业发展共同体。要立足于"合"，加强交流与合作。近年来，四川省紧抓国家发展战略机遇，与国外一些国家签署重点项目合作协议，深入推动与"一带一路"共建国家的合作。要立足于"建"，合力推动项目落地。我国实行"走出去"发展战略是为了更好地发展经济，进而提升经济发展水平，在川企业加强与其他国家或地区组织的共同建设合作，将极大地推动中国企业国际化发展，全面提升中国发展速度和发展质量。

六是联动重点区域协同开放，加强与长江经济带沿线区域联动开放、与西部陆海新通道沿线区域合作、与包昆城镇化轴带沿线区域合作。加强与长江经济带口岸功能衔接。创新内陆和沿海口岸物流联通新模式，依托长江黄金水道功能，深化成都与泸州港、宜宾港、万州港等港口的合作，打通成都与上海、江苏、浙江等沿海城市口岸的连接与往来，构建铁水联运体系，依托长江黄金水道，直接将内陆地区产品运输到沿海区域或沿海港口，增强内陆与沿海地区的联系和发展。加强与西部陆海新通道沿线区域的合作，加强与重庆在物流交易、跨国供应链、跨境电商等方面的全面合作，支持重庆、成都等物流枢纽建设自动化场站、智能型仓储等智慧物流设施。依托重庆运营组织中心，联合其他枢纽节点，统筹铁路、水运、海关等部门的行政管理、公共服务等方面的信息资源，建设统一开放的通道公共信息平台，开发信息查询、"一站式"政务服务、在线审批、联合实时监管等功能。加强物流运输组织，优化铁路班列服务，开行重庆、成都等至北部湾港口的高频次班列直达线和运量较大的其他物流枢纽至北部湾港口的班列直达线。

（三）困难挑战

成都在建设国际门户枢纽城市的进程中，取得了一系列显著成效，不仅带动城市高质量发展，也深入推进了国家的发展战略。但建设国际门户枢纽城市是一项长期的任务，需要及时总结与反思，不断总结前一阶段的成功经验，反思当前存在的问题与不足，结合新的时代背景和国家发展情况进行完善。

当前成都在建设国际门户枢纽城市中存在以下几个问题：

一是外贸竞争优势不够突出。贸易结构方面，成都服务贸易占对外贸易总额比重不到20%，低于天津、重庆、武汉、杭州等新一线城市；加工贸易占全市总量的70%，高于全国27.5%的平均水平[①]。贸易模式方面，成都跨境电子商务、市场采购贸易、外贸综合服务等有待发展。2019年成都跨境电子交易规模虽然超200亿元，但与深圳、杭州、广州等沿海城市差距巨大，也已被同处西部的重庆拉开差距。贸易主体方面，仍然以英特尔、鸿富锦、戴尔等外资的代工企业为主，其占全市总量约70%，远高于全国42.6%的平均水平，本土外贸企业多为实力较弱的中小企业。

二是双向投资水平有待提升。利用外资方面，在蓉总部企业层级较低，绝大部分是以分公司的加工基地、办事处、经销商等形态存在。同时，服务业利用外商投资占比相对不高、领域不宽。2020年，成都服务业利用外资实际到位仅占总额的67.42%，金融、信息服务等领域投资较少。对外投资方面，成都对外投资方式以合资、独资为主，并购及股权投资有待进一步拓展。同时，成都对外投资形式以传统的建立境外销售网络为主，投资建厂、设立境外研发中心等形式较少。

三是国际通道建设存在差距。货运航班运力方面，成都全货机国际航线数量、全货机航班频次较少，舱位供给相较上海等成熟枢纽仍不充分，企业可自主选择面较小。航运中转能力方面，成都机场中转率为5.3%，国际枢纽的中转率一般在30%以上，航线跨区域、跨洲中转能力尚未完全具备。陆海通道建设方面，南向对空中通道的依赖程度较高，仅开通成都—河口—河内南向东线通道和经钦州港出海辐射东盟的铁海联运通道。第二条西向国际开放通道暂未形成，未能与库尔勒至伊犁的铁路实现互联互通。成都与长江经济带、京津冀、长三角、粤港澳大湾区城市的联结能力有待提升。

四是开放合作平台能级较弱。成都国家级新区、临空临港经济区规划建设水平仍需提升，自由贸易试验区体制机制创新等方面与上海等先发地区存在明显差距。国别园区差异化功能尚未充分凸显，对合作国先进人才、资本、项目的吸引力仍然不足。现有国际经贸合作平台，主要还处于招商引资阶段，其功能种类单一，还未形成国际化区域分拨中心、大宗商品集散交易中心和进口商

---

① 李好. 成都深度融入"一带一路"提升开放型经济水平研究 [J]. 时代经贸，2021，18 (4)：62-64.

品展销中心。成都口岸服务功能建设相对滞后，价格发现、国际结算等高端功能缺乏，口岸集散能力偏弱，进出口商品主要局限于成都及四川省内其他城市。

五是国际资源质量有待提升。北京、上海缔结的国际友好城市多为首都城市或经济、文化高度发达的城市，成都缔结的友城与其质量差距较大。在蓉的国际知名会计师事务所、律师事务所、国际保险代理公司等机构较少，保险、知识产权、法律等中介服务发展滞后，金融、商务等国际性服务功能发展不充分。持有教育部认证的国际学校教育资源等配套设施较为匮乏，高品质的国际社区建设相对滞后。

第四章　成都建设国际门户枢纽城市法治保障的比较借鉴

2018 年 12 月，国家发展和改革委员会、交通运输部联合印发《国家物流枢纽布局和建设规划》，确定 127 个城市作为全国物流枢纽承载城市，规划建设陆港型、港口型、空港型等六种类型的国家物流枢纽，并提出打造特色鲜明的枢纽经济。2021 年 2 月，中共中央、国务院印发的《国家综合立体交通网规划纲要》提出，"建设综合交通枢纽集群、枢纽城市及枢纽港站'三位一体'的国家综合交通枢纽系统"。其中，将枢纽城市划分为国际性和全国性两类。国际性综合交通枢纽城市成为构建我国综合立体交通网的核心单元和重要节点，将有力支撑交通枢纽集群建设，并联动引领全国性综合交通枢纽和枢纽港站发展，是我国打造综合立体交通网的重要抓手。《国家综合立体交通网规划纲要》提出，打造成都、西安、重庆、上海等国际性综合交通枢纽①。枢纽经济是一种新型的经济模式，依托综合交通枢纽，吸引周边物资、人才、技术等经济要素集聚于本地区，创新驱动枢纽产业发展，培育新动能，从而使本地区具备枢纽城市的功能②。综合交通枢纽与城市发展存在紧密联系，其枢纽功能与城市集聚辐射功能相互作用，现已成为各大城市，特别是国家中心城市的重要战略定位③，大力发展枢纽经济有利于区域发展。

成都位处长江经济带和"一带一路"交会节点，是推进西部大开发形成

---

① 李丹，马庆斌. 国际综合交通枢纽城市比较与启示 [N]. 北京城市副中心报，2021-08-05 (4).

② 姚士谋，于春. 试论城市枢纽经济新的发展层面 [J]. 城市规划汇刊，2002 (5)：17-19，24-79.

③ 程丽辉，卢山冰，陈丁. 中国国家中心城市综合交通枢纽发展策略研究 [J]. 西安财经大学学报，2020，33 (5)：62-70.

新格局的重要战略支点。成都充分发挥自身优势，已聚集大量的优质资源，具备发展枢纽经济的产业条件。

另外，成都被确定为成渝地区双城经济圈建设的中心城市，承担辐射并带动成渝地区经济发展的重要任务。因此，以建设内陆国际物流枢纽为着力点，充分发挥区位优势，打造内陆开放高地，发展枢纽经济，带动成渝地区发展，既是成都的发展机遇，也是不可逃避的责任。他山之石，可以攻玉。成都建设国际门户枢纽城市的法治保障应该注意借鉴和吸收国内外相关经验。因此，本章选取国内外几个典型城市，分析其发展趋势、特色制度，借鉴其成功经验，为成都打造内陆开放高地、国际门户枢纽城市提出对策建议。在案例城市的选择中，主要遵循以下五条原则：一是被选取城市在国际上具有影响力；二是被选取城市的城市发展规律具有典型性和代表性；三是被选取城市的相关数据丰富、容易获得；四是被选取城市与成都市的城市发展阶段具有可比性；五是被选取城市具有特色制度，具有可借鉴性。基于此，本章选取了较为典型的城市，如西安、重庆，以及国外的东京、纽约和伦敦，从而找到这些典型国际城市发展的规律及启示。

一、西安枢纽城市的建设与启示

近年来，陕西省提出发展枢纽经济和门户经济并率先在一些区域进行尝试。2018年1月，陕西省政府工作报告将发展"三个经济"（枢纽经济、门户经济、流动经济）列为重点工作予以部署。西安发展枢纽经济、门户经济步伐不断加快，并取得了丰硕的成果，研究总结西安建设国家中心城市的特点及法治保障将对成都市建设国际门户枢纽城市提供好的思路和借鉴。

（一）西安枢纽城市的建设与法治保障

2015年2月15日，习近平总书记在视察陕西时做出重要指示：陕西是西北地区重要省份，是国家实施"一带一路"倡议的重要节点。西安市位于中国大陆地理中心，拥有先天的国家地理"中心"位置优势，历史悠久，是我国"四大古都"之一，也是丝绸之路经济带物资流通重要通道、古代丝绸之路的起点城市、国家物流一级节点城市，自古以来就是国际物资集散地，地处关中平原，地理位置优越①。西安作为国家中心城市，肩负着带动关中平原城市群及周边地区的发展使命，作为"一带一路"倡议的核心节点城市，被赋予建设国家中心城市和具有历史文化特色、亚欧合作交流的国际化大都市的重任②。

2019年11月，西安召开"西安市大力发展枢纽经济门户经济流动经济工作大会"，正式发布《全面贯彻新发展理念 加快国家中心城市建设 推进枢纽经济门户经济流动经济发展工作方案（2020—2022年）》。该工作方案的出台，为西安未来一段时期推动"三个经济"发展进一步指明了方向、明晰了路径、确定了目标，也为广大企业参与西安做强枢纽、做大平台、促进流动提供了重大利好，对成都市加快建设具有国际影响力的国家中心城市和国际门户枢纽城市借鉴意义重大。

一是建设辐射能力强大的立体化综合交通网络。首先，织密航空运输网。西安积极拓展中亚、西亚客货运市场，强化既有中东欧、西欧、澳洲航线网络，扩大东南亚、中亚经由西安前往日韩、北美的第五航权航线。到2022年，西安市国际客运航线达到100条，全货运航线40条，西安机场国际通航城市及地区达到75个，形成"丝路贯通、欧美直达、五洲相连"的网络格局。其次，拓展轨道交通网。加快西银、西延、西武、西渝等高铁项目建设，全面开工机场至阎良、西安至法门寺南线等城际铁路。到2022年，西安市高速铁路、城际铁路运营里程达到220千米，地铁累计通车256千米，"米"字形高铁网架构基本形成，形成以西安为中心，联通渭南、铜川、宝鸡、汉中的"一小时"通勤圈。再次，优化快速道路网。加快建设西安外环高速南段、京昆高速西安段改扩建和鄠周眉高速等工程，实施一批枢纽间道路提升改造工程，到2022年大西安高速公路通车里程突破800千米，形成覆盖全市、连通全省、辐射全国的高速公路网。最后，做强智慧信息网。推进"云、网、端"信息基础设施发展，打造"光网西安""无线西安""物联西安"。建设国家"一带一路"大数据中心西北分中心、多式联运大数据运营中心，形成国家西向信息传输大通道和大数据存储交换中心、信息枢纽中心、互联网信源集散地。推进5G网络加速布局建设，实现城区5G信号全覆盖、重点区域连片优质覆盖。

---

① 丁阳."三个经济"视域下的西安国际物流枢纽发展路径研究［J］.物流科技，2021，44（1）：116-118.

② 张弘，杨勇，许铭芳.以承接"一带一路"重大项目推动大西安发展［J］.新西部，2019（10）：51-54.

二是打造多元化国际化开发开放平台。重点构建"两核两区四园多层次"的平台体系。"两核"指充分发挥陆港的核心作用和空港的核心作用。做强陆港型国家物流枢纽，发挥国际港务区国际、国内双代码优势，探索建立陆港与新丰铁路编组站及临潼现代物流区的统一运营管理机制，巩固铁路枢纽国内龙头地位。打造中欧班列（西安）集结中心，畅通东西双向国际贸易大通道、西部陆海新通道。2022年，西安市陆港集装箱吞吐量达到24万标箱。做大临空经济示范区，加快空港综合保税区、临空会展综合体、飞机维修基地等承载园区建设，建成空港国际商务中心、航企总部基地，加快电子信息、生物医药、高端制造等时效敏感型产业集聚。2022年，西安市临空经济规模突破260亿元。"两区"指高标准建设自贸试验区和构建国际商事法律服务示范区。研究探索中国特色内陆型自由贸易港建设模式和发展范式，争取形成更多可复制、可推广的"西安样本"；推动建设"一带一路"国际商事法律服务示范区。"四园"指建设欧亚经济综合园、中俄丝路创新园、临空经济国际合作园、中欧合作产业园，聚焦科技创新、文化旅游、装备制造、现代物流、临空经济等重点领域，积极开展国际产能合作。2022年，西安市国际产能合作经济规模达到5 000亿元。"多层次"指加快建设西安奥体中心、西安国际会展中心等大型场馆及配套设施，积极申办具有国际影响力的大型展会，促进会展经济发展，建成国际会展城市。搭建支持企业"走出去、引进来"的贸易投资平台，加快西安领事馆区建设，构建具有全球影响力的多层次经济文化交流平台。

三是构建现代化产业支撑体系。其一是加快发展现代物流。重点引进和培育龙头物流企业。到2022年，西安市累计引进12家国内外知名的航空货运、国际货代、供应链管理等现代物流企业，引进培育4A级以上物流企业45家。其二是创新发展现代金融。吸引境内外各类金融机构在西安设立区域总部及分支机构。到2022年，全市金融机构数量超过200家，境内外上市公司达到110家，金融业增加值过千亿。其三是开拓发展数字经济。布局人工智能、高性能计算、区块链等重大前沿产业，着力培育一批主导数字产业、骨干数字企业和数字产业平台，全力争创西安国家数字经济示范区。其四是融合发展文化旅游。打造"西安世界古都""长安丝路起点""秦岭中央公园"三大品牌，推动文化与旅游产业融合发展，打造国际消费城市和世界旅游目的地城市。其五是突破发展科技教育。大力发展技术转移、研发设计等科技创新服务，在"一带一路"共建国家设立海外科创基地，2022年西安市国家级高新技术企业达到4 700家，院士工作站达到100家。其六是培育发展康养体育。发挥西安医疗资源优势，培育康养服务新产业、新业态、新模式。以办好第十四届全国运动会为契机，促进体育服务产业和消费转型升级，培育体育健身消费新动能。

除了以上三项内容，该工作方案还围绕加快国家物流枢纽建设、创建物流示范园区、支持口岸建设、推进供应链体系建设、鼓励电子商务发展五个方面，提出了 21 条支持政策；此外，还从加强组织领导、优化营商环境、强化资金保障、夯实工作责任四个方面提出了具体保障措施。

2020 年 6 月，陕西省委省政府印发《关于建设西安国家中心城市的意见》，支持西安建设国家综合交通枢纽和内陆改革开放高地。该意见成为指导当前和今后一个时期西安建设国家中心城市的重要文件。该意见要求西安紧扣"国家中心城市"这个关键词，主动把握共建"一带一路"倡议、黄河流域生态保护和高质量发展等重大发展战略，大力发展枢纽经济、门户经济、流动经济，重点打造"三中心两高地一枢纽"，即西部地区重要的经济中心、对外交往中心、丝路科创中心、丝路文化高地、内陆开放高地、国家综合交通枢纽，强化面向西北地区的综合服务和对外交往门户功能，促进西北地区繁荣稳定，充分发挥在关中平原城市群发展中的引领作用。到 2025 年，开放环境、营商环境等明显提升，综合经济实力和发展活力全面提高。到 2030 年，"三中心两高地一枢纽"建设取得实质性进展，参与国际竞争的核心竞争力大幅增强[1]。"三中心两高地一枢纽"主要包括三个方面。"三中心"，一是加快建设西部经济中心。以科创大走廊、文化产业大走廊、工业大走廊和对外开放通道建设为重点，进一步优化产业布局，全力打造"3+1"万亿级产业，培育六个千亿级战略性新兴产业集群，支撑西安经济实力快速提升。推动西安制造业高质量发展，工业强基、增强制造业核心竞争力等国家重大专项和省级各类工业发展专项资金倾斜支持西安发展先进制造业，提升产业基础能力和产业链水平，建设全国重要的高新技术产业和先进制造业基地。二是加快建设对外交往中心。利用欧亚经济论坛、丝绸之路国际博览会等已有平台，积极谋划建设国家级国际交往新平台，不断加强对内、对外双向开放，全面提升国际交往便利度和交流合作紧密度，打造国家重要的对外展示形象城市和对外交往门户城市。加强高品质服务供给，加大地方政府专项债对西安基础设施建设的支持力度，推动体育场馆等基础设施配套和环境提升改造。三是加快建设丝路科创中心。系统推

---

① 中国日报网. 陕西省出台相关政策加快西安国家中心城市建设［EB/OL］.（2020-06-05）［2021-08-06］. http://ex.chinadaily.com.cn/exchange/partners/82/rss/channel/cn/columns/80x78w/stories/WS5eda41eea31027ab2a8cead6.html.

进全面创新改革试验，加快国家自主创新示范区、西咸新区国家创新城市发展方式试验区建设，实施"创新能力倍增计划"，健全以科技大市场为核心的科技创新、交流、孵化服务体系，打造具有重要影响力的丝路科创中心。教育和科研是西安的优势，在建设西安国家中心城市中，应加大创新驱动发展力度，支持西安布局建设国家级创新平台、大科学装置、重大科技基础设施和前沿技术创新平台。创新发展现代服务业，支持建设丝绸之路金融中心。支持建设国家物流枢纽承载城市，加快5G布局和引领，积极发展大数据、互联网、区块链等新技术新产业，努力建设国家数字经济创新发展试验区。"两高地"，一是加快建设丝路文化高地。发挥历史文化、盛世文化、丝路文化、红色文化、秦岭文化资源优势，积极落实《关于实施中华优秀传统文化传承发展工程的意见》，加快构建中华文化国际交流展示平台，办好丝绸之路国际电影节、艺术节等文化盛会，推进文化与旅游融合发展，建设传承中华文化基因、彰显华夏文明的典范。二是加快建设内陆开放高地。国家中心城市不仅要加快自身发展、提高城市发展能级，更要带动周边区域发展。在建设西安国家中心城市时，要从整体平面和立体空间上统筹城市建设布局，完善西安城市发展规划战略，推进西咸一体化发展，加强与周边城市协同联动，带动关中平原城市群发展，努力形成高质量发展的区域集群。充分发挥自由贸易试验区、西安国际陆港、空港、海关特殊监管区、口岸等平台功能，深化投资管理、贸易服务、金融开放、事中事后监管、法治保障等领域的改革，营造国际化营商环境，形成投融资便利化、贸易便利化、物流便利化、监管服务便利化、人员往来便利化的制度高地。"一枢纽"指加快建设国家综合交通枢纽。建设西安国家门户机场，完善国际铁路港和国际公路港，拓展国际国内陆上物流网、空中客流网和空中物流网，持续推进高铁和高速公路建设，进一步完善西安"米"字形国家高铁网和高速公路网，打造国际物流中转枢纽，进入全球主要交通枢纽城市行列。

西安咸阳国际机场是全国十大机场之一，位于中国地理中心，具有"承接东西，联结南北"的区位优势，与西北空港相比较，具有联通东北、西南和辐射内地的区位优势，与中东部空港和西南地区空港相比较，具有距离中亚地区运输距离短、飞行时间少、飞行成本低的优势①。西安咸阳机场连通32个国家和地区，航线覆盖"一带一路"33个城市，旅客吞吐量长期排名前列，

---

① 顾珺，上官敬芝，裴超辉，等. 如何对标西安郑州国际空港打造徐州枢纽经济与门户经济增长极 [J]. 中国市场，2020（24）：4-8.

初步构建起"丝路贯通、欧美直达、五洲相连"的国际航空网络，是陕西对外开放、走向世界的空中走廊。2011 年作为陕西建设"大西安"的重要抓手，依托西安咸阳国际机场的空港新城西咸新区成立，2017 年中国（陕西）自由贸易试验区挂牌成立，西咸空港新城迎来了建设航空枢纽的新机遇。2018 年西安获批西北区首个国家级临空经济示范区，打造国际一流航空枢纽工作不断推进。自 2018 年以来，在发展"三个经济"的理念引导下，陕西临空经济奋起直追，西安咸阳国际机场货运、国际客运增幅双双位于全国十大机场之首，为西安的发展提供了强劲动力。随着西安咸阳国际机场航空枢纽建设的不断推进，西安国际空港迎来了航空货运发展的新机遇，空港新城加快基础设施建设进程，推进西安咸阳北环线建设，通过与关中大环线的联通实现与陕西"米"字形高速公路网和"十"字形铁路联网，使空港成为辐射全国的陆空交通的重要枢纽节点。为适应未来货物吞吐量大幅度增长的局面，空港新城优化布局，加快航空货运基础设施建设步伐，空港物流园区建设推进迅速，保障能力提升 30 万吨。西安市加大引进大型物流企业落户空港工作力度，2012 年投资约 3 亿元的圆通速递西北转运中心在物流园区落户，2013 年投资 5.6 亿元的普洛斯物流园落户园区，联邦快递、顺风速递等行业龙头企业和德国德莎等国际大型物流企业也纷纷入驻。西安市创新运输管理模式，加大交通监控、智能管理道路资源系统资金投入，提高智能交通管理水平，通过完善的基础设施和便捷的交通网络吸引更多知名物流企业入驻空港物流园区，同时为中小型物流企业转型升级、做大做强提供便利，开发物流服务项目，提供金融、报关、商检、保险、免税、信息等服务，结合网络市场实施"互联网 + 物流"行动计划，多措并举，西安空港西北地区货运中心地位基本确立。目前，西安咸阳机场已初步形成航空物流、总部经济、航空维修、文化创意等产业聚集发展的良好格局。

（二）西安枢纽城市建设的启示

对标西安国际空港发展经验，成都在发展临空经济、打造区域经济增长极方面可借鉴以下经验并逐步推进：

首先，完善基础设施，推进空港新城建设，提升机场航空枢纽功能。成都作为枢纽城市在航空运输方面仍具有较大的发展空间和发展潜力，在基础设施建设方面存在部分短板，这直接限制了机场航空枢纽功能的实现。虽然近年来机场客货吞吐量有了较大的提升，但还存在航线网络化偏低、空港物流基础设施薄弱等问题。成都应学习西安建设航空城的成功经验，把打造区域航空枢纽作为机场的发展方向，提高站位，统一规划，提升机场与其他交通方式互通互联的便利程度，设计规划好空港新城的建设蓝图，以建设机场快速通道为抓手，在提升机场交通便捷度的同时逐步推进空港新城工业园区道路建设，吸引航空偏好型企业入驻；推进机场客运轻轨和货运铁路专线建设，实现航空、铁路运输的无缝对接；借助基础设施的建设带动建筑、建材等相关产业的快速发展，提供较多的就业机会，同时有效提升机场周边宜居条件，吸引航空服务企业、人员入驻，有效降低机场运营成本，直接对地区经济产生较大的推动作用。

其次，建设对外开放门户，推进航空大物流产业发展。国际物流枢纽的发展，不但需要规划和建设好基础设施，更需要建立一套功能齐全兼容各方的现代物流信息系统。西安空港在建设过程中选择航空物流业作为直接提升机场业绩的突破口，便捷的物流服务是机场航空货邮量提升的基本保障。2018 年西安咸阳国际机场货邮吞吐量达 31.3 万吨，同比增速 20.3%。成都不仅要"走出去"，更要"引进来"。"走出去"的不能仅是旅游、消费，还应有产品、技术，通过这个窗口把成都推向世界；"引进来"的不仅有旅游、观光，还应有外企资金和技术，要积极争取国家政策支持，加大对外向型经济的吸引力。

最后，科学规划空港新城产业结构，推进周边经济协调快速发展。从国外和国内一些发达城市看，随着航空业的发展和航空城的建设，最终会形成一个以机场为中心的航空都市。因此成都在规划天府空港新城时应首先考虑航空偏好型产业的入驻，对于航空制造业、航空维修业、飞行员培养、空港服务业、精密仪器、生物医药、高端制造业、信息技术产业、数字创意产业、健康保健、汽车零部件生产等产业予以优先考虑并合理规划布局，加大水、电、燃气等生活保障基础设施完善力度，按照产业规模及入驻人口数量做好商贸、服务、生活保障设施的规划建设。在近期规划中可利用机场便利的交通发展观光旅游、垂钓、生态农业体验采摘等产业，中远期规划中要考虑到国际会展、金融财贸服务、IT 产业、物流配送等产业的发展，确保成都天府空港新城布局合理科学，发展平稳有序。

二、重庆枢纽城市的建设与启示

重庆交通系统逐渐完善、开放通道不断拓展、物流枢纽和开放口岸持续获得新突破以及政府的支持，为重庆大力发展枢纽经济、参与国际资源配置融入全球城市网络、推动内陆开放高地建设提供了重要优势。一方面，重庆在优化营商环境等方面为成都提供了借鉴之处；另一方面，成渝地区成为建设中国经济版图的"第四极"，今后需在多方面共同努力，加快推动成渝地区互联互通、共建共享，推动双城经济圈形成产业承载力、要素吸附力协调均衡的双核格局。

（一）重庆枢纽城市的建设与法治保障

重庆位于"一带一路"和长江经济带的联结点上，是推进西部大开发形成新格局的重要战略支点，具有承启东西、牵引南北的独特区位优势。重庆充分发挥拥有长江黄金水道、中欧班列（重庆）、西部陆海新通道等对外贸易通道的优势，已集聚大量优质资源，并培育了一批新兴产业，具备发展枢纽经济的产业条件①。重庆市高度重视内陆国际物流枢纽的建设，近年来陆续出台了一系列相关政策。2018 年 11 月颁布《关于中新（重庆）战略性互联互通示范项目"国际陆海贸易新通道"建设合作的谅解备忘录》，扩大了通道建设的重点领域，丰富其内涵和意义；同月发布《重庆内陆国际物流分拨中心建设方案》，提出打造"1+3"国际物流分拨中心运营基地；2019 年 11 月出台《重庆国际航空枢纽战略规划（2019—2035 年）》，明确重庆国际航空枢纽的建设思路、发展目标和战略任务；2019 年 12 月重庆市人民政府批复"关于建立重庆市口岸物流发展工作联席会议制度"，研究制定口岸开放规划并组织实施，协调解决口岸重大问题，提高通关效率等；2019 年 12 月重庆市人民政府批复"关于同意建立重庆市推进国家物流枢纽建设工作联席会议制度"，统筹协调重庆国家物流枢纽建设各项工作，协调解决物流枢纽建设过程中的重大问题；2019 年 12 月重庆市人民政府批复"关于建立重庆市果园港国际多式联运枢纽建设工作联席会议制度"，组织推进果园港国际多式联运枢纽整体建设工作；2020 年 4 月通过《重庆市推进西部陆海新通道建设实施方案》，提出加强通道物流和运营组织中心建设，强化通道能力建设，提升通道物流服务效能，促进通道与区域经济融合发展，提升通道对外开放水平，强化政策保障和组织实施等；2020 年 4 月重庆市人民政府口岸和物流办公室印发《关于推动物流高质量发展实施意见》，提出提升交通物流设施供给质量，推动物流与产业深度融合等。

---

① 彭勇，柳冬，周欣. 典型枢纽城市发展经验对重庆的启示 [J]. 重庆交通大学学报（社会科学版），2021，21（2）：46-54.

2021 年 7 月 1 日，《重庆市优化营商环境条例》正式施行，打通了法律和行政法规实施的"最后一公里"。2021 年 7 月 26 日，重庆市优化营商环境大会召开，会上印发了《关于持续营造国际一流营商环境的意见》。按照该意见，重庆将以推动高质量发展为主题，以市场主体需求为导向，以营商环境创新试点城市建设为契机，创新行政管理和服务方式，推动有效市场和有为政府更好地结合。到 2025 年，在打造市场化、法治化、国际化营商环境方面取得显著成效，各类市场主体创新创业活力充分激发，企业和群众获得感持续提升，重庆营商环境整体水平进入国际一流行列①。

第一，营造优质有序的市场环境。一是畅通市场准入。实施统一的市场准入负面清单制度，排查清理各类显性和隐性壁垒，推动"非禁即入"普遍落实。深化"证照分离"改革，大力推动"照后减证"和简化审批，破解"准入不准营"问题。试点开展"一企一证"改革，探索"一照通"登记许可服务新模式。健全开办企业长效工作机制，持续优化开办企业服务，不断提升开办企业便利化水平。加快完善企业退出制度，推广企业简易注销登记改革试点，建立简易注销容错机制，畅通市场主体退出渠道，促进市场新陈代谢。二是维护公平竞争秩序。严格落实公平竞争审查制度，健全第三方评估机制，加快清理废除妨碍统一市场和公平竞争的各种规定和做法。强化反垄断和防止资本无序扩张，依法保障各类市场主体特别是小微企业、个体工商户的发展空间。深化招标投标和政府采购等公共资源交易监督管理改革，健全工程建设项目招标投标监管体系，依法保障各类市场主体平等参与公共资源交易活动。三是优化要素供给机制。做好水电气信等供应保障，为市场主体提供安全、便捷、稳定和价格合理的服务。加大"信易贷"、知识价值信用贷款等信用融资产品推广力度，增加对中小微企业的信用贷款投放。深入实施"巴渝工匠"行动计划和"双千双师"校企交流计划，进一步促进产教融合，加快培养各类技术技能人才，有力支撑市场需求和产业发展。深入推进要素市场化配置改革，促进要素跨区域自由流动和高效配置，推动成渝地区双城经济圈要素市场一体化。

第二，营造公平公正的法治环境。一是加强权益保护。及时依法处置干扰市场主体正常生产经营活动或侵害企业经营者人身安全、财产安全的违法行为，切实保障正常生产经营秩序。推进以"易诉、易审、易解、易达"四大

<hr/>

① 孙琼英. 重庆如何持续营造国际一流营商环境? 最新解读来了! ［N］. 重庆商报, 2021-07-29（2）.

平台和"法智云中心"为核心的"智慧法院"建设，推广法治化营商环境司法评估指数体系，推行并完善企业送达地址承诺制，提高商事纠纷司法审判和执行效率。严格执行知识产权侵权惩罚性赔偿制度，依法保护各类市场主体产权和合法权益。完善多元化纠纷解决机制，在中小投资者维权、知识产权保护、国际商事争端解决等专业领域建立多元化纠纷解决机构，为市场主体提供高效、便捷的纠纷解决途径。二是创新市场监管。深入推进"双随机、一公开"监管、跨部门综合监管、"互联网+监管"和信用分级分类监管，提高监管的精准性和有效性。对新技术、新产业、新业态、新模式推行包容审慎监管，探索开展"沙盒监管"、触发式监管，支持各类市场主体健康发展。鼓励柔性监管，完善"免罚清单"制度，逐步扩大轻微违法经营行为免罚清单范围。三是严格规范执法。推动建立健全跨部门、跨区域行政执法联动响应和协作机制，实现违法线索互联、监管标准互通、处理结果互认，减少对市场主体正常经营活动的干预。加快推行综合行政执法，整合精简执法队伍，减少执法主体和执法层级，提高基层执法能力和水平。依法建立健全各行业、各领域行政处罚裁量基准，合理划分裁量阶次，纠正处罚畸轻畸重等不规范行政执法行为。

第三，营造透明便利的开放环境。一是提升开放发展能级。发挥西部陆海新通道物流和运营组织的中心作用，建设中欧班列集结中心示范工程，统筹东西南北四个方向、铁公水空四种方式、人流物流信息流资金流四类要素，加快完善基础设施体系、现代物流体系、政策创新体系，强化内陆国际物流枢纽支撑。创新推进中国（重庆）自由贸易试验区建设，以制度创新为核心，鼓励陆上贸易规则等首创性、差异化探索。高标准实施中新（重庆）战略性互联互通示范项目，深化重庆与新加坡"点对点"合作，建设金融科技、航空产业、多式联运等重点合作示范区。二是推进服务业扩大开放综合试点。围绕科技服务、商业服务、教育服务、金融服务、健康医疗服务、电力电信服务等重点领域，依法依规分类放宽准入限制、促进消除行政壁垒、完善监管体系、深化重点领域改革，提升服务业国际竞争力和整体发展水平。在全市域开放的基础上，探索完善"产业+平台+园区"开放模式，推动服务业扩大开放，并在西部（重庆）科学城、两江新区等重点开放平台和重点园区示范发展，完善区域内部功能布局。三是推动贸易和投资便利化。优化口岸布局，完善口岸功能，深化智慧口岸建设，推进国际贸易"单一窗口"功能全链条延伸。持续推进口岸通关模式和物流模式改革，增强口岸综合服务质效，提升跨境贸易便利化水平。健全外商投资促进和服务体系，深化落实外商投资准入前国民待遇加负面清单管理制度，对内外资企业一视同仁、平等对待。四是加大招才引智力度。深入实施重庆英才计划，整合推出重庆英才集聚工程，面向全球引进领军人才及团队，加大国家级人才培养、引进、推荐力度，加快集聚战略科技人才和高水平创新创业团队。健全激励各类人才创新创业政策举措，完善高端人才"塔尖"政策和青年人才"塔基"政策。构建全过程、专业化、一站式人才服务体系，分层分类为人才做好子女入学、配偶就业、医疗保障等服务。

第四，营造高效便捷的政务环境。一是规范服务标准。打响"渝快办"政务服务品牌，加快推进政务服务标准化、规范化、便利化，提供线上线下统一、服务标准统一、服务品质统一的政务服务。健全政务服务事项管理和动态调整机制，实现数据同源、动态更新、联动管理。规范各级政务服务中心建设，推动政务服务事项集中办理，严格执行首问负责、一次性告知、限时办结等制度。规范运行网上中介超市，推动中介机构高效服务。二是提升服务质效。加强基层政务服务能力建设，全面推行"一网通办""一窗综办"及线上线下融合办理，实现更多政务服务网上办、就近办、马上办。持续深化办理建筑许可、登记财产、纳税等重点领域改革，进一步减环节、缩时间、提效率、降成本。推广"一件事一次办"主题式、套餐式服务，实行"一次告知、一表申报、一窗受理、一次办成"。落实政务服务"好差评"制度，办事效能由企业和群众评定。大力推行告知承诺、容缺受理制度，创新推出智能导办、智能审批、"秒批"等服务模式。加快推进"跨省通办""川渝通办"。三是强化数字赋能。聚焦企业全生命周期，对涉企服务审批事项、申请材料进行全流程、全要素数字化解构，构建以"数据字典"方式归集、多维度呈现的数据标准集合，打通数据联通瓶颈，实现更多应用场景电子化。依托大数据等现代信息技术实施企业画像、分类识别，实现涉企政策精准推送。推进电子证照归集运用，推动实现政府部门核发的材料一律免于提交，能够提供电子证照的一律免于提交实体证照。

第五，营造风清气正的政商环境。一是打造诚信政府。加强项目投资、政府采购、招标投标、社会管理等重点领域政务诚信建设，严格履行依法向社会和市场主体做出的政策承诺以及签订的各类合同，不得因政府换届、领导干部调整等违约毁约。全面清理涉政府机构拖欠市场主体账款、不兑现政策、未履行承诺等情况，持续开展涉政府机构失信被执行人专项治理，防范和化解政府失信风险。二是健全政企沟通机制。落实企业家参与涉企政策制定机制，把听取市场主体及行业协会商会意见建议作为制定涉企政策的重要程序。建立常态化政企沟通机制，充分运用"12345"政务服务便民热线，为市场主体提供全方位政策咨询和投诉举报渠道。建立领导干部联系企业制度，定期深入企业了解情况，听取市场主体的反映和诉求，依法解决市场主体生产经营中遇到的困难和问题。三是规范政商交往。构建亲清政商关系，各级干部坦荡真诚同企业接触交往，帮助其解决实际困难，提供优质服务，营造尊商、亲商、重商、扶商、安商的社会氛围。坚决查处诬告陷害行为，及时为受到不实反映的干部澄清正名、消除顾虑，保护干部干事创业、服务企业的积极性。四是严肃执纪执法。将整治损害营商环境的作风问题纳入纠治"四风"重要内容，聚焦行政审批、招商引资等重点领域和关键环节，大力纠治庸懒散拖、吃拿卡要等行为，对苗头性倾向性问题及早发现、督促整改，对违规违纪问题严查快处，对典型问题通报曝光。

法治环境本身就是重要的营商环境，营商环境关联市场秩序和人民幸福，营商环境的法治化是法治建设的内在要求和必然逻辑，是法治环境的重要组成部分。法治化是市场主体开展市场经济活动需要遵守的行为准则，是营商环境的行为逻辑，要求建立和保障统一开放、竞争有序的市场体系，为市场主体创造公平竞争环境，使商品和生产要素自由流动、公平交易、平等使用，市场主体可以公平、有序地参与竞争，同时也要依法保护产权等企业各项合法权益①。营商环境法治化的重心是对涉及营商环境的方面与过程进行目标导向的法律规范，以此为基础，通过严格执法和公正司法，不断提升道德素质和文明素养，保障经济社会发展过程遵循权利保障、公平公正、文明有序、和谐共享的原则，促进经济社会发展与人民幸福有机融合②。《重庆市优化营商环境条例》和《关于持续营造国际一流营商环境的意见》都体现了这样的原则与要求，表明了重庆市委、市政府对营商环境法治化问题的重视和通过制度规范推动营商环境法治化的决心，必将对成都市营商环境法治化和法治建设起到重要的推动作用。一是将有效保障市场主体依法享有经营自主权和在生产经营过程中获得平等待遇，促进形成公平公正的市场秩序；二是进一步促进与市场主体生产经营活动密切相关的地方性法规、政府规章、规范性文件的制定遵循科学民主依法的原则，确保其合理合法；三是进一步促进与市场主体生产经营活动密切相关的执法司法活动合法适度、公平公正、及时高效，防范滥用权力损害市场主体的合法权益。相关立法与制度能够有效保障各类市场主体创新创业活力充分激发，企业和群众获得感持续提升，使法治有效转化为社会生产力，提

---

① 李金兆，董亮.制度视角下城市建设国际化营商环境研究：以成都市为例［J］.西华大学学报（哲学社会科学版），2021，40（1）：80-90.

② 朱涛.要将营商环境建设全面纳入法治化轨道［N］.重庆日报，2021-08-12（9）.

升社会竞争力及文明素养。

另外,在建设开发平台方面,重庆已初步建成以 1 个国家级新区(两江新区)、2 个综合开放平台(自由贸易试验区、中新合作示范项目)、7 个国家级高新技术及经济技术开发区以及 8 个专项开放平台(1 个国家检验检疫综合改革试验区、3 个海关监察区、4 个保税中心)为核心的"1+2+7+8"国家级开放平台体系。在口岸服务上,重庆进一步提高通关的便捷性,完善四通八达的开放口岸。目前,重庆全市范围内有 4 个开放口岸,9 种进口特殊物品指定口岸功能,已逐步建设智慧口岸,国际贸易"单一窗口"覆盖整个关区,且口岸优化效率提升 30% 以上,企业成本降低 10%以上。全面完成通关一体化,实行 7×24 小时通关,进出口通关总时间减少 40%,针对 53 个国家实行 144 小时过境免签。在服务贸易上,重庆具备良好的产业基础,出口优势不断增强,既是全国最大的汽车生产基地,又是全球重要的笔记本电脑生产基地,年产 300 多万辆汽车、3 亿多台电子终端产品。目前重庆市有 6 000 多家外商投资市场主体,有 287 家世界 500 强企业。与此同时,重庆创新监管方式,在内陆地区第一批开展"安智贸"项目试点工作,率先实现安全智能关锁,促进贸易安全便捷①。

(二)重庆枢纽城市建设的启示

2019 年以来,成都把优化营商环境建设作为新时代推进成都"三步走"发展战略目标的筑基和引领工程,确立了打造国际化营商环境标杆城市的目标。在推进规则衔接探索制度创新方面,成都探索建立与国际投资通行规则接轨、以负面清单为核心的投资管理制度,构筑对外投资服务促进体系,形成与国际投资贸易通行规则相衔接的制度框架。三年多来,成都自贸区探索形成 430 余个改革实践案例,2019 年创新成果入选数在全国第三批自贸试验区中列第二位。尤其是知识产权类型化案件快审机制、"铁银通"铁路运单金融化创新、"自贸通"综合金融服务、中欧班列集拼集运新模式、公证最多跑一次五项创新成果向全国推广②。在畅通道建平台提升开放合作方面,成都持续推进以立体交通为重点的开放大通道建设,建立多通道协同运行格局,努力构建"空中丝绸之路"和"国际陆海联运"双走廊,形成"48+14+30"国际航空

---

① 彭勇,柳冬,周欣.典型枢纽城市发展经验对重庆的启示 [J].重庆交通大学学报(社会科学版),2021,21 (2):46-54.

② 李金兆,董亮.制度视角下城市建设国际化营商环境研究:以成都市为例 [J].西华大学学报(哲学社会科学版),2021,40 (1):80-90.

客货运战略大通道。成都拥有天府新区、成都高新区、成都经开区、成都国际铁路港等国家级平台，四川自贸试验区、国家自主创新示范区等创新平台，成都航空港、成都国际铁路港及高新综合保税区等开放口岸平台，同时是西部首个市场采购贸易方式试点城市。成都通过建设国际门户枢纽城市，推进与东盟的交流合作，不断拓展欧洲、南亚市场，持续加大与"一带一路"共建国家的经贸合作力度。

但成都距离建成国际化营商环境先进城市还存在较大的差距，目前仍存在一些问题，如专业化服务不足，政务服务中心门口、机场抵达大厅出口各类"串串"现象长期存在；行业性优化不够，对于具体行业、产业特殊需求针对性不足；区域化协同滞后，成渝地区双城经济圈、成都都市圈区域内部营商环境一体化水平较低，无法完全避免无序竞争。学习重庆经验，优化国际化营商环境，可以集成推进三类改革。

一是深化"要素市场化"改革。加快完善市场准入退出、市场监管、竞争机制等运行机制，针对部分行业市场准入门槛较高、企业优胜劣汰机制不完善、市场交易和监管制度不完善、社会信用体系不成熟等问题出台具体政策举措，促进生产要素合理流动和优化配置，进一步完善土地、劳动力、资本、技术、数据等要素的市场体系和运行机制。加快探索完善技术和数据信息要素的价格形成机制。针对技术和数据要素交易主体权责模糊、产权规则尚未建立、市场交易低效率、市场价格难形成的问题，探索出台数据交易市场建设和数据交易行为方面的促进和管理办法，激发数据交易主体活力，促进数据资源流通。深化产业用地改革。在产业功能区探索有利于土地复合兼容利用的行业标准，促进产业用地高效复合利用。建立竞争性的激励机制，推进功能区内优质企业增产扩容计划，提高控制性详细规划调整效率。

二是加快"制度型开放"。积极对标国际经贸新规则。聚焦企业在开放型经济新体制背景下从事市场经济活动涉及的制度性因素和条件，将吸引外商直接投资从市场开放转向规则开放，探索国内投资和贸易政策与国际协议的规制和监管的融合路径，对外资形成要素—供给—市场需求—制度开放的叠加优势。健全涉外沟通和保障体系。保障外资企业在获取高质量要素方面的国民待遇，增加政策透明度，减少其对政策不确定性的担忧；简化外资企业申请科研项目补助流程，允许同等享受政府创新创业相关优惠政策，让外商投资者有长期稳定的投资预期。推动外资与优势产业结合。挖掘成都在国际产业链条中的成本优势和产业错位竞争优势，通过全面准入与重点扶持相结合，鼓励市场和行业开放与本地区产业结构升级调整的目标深度融合。发挥人才成本低于东部沿海地区，人才质量高于周边区域的比较优势，吸引外资企业投资落户。

三是强化"法治化治理"。加快营商环境治理建章立制工作。统筹推进营商环境、社会应用、政务服务、知识产权、涉企政策制定及兑现、数据交易等综合性、可操作立法工作，提高成都落实《优化营商环境条例》要求的标准，充分体现成都制度创新，充分对接市场主体需求，充分听取行业商会协会意见，切实推动政企联动解决市场主体反映强烈的成都营商环境痛点、难点、堵点问题。完善知识产权保护协作。实行最严格的知识产权保护，通过刑事指控与经济处罚措施相结合，加大对知识产权侵权行为的处罚力度。完善专业知识产权法院体系，提升执法效能和监管合力。以国别园区为载体，与相关国家开展知识产权保护国际协同治理，健全打击侵权假冒协作机制，促进国际知识产权的创造与应用。优化鼓励新技术新业态发展的法治环境。以立法形式赋予新技术发展与应用的法治保障，完善劳动法及相关工伤保险制度，保障就业人员基本权益。深化有利于数字经济发展的监管创新，探索在数字经济、智能经济、绿色经济、创意经济、流量经济、共享经济中存在风险点的领域设立监管沙箱，允许企业在法律许可的范围内试错。

三、东京、纽约、伦敦枢纽城市的建设与启示

发达国家在城市化进程中涌现出许多标志性综合交通枢纽，对研究成都综合交通枢纽发展策略、建设国际门户枢纽城市具有借鉴意义。其中，东京的"站城一体化发展模式"、纽约的"复合多元化发展模式"、伦敦的"梯次差异化发展模式"具有代表性和可借鉴性。

（一）东京"站城一体化发展模式"

东京是日本的首都，东临太平洋，北狭关东平原，地理位置优越，自古以来就是日本的贸易中心、航运中心①。随着城市经济的快速发展与城市化进程的不断推进，土地空间资源短缺与交通恶化问题已成为很多城市面临的最大发展瓶颈之一，公共交通导向发展模式（transit-oriented development，TOD）和紧凑城市的理念正是在城市无序蔓延和快速扩张的背景下提出的。日本学者在总结日本轨道交通开发历程与大量的成功案例的基础上提出了"站城一体开

---

① 刘杰. 成都国际化城市建设路径探析［D］. 成都：西南交通大学，2017.

发"概念，它是将 TOD 理论与紧凑城市的基本特征与原则相结合的一种开发理念①。站城一体开发是指将轨道交通枢纽站和周边的城市街区进行一体化开发的模式，将城市轨道交通车站与城市发展融为一体，通过统一策划、同步规划，统筹城市设施和轨道交通的一体化建设，确保以车站为中心的城市整体价值，实现城市建设和轨道交通的可持续发展②。伦敦、巴黎、东京，包括北京、上海等国际化大都市，随着城市辐射范围变大，都逐步转变为多核心结构的都市圈。然而，多核心结构又会面临核心之间相互连接的问题，特别是在人口密度高的亚洲城市，以机动车为中心的交通系统已经无法满足需求，因此，以轨道交通连接高度利用的土地成为一种必要的解决方案。东京地铁涩谷站就是日本践行"以枢纽站为中心的集聚式开发"模式的典型案例。涩谷站汇集了 4 家轨道公司的 9 条线路，每天换乘人数超过 300 万人次，是日本仅次于新宿站的第二大交通枢纽，也是世界上日均换乘人数排名第二的巨型交通枢纽。发展过程中各线路运营公司不同、建设时期不同，导致部分线路之间换乘不便，或是步行空间有限。在经历了"Mark City""涩谷之光"和"涩谷STREAM"等大型 TOD 开发项目后，涩谷站实现了商业、交通一体化的整合。从整体来看，涩谷站周边地区的蜕变是一个层层推进的过程。这些项目无论是规划维度还是建设过程，都具有很强的关联性。具体而言，涩谷站在改造之初，就以轨道交通站点为中心制定了该区域的规划导则，规划范围内的所有项目都需要严格按照规划进行开发。此外，涩谷站还因地制宜建立了地下至地上共四层的空间步行系统，联通了地铁车站、地面、连廊、空中走廊以及"城市核"建筑；并设置了休息广场，从而加强轨道交通与城市空间的连接与融合。在城市功能的布局上，涩谷站则通过引入高层次的功能业态，让这片土地更富生机与活力。总体而言，日本采用的"以枢纽站为中心的集聚式开发"模式，通过车站和配套设施的一体化建设，提高了空间使用率，同时打造家和办公室以外的"第三空间"，改善区域生活方式，方便居民购物。此外，这些举措还能改善城市面貌，提升站点周边地区的土地价值。

日本 TOD 站城一体开发基于轨道交通车站，通过对车站周边土地的集约化开发，采用了营造车站舒适空间、完善城市功能、配置商业设施、导入文化设施等手段，提升了车站的公共性、文化性、便利性和舒适性。日本 TOD 站

---

① 李丹，马庆斌. 国际综合交通枢纽城市比较与启示［N］. 北京城市副中心报，2021-08-05（4）.

② 苟明中. 日本 TOD 模式的站城一体综合开发经验与启示［J］. 城市轨道交通研究，2021，24（7）：15-18.

城通过统一策划、同步规划和一体化建设，促进了优质的城市居住品质和城市景观的形成。站内商业、站外商场、地下商业街等完美融合，共同构成高强度、高密度、紧凑型的立体三维复合车站城，体现了以车站为中心的城市整体价值。日本 TOD 站城主要包括以下几个特点：

一是高强度混合开发。日本在交通枢纽开发实践中充分体现了 TOD 理论空间集约的特点：用地性质混合，一般以交通、商业、居住、公共设施为主；地上地下空间的垂直开发；高强度开发，如东京站容积率达 7.9。其中，高强度开发是城市集约紧凑发展的内在含义，而用地性质混合与空间垂直开发则是高强度开发的必然前提，因此，土地使用一体化的核心就是轨道交通枢纽交通用地与其他功能用地高强度混合开发。同时，交通用地与其他功能用地一体化开发有着相互促进、相辅相成的关系，枢纽优越的可达性能带动土地升值，吸引人口居住与就业，高强度的混合开发能集聚人气，带来充足客流保证轨道交通运营，共同促进城市集约紧凑发展。东京站城一体化通过密集分布的出入口及地下连廊将综合交通枢纽与周边建筑紧密联系。东京的综合交通枢纽在微观层面将公共汽车站、出租车站、地下停车场及商店、银行、商业街等布置在同一建筑物内，或用地下通道连为一体，出入口数量多且分布广。以新宿站为例，新宿站本身并没有引人注目的大型建筑，但通过充分利用地下空间，结合大型商场与购物中心，真正实现了交通与建筑群体的一体化①。车站步行圈内土地的高度复合利用形成了商业、办公、文化交流、娱乐等多种城市功能，促进城市建设的高效化；车站和其他交通设施的一体化建设，使乘客们的换乘动线更加紧凑，提高了城市空间的利用率，避免公共设施的重复建设。轨道交通、城市设施和其他城市建设三者统筹协调并一体化分阶段实施，确保了优质城市景观和魅力街区的形成，提高了城市的建设效率和空间利用率。我国综合交通枢纽城市的开发强度与东京等国际城市相比，普遍较低，尚未围绕轨道交通枢纽形成集约紧凑的空间格局。

二是功能业态综合化。日本大多数枢纽如汐留站、涩谷站等除了具有交通枢纽功能外，也是城市的商业中心，其复合功能的建筑面积远超交通设施的建筑面积。"站城一体开发"强调枢纽交通功能与城市功能的融合，利用可达性高的优势，导入例如办公、商业、居住、酒店、文化等高度复合化功能，除乘客之外也吸引周边地区多样化人群，形成具有良好商业氛围的城市节点。其一

① 余柳，刘莹．东京综合交通枢纽布局规划研究与启示［J］．交通运输系统工程与信息，2013，13（1）：17-24.

是交通综合体功能。东京站被誉为东京的大门，具有日本首都核心车站的地位。不但是日本全国新干线系统中最重要的起始站，同时也是中央本线、东海道本线等国内主要干线的起点。站内的站台数量为日本第一，每日列车班次居于全日本首位。旅客数量方面，虽然乘客数量并不是东京最多，但 2004 年开始旅客总数已经达到百万，并且是日本全国铁路运营收入最高的车站。其二是商业综合体功能。东京站四周多为办公大楼群聚的区域，周边聚集了占日本全国 10%营业收入的上市企业和金融机构，可以说是日本最重要的财富聚集地。通过一系列的站城一体化开发，东京站的建筑面积在 10 年增加了约 1.7 倍。许多世界 500 强企业将总部转移到该地区。其三是教育文化综合体功能。由于东京都市圈的积聚效应，许多大学在东京站设立教学中心和学术交流中心，来提升学校自身的竞争力。在与东京站相邻 500 米之内的办公大楼中，集结了 15 所大学的东京分校和分支机构，2 千米范围内有 30 家大学、5~10 千米范围内的高校数量则超过了 100 家，教育资源十分丰富①。在东京，这些功能分布通常呈现出在水平层面由中心向外、在竖向层面由下到上依次是商业—商务—住宅的特点，这与各类功能经济产出效益相关。随着交通枢纽能级的提升，通过交通带动产业集群发展的模式促成城市与综合交通枢纽的良性互动，在传统交通带动模式的基础上进一步实现产业升级。从交通枢纽到产业园区，再到枢纽城市，这也是我国当前推进枢纽城市建设的重要路径。

三是自然景观与城市环境和谐共生。以东京西郊的多摩田园都市为例，它是在 Pear City 城市规划设计理念指导下，从涩谷副中心往西南延伸建成的一处沿城轨田园都市线的住宅区。Pear City 因多摩地区盛产梨子而得名，该理念旨在探索自然景观与城市环境和谐共生，期待居住在这里的人们生活在优美的自然环境中。1966 年，东京急行电铁公司在该理念的指导下，统筹兼顾综合协调，开发建成了多摩田园都市。新城开业 20 年的入住率高达 95%，40 年后的居住人口达到 57.7 万人，被誉为东京最为成功的新城。新城的成功开发建设，主要得益于东京田园都市轨道交通线的建设。这条轨道交通线与新城同步开发、同步建设、同步投入使用，已成为东京最为繁忙、运营效益最高的地铁线路，其在新城范围内各车站的日均乘降总计约 90 万人次（2008 年）。此外，多摩田园都市十分注重新城土地开发与轨道交通站点的有机结合，在站点地区进行高密度、复合化的综合开发，设置商业、办公、教育等公共功能。对环

---

① 张磊、李春亚、刘亦民. 日本东京站城一体化综合开发模式及其对深圳的启示 [J]. 建筑经济, 2021, 42（S1）: 369-371.

境、品质以及私密性有一定要求的住宅，则在这些高强度开发的公共功能外围，进行较低强度的开发，以满足新城多样化的居住需求。

对比东京，成都综合交通枢纽的发展无论在发展理念还是规划建设等方面都存在较大差距和不足，今后的建设与发展可以从中得到以下启示：

一是在理念层面要理顺综合交通枢纽与城市发展之间的关系。从东京综合交通枢纽的发展历程来看，从最初功能单一的铁路车站发展成为目前功能完善的综合交通枢纽，从原来萧条、冷清的处于城市边缘的铁路车站发展成为当前地处城市中心繁华地段的重要功能区，铁路站点在与城市地铁站点相统一的基础上，逐步与城市功能布局紧密结合，成为中心区域高强度开发、高密度就业、高价位土地的黄金地带。东京的铁路枢纽不仅仅是城际客流运输的节点，更是连接中心城与远郊新城的纽带，是城市和经济发展的重要引擎。相比之下，成都的高速铁路、市郊铁路与地铁各个系统之间还相对独立，铁路枢纽仅仅完成了火车站到火车站的城际运输服务，与城市的规划和发展及城市内部各种交通方式之间的衔接不够紧密，枢纽并未真正服务于城市。综合交通枢纽的布局和发展需要国家地区和城市的多向选择，它不仅是国家交通网络的一部分，同时也应是城市不可分割的一部分。随着成都人口规模的增长，通勤半径的扩大，以及成渝地区双城经济圈的发展，市郊铁路将逐步成为连接成都中心城与远郊新城及周边城市的主力。因此，成都市亟须改变传统的发展理念，充分发挥以铁路车站为主导的大型综合交通枢纽对城市空间结构调整和功能布局的引导和带动作用，使综合交通枢纽真正服务于城市，成为城市经济的重要增长点和引擎。另外，通过科学、精准的规划和以车站为中心的高密度开发，完善相关的城市功能和公共服务设施，有意识地引入相关产业、特色商业、生活配套等设施，提高城区的连续性、便利性及运送转换力，从而形成以公共交通为主的中心城区出行模式，打造城市新的片区中心。

二是在规划层面做到综合交通枢纽与城市功能布局、土地利用相协调。综合交通枢纽的布局规划，应有利于引导和促进城市空间总体布局、产业发展和地区功能定位的形成。东京围绕综合交通枢纽进行城市都心和副都心的规划布局，并在枢纽周边进行办公、商业、休闲娱乐等各种功能的综合开发，使枢纽与城市之间实现良好的互动和协调，值得成都借鉴和参考。在未来的综合交通枢纽布局规划中，成都需尽量避免枢纽与城市重要功能区相互分离的现象，而需结合城市的发展方向进行重要功能区的布局，并根据综合交通枢纽的功能定位，对其周边的土地利用性质进行优化调整，充分发挥枢纽对周边土地价值的提升及地区经济的拉动作用。避免城市轨道交通车站附近区域功能的单一化，形成无论工作日还是休息日都热闹非凡的城区空间，形成各自的特色，避免所有车站的发展千篇一律，创造出具有吸引力和流行传播特性的空间，吸引各种各样的人群。

三是在建设层面要注重以人为本的精细化设计。综合交通枢纽功能的有效发挥，不仅需要宏观层面的保证，还需在微观层面得到落实，注重以人为本的精细化设计。一方面，提高枢纽内部各种交通方式之间换乘和衔接的便捷性，并注重枢纽内部交通引导标志的设置，减少客流在枢纽内部的滞留，加快枢纽内部客流的周转；另一方面，加强枢纽与周边主要建筑（如办公楼、商场、饭店等）的直通联系（如地下通道、空中连廊等），提高乘客步行的可达性，减少出站客流对地面交通的影响和压力，提高出站客流的疏散效率[①]。通过车站与城市的一体化建设，形成以车站为中心的完整的步行网络。结合地形特征、道路布局及城市建设，多层次地布置步行流线，注重人文关怀，确保步行的连续性、便利性和舒适性。

（二）纽约"复合多元化发展模式"

作为美国第一大城市及第一大港口，纽约的城市转型发展与国家发展战略和全球发展进程紧密相关，其发展规划和政策体现了国家和地方政府在全球化背景中的应对策略，也体现了其在全球化进程中的积极参与和强势影响[②]。纽约空间格局经历了由"单中心分散发展"到"单核城市群网络"的转变。支撑空间格局转变的是纽约完善的综合交通网络。纽约港是北美洲最繁忙的港口，肯尼迪国际机场和纽瓦克国际机场旅客吞吐量居世界前列；轨道交通发达，由大都会北方铁路（Metro-North）、长岛铁路（LIBR）、新泽西捷运（NJTransit）、美国国家铁路客运公司（Amtrack）以及其他私营铁路等组成。

一是打造复合立体的交通网络。航空方面，纽约拥有包括肯尼迪机场（JFK）、纽瓦克机场（EWR）和拉瓜迪亚机场（LGA）在内的三大机场。肯尼迪机场建成后因其国际枢纽机场的定位和更大的基础设施规模很快便在机场中处于领先地位。纽瓦克机场在改扩建后，逐步分流肯尼迪机场客流。拉瓜迪亚机场主要经营国内航线和部分加拿大航线，服务于对时间需求较敏感的商务旅客，发展支线或短途航线，与两大枢纽机场形成互补的格局。现在纽约的三大机场是"两大国际主枢纽+国内辅枢纽"的发展状态。纽约地铁系统服务半径

---

① 余柳，刘莹.东京综合交通枢纽布局规划研究与启示［J］.交通运输系统工程与信息，2013，13（1）：17-24.

② 王兰.纽约城市转型发展与多元规划［J］.国际城市规划，2013，28（6）：19-24.

约 20 千米，曼哈顿为主要商业中心，拥有较高的人口和岗位密度，其余地区以居住和工业为主。基于纽约自身的建设条件和需求，轨道快线独立于普线存在，根据城区内外不同的交通特征，分为三轨并行和四轨并行两种模式。在中心城区内各项交通需求较为均衡，通常采用"两快+两慢"四轨形式服务。快线仅设站于城市 CBD 等核心功能组团，慢线满足沿线需求，服务站点密集。实现快慢分离，中心城区与其他区间通勤交通特征明显，通常采用"一快一慢一可变"三轨形式服务，适应早晚高峰的潮汐流①。轨道方面，纽约中央车站（grand central terminal）综合交通枢纽位于曼哈顿第五大道街区，分为两层，站台和站线位于地下，上层为长途列车服务区，下层是市郊列车和地铁列车服务区，两层共有 30 个站台，67 股发线，且都没有回旋线，该枢纽每天还要接发 800 列以上的地区列车和长途列车，铁路站线和站台都位于地下，从而使地面空间得到充分利用，有效避免了铁路对城市街区的分割，大大减少了车站周围区域的噪声和废气污染。

二是可持续街道与慢行交通。纽约市重视街道可持续发展，尤其关注行人和自行车等慢行交通安全，形成一体化的城市道路安全行动计划。2007 年，纽约市提出可持续街道的概念，并于 2013 年发布《可持续街道：2013 及未来》战略计划，安全再次作为首要任务贯穿其中。为了实现安全目标，战略计划提出众多安全设计措施，包括事故多发地点改造、交通稳静化、上下学安全路径、学校慢行区、住宅慢行区、年长者安全街道、自行车道网络、交叉口照明、公交车站安全路径、公共宣传与安全教育等。与此同时，战略计划尤其重视基础数据、方法工具以及公众参与，通过一系列的举措推动交通可持续发展。为了配合可持续发展，纽约市于 2010 年和 2017 年分别提出了《行人安全行动计划》和《自行车安全行动计划》。据美国交通局数据，2005 年至 2009 年弱势道路使用者（行人和自行车等）交通事故死亡人数占纽约交通事故死亡总人数的 71%，这使得纽约市高度关注行人和自行车交通安全。纽约市计划到 2030 年将行人交通事故死亡人数在 2007 年的基础上减少 50%。通过"5E"对策、宣传与立法、跨部门协调与合作等进行全方位治理和提升，纽约交通局正致力于将纽约打造为全美步行和自行车先进城市。除了《行人安全行动计划》与《自行车安全行动计划》核心文件之外，纽约市还有战略计划实施的配套解读和总结报告等文件，这些成果共同推动纽约市交通安全稳步向前发展。

---

① 杨雪琦，祁颖智. 国内城市轨道交通快线实践总结与思考［J］. 交通企业管理，2021，36（3）：104-106.

三是交通和高端服务业互促发展。基于已形成的国际综合交通网络，纽约结合自身在金融、科创等领域的优势，盘活要素市场（如资本市场、技术市场、人才市场、信息市场等），打造全球性市场平台，形成全球资源的载体。高度发达的产业服务环境，在纽约综合交通网络的加乘作用下，集聚了众多服务全球的会计、律师、中介、金融、咨询、资产评估、科技研发等高端服务企业。它们不仅是全球资源要素配置的直接参与者，而且是全球资源要素配置的重要润滑剂，有助于促进全球资源要素的流动、创新组合，增强全球资源要素配置效率和活力。国际一流的营商环境、符合国际规则的市场环境、充满活力的创新创业环境等，在与交通网络互促发展的过程中，不仅有助于国内外资源要素的顺畅流动与交互、国内外主体便捷参与国际业务，更是全球资源配置的重要保障。

（三）伦敦"梯次差异化发展模式"

伦敦是英国的首都，是英国的政治、文化中心，位于英国的东南部，泰晤士河畔，于公元 43 年在此建立城市。由于英国工业革命前著名的圈地运动，伦敦这座城市迎来了城市发展的黄金窗口期，自此以后伦敦的城市人口不断聚集和发展①。在英国构建世界城市网络过程中，伦敦发挥了关键性作用，同时也奠定了伦敦世界中心城市的地位。通过全球通达的交通网络，伦敦依靠"城市磁场"效应，不断吸纳周边和世界的资本、科技、劳动力，形成"梯级向心"模式，超越传统城市范畴，成为具有世界影响力的国际性大都市。

一是互补的差异化发展模式。以伦敦的航空网络为例，伦敦城市区有 5 个较大型的民航运输机场，分别为希思罗机场（LHR）、盖特威克机场（LGW）、卢顿机场（LTN）、斯坦斯特德机场（STN）和伦敦城市机场（LCY）。希思罗机场是典型的国际客运枢纽型机场，也是伦敦最著名、规模最大的国际门户枢纽机场，是西欧国际航空旅客主要的来源地、目的地和中转地，其近一半的运力服务于英国航空。2019 年希思罗机场的客运总量达到 8 084 万人，是欧洲第一、全球第七的客运机场。同时，希思罗机场还是欧洲第四、全球第十八的货运机场，2019 年货运吞吐量达到 167 万吨②。盖特威克机场由于距离市中心较远，着重发展远程航线，而且其四成的运力服务于廉价航空。斯坦斯特德及卢顿两个机场距离市中心也较远，廉价航空的运力占比都超过了八成，其中斯坦

---

① 刘杰. 成都国际化城市建设路径探析 [D]. 成都：西南交通大学，2017.
② 张凡. 临空经济赋能城市发展的典型模式与案例 [J]. 全球城市研究（中英文），2021，2（2）：94–109, 192.

斯特德机场还服务货运市场，而卢顿机场另外服务于对于时间相对不敏感的休闲度假市场。城市机场是距离市中心最近的机场，可以说是专门为商务人士量身定做的机场。目前大伦敦地区的各机场已经形成了较成熟的功能互补的差异化发展模式。希思罗机场作为全球最重要的航空客运枢纽之一，为希思罗西翼提供了很强的全球连接性，使其成为英国经济发展最繁荣的地区之一。伦敦区域内部交通网络也很发达，有三条高速公路从西北、西、西南三个方向放射性展开，形成三条主要交通走廊，将区域内部城镇很好地串联起来。希思罗机场作为客运枢纽机场给周边地区带来了巨大的航空客流，并衍生出流量经济，推动周边地区临空产业的导入和发展。周边衍生出的主要临空产业包含三个大类：电子信息产业集群、生物医药产业集群和知识密集型商务服务业集群。其中电子信息产业更为紧密地集聚在希思罗机场周边，主要依托机场便利带来的速度经济优势；生物医药产业则集聚在离机场稍远一些的地方，更多依托大学和科技人才集聚区，例如牛津附近；商务服务业集聚的范围更为广泛，主要依托一些商务园区。此外，总部经济也是希思罗西翼典型的产业组织形态。同时，希思罗机场通过各种交通方式的有机结合，将航空旅客以较少的换乘次数快速疏散至市区或其他枢纽，机场的客源腹地和辐射范围得到扩大。通过枢纽衔接的交通网络创造了优良的交通区位优势，促进机场多元化发展及商业繁荣，机场影响力甚至辐射到全国，极大地拓展了区域经济社会发展功能；同时，通过多种交通方式良好的配合和协调，提高各种交通运输的方便性、快速性和完整性，为旅客提供优质高效的运输服务，提高交通网络运行效率。目前，成都作为国内为数不多的拥有两个机场的城市，一城多机场的规划建设及运营都可充分借鉴伦敦和纽约的相应经验，从而在差异化发展的同时，服务城市功能及区域发展。

二是完善的交通建设投融资体系。伦敦是世界上第一个有地铁的城市，伦敦地铁距今已有一百多年的历史。英国被认为是通过 PPP 方式来为基础设施项目和公共服务融资的倡导者。以轨道交通为例，作为世界上最早建设城市轨道交通的国家，伦敦地铁的建设与经营管理模式比较典型。伦敦轨道交通建设的资金来源主要有政府投资、银行贷款、债券发行、地方公共团体、营业收入以及轨道交通建设附加费等。除此之外，伦敦还出台了保证外商最低投资回报率的相关政策，吸引国际财团投资轨道交通建设，包括资金直接投入或以设备形式投入。伦敦地铁公司是一家政府公司，负责整个地铁系统包括车辆、车站的运营，并且决定地铁服务方式和票价的制定、调整。地铁公司通过招投标选择了三家私人公司，让其分三部分不同的线路网负责地铁隧道、车辆、车站、轨道和信号系统的维护和升级改造。欧洲投资银行曾向伦敦地铁公司提供10亿英镑的贷款，伦敦政府也曾把发行彩票所得的部分资金补贴给轨道交通建设。伦敦所有轨道交通线路均由政府统一规划，由私人机构进行经营。伦敦地铁采用了引入私人股权投资者，成立项目公司，以有限追索融资的PPP模式。此项目通过授予私人投资者将30年的特许经营权来对现有伦敦地铁的基础设施进行升级和现代化改造。特许权协议制定了严格的项目性能运行指标体系，保证此项目能够提供更好的服务。私人特许权持有者将负责维护地铁系统，使其保持良好的运营状态，补回以前政府在地铁上投资的不足，对地铁系统进行升级换代，以满足客流不断增加的需要。现在，伦敦所有的公共交通路线均由政府来规划，由私人部门经营。一般情况下，所有公共服务项目均要进行竞争性招标，并签订三年的经营合同。轨道交通也借鉴公共服务经验进行私有化改革，实行招投标制度，从而吸引一些实力强、信誉好、注重服务质量的私人机构。由于城市轨道交通投资具有一定的风险，伦敦政府又通过投资政策，给予私营企业及财团一系列的优惠措施，如税制优惠、投资保险等，保证投资方的最低回报率，促使全社会向轨道交通建设投资。

（四）国外枢纽城市建设的启示

借鉴国际典型交通枢纽城市经验，成都建设国际性综合交通枢纽城市应率先实现"便捷顺畅、经济高效、绿色集约、智能先进、安全可靠"的发展目标，服务现代化高质量国家综合立体交通网建设。要立足国际化、现代化，打造高品质创新型国际航空枢纽，推动航运配置功能升级，谋划对外高铁新走廊，先行探索通道经济发展新模式，提高枢纽城市在全球交通领域的资源配置能力。立足国家中心城市的功能定位和发展重任，成都需要树立和坚持新开放观，提升全球资源配置能力。

成都市第十三次党代会提出要牢固树立"更全面、更深入、更务实"的新开放观，更加突出全方位全领域的开放，更加突出全球产业的深度融入，更加突出全社会的参与，将成都的对外开放提升到一个崭新水平，形成对国家中心城市建设强有力的支撑。强化全要素引进，提升对全球资源的吸聚水平。引资、引技与引人、引智相结合，将项目资金的单一引进转变为资金、技术、管理和人才的综合引进，进一步提升外资引进的质量和效益，促进技术引进由引进吸收向自主创新研发转变，由技术转移、转让向技术合作转变，实施更加开放的海外人才引进政策，加大引人引智力度。深度融入全球产业链，在更高层次参与国际产业分工协作。一方面，要加快产业转型升级步伐，深度融入全球技术链、供应链、价值链、创新链、人才链，挤占全球价值链高端，提升对全球产业链的影响整合力；另一方面，一国一地区的产业只有在国内具有分工优势才能在国际分工中具有竞争力，因而需要由重视单个企业发展向培育产业链转变，国际分工与国内分工相结合，加强区域合作，着力构建和完善本土产业分工体系，提升成都产业在全球产业链中的地位和影响力。要加速引导产业集聚，结合新发展阶段的对外开放政策，加速客流物流全球流动配置，激活海量潜在需求，从而发挥综合交通枢纽的规模效应，推动产城融合进程。

2021 年 8 月，由成都市人民政府主办，成都东部新区管委会、简阳市人民政府承办的成都天府国际机场临空经济投资促进推介会在成都东部新区举行。天府国际航空经济区位于成都东部新区天府国际机场门户，规划面积 36 平方千米，定位为国家航空经济示范区、国际供应链价值中枢、内陆自贸开放新平台、临空科技创新新高地。其中，天府国际航空经济区共释放投资机会 40 个，项目涉及临空商务、航空总部、保税物流、保税加工、航空智造等，项目分别布局在"一轴两翼"区域。"一轴"是指临空商务区，沿天府国际机场进出港交通动线侧，打造港城一体化发展主轴，重点发展国际贸易、总部经济、展示交易、免税购物、航空金融等产业。目前，该区域已落地 6 个项目，总投资 69.9 亿元。其中的"一带一路"天府贸易中心、国际航空商旅服务区等重点项目主要吸引国际贸易、总部经济、金融机构、酒店运营等相关企业到此投资兴业。"两翼"是指西翼的航空物流产业园、天府综合保税区和东翼的航空智造产业园。其中，航空物流产业园现已落户项目 7 个，总投资 76.7 亿元，其中的智慧供应链产业社区、航空物流标准仓等项目，面向全球广邀跨境电商、报关通关服务机构、供应链金融机构等探讨合作开发。占地 1.1 平方千米的天府综保区是四川省首个空港型综合保税区，已招引储备符合细分领域龙头企业 24 家，并正通过以商招商、集群招商持续扩大招引企业范围。航空智造产业园已落地项目 5 个，总投资 65.2 亿元，其中包括航空总部经济基地、民航科技成果转化基地等项目。

成都市应完善交通运输保障体系，推动重要产业、基础设施、战略资源、重大科技等关键领域安全可控，加强交通运输应急能力建设，加快建立储备充足、反应迅速、抗冲击能力强的应急物流体系，提高交通运输系统韧性，推进交通网络安全发展。加快构建现代综合交通运输体系，畅通出川战略大通道。以融入全国高速铁路网络为重点，加快建设"四向八廊"战略大通道。拓展川黔粤桂、川滇走廊，加快建设成自宜、渝昆高铁，争取将大理至攀枝花、宜宾至西昌至攀枝花等高铁纳入国家规划，实施隆黄铁路隆叙段、成渝铁路成隆段扩能改造等西部陆海新通道西线通道重点项目，推进宜攀、西香等高速公路建设，形成南向至粤港澳大湾区、北部湾、云南大通道。提升南北沿江综合立体交通走廊，加快建设成达万高铁，规划建设成渝中线高铁，实施广元经达州至万州港铁水联运新通道重点项目，加快开江至梁平、成南扩容、成渝扩容等高速公路建设，推进长江干线航道整治，形成东向至长三角、京津冀大通道。畅通川陕京、川陕蒙走廊，规划建设渝西高铁，推进镇巴至广安、成绵广扩容等高速公路建设，形成北向至京津冀、关中大通道。打通川甘青、川藏走廊，加快建设川藏铁路雅安至林芝段、西宁至成都铁路，建设马尔康至久治等高速公路，全面提升国道 318 线等川藏通道干线公路通行能力，形成西向至西藏、青海、新疆大通道。

第五章　成都建设国际门户枢纽城市法治保障的体系与机制

　　"十四五"时期是成都在高标准全面建成小康社会、基本建成全面体现新发展理念的国家中心城市之后，乘势而上全面开启践行新发展理念的公园城市示范区、泛欧泛亚具有重要影响力的国际门户枢纽城市建设，加快向社会主义现代化新天府、可持续发展世界城市迈进的开局五年，是坚持新发展理念、积极融入成渝地区双城经济圈建设的重要时期。享有"天府之国"美誉的成都作为我国西部地区中心城市，在促进西部大开发、缩小东西部发展差距中发挥着举足轻重的作用。2020 年 10 月 16 日，习近平总书记主持召开中央政治局会议，审议通过了《成渝地区双城经济圈建设规划纲要》，提出将成都打造成西部发展新高地。2020 年 5 月 17 日，《中共中央 国务院关于新时代推进西部大开发形成新格局的指导意见》提出鼓励重庆、成都、西安等加快建设国际门户枢纽城市。将成都建设成为国际门户枢纽城市是符合时代发展要求、符合城市发展规律、反映市民美好生活期盼的发展之策，有利于奋力开创社会主义现代化新天府、开创可持续发展的新四川。国际门户枢纽城市的全面建立，必将引领成渝地区、西部地区，乃至我国的高质量全面发展，进一步增强我国在国际社会中的竞争力和话语权，提升我国国际化水平。法治是人类文明进步的重要标志，也是国家治理体系和治理能力的重要依托，将成都打造成国际门户枢纽城市离不开法治的支撑和保障。要坚持法治先行，积极探索新时代成都发展新格局，使法治成为成都核心竞争力的重要标志。

一、打造多向度战略大通道体系的法治保障

　　交通运输是现代社会的血脉，是社会经济可持续发展的基础保证。改革开

放以来，在坚持以经济建设为中心的发展理念指导下，我国以交通为首的基础设施建设得到较快发展，便捷的交通又拉动了社会经济的发展和壮大。从我国发展现实来看，交通运输业的发展在很大程度上决定了国民经济的发展，且在国民经济中占据了重要的位置。从产业划分来说，交通运输业属于第三产业，是为经济社会发展服务的产业，交通作为一种服务，可以将生产、交换、分配、消费各个环节紧密地联系在一起。党的十八大以来，在习近平新时代中国特色社会主义思想的引导下，在社会主义现代化建设日益推进的新征程中，我国坚持经济、政治、文化、社会、生态"五位一体"协调推进，在百年未有之大变局和国内国际双循环发展格局下，高标准规划和发展交通基础设施建设。而成都作为西部大开发重要的中心城市及成渝地区双城经济圈建设重要的一极，在交通发展方面具有较强的核心竞争力和发展潜能。近年来，建设"成都国际门户枢纽城市"多次被写入国家重大发展战略之中，将成都打造成国际门户枢纽城市将极大带动成渝地区乃至西部地区发展和壮大。在新发展理念指导下积极融入新发展格局，需要充分发挥国家级中心城市在国内国际双循环中的引领作用，形成商品和市场的巨大吸引力。根据《成渝地区双城经济圈建设规划纲要》《中共成都市委成都市人民政府关于加快构建国际门户枢纽全面服务"一带一路"建设的意见》和《成都市国民经济和社会发展第十四个五年规划和二〇三五年远景目标纲要》，成都要打造国内大循环战略腹地，建设成国内国际双循环门户枢纽。

（一）构建通达全球、中转高效、功能完善的国际航线网络及其法治保障

在国际社会互联互通的新时代，世界范围内各个国家、各个地区都在积极加强交通基础设施建设，积极融入国际社会发展大潮流。国际航空枢纽以其强大的对人流、物流、信息流、资金流、技术流、商务流等经济要素的整合能力，已成为集聚、融合先进制造业和现代服务业的全球城市体系的中心。从全球范围来看，国际航空枢纽对城市体系的构建产生基础性、引领性和全局性的影响。从局部范围来看，成都国际门户枢纽城市的建设对四川省、成渝地区，乃至整个西部地区都具有重大的战略意义。面对国内外局势的深刻变化和第三次科技革命的继续发展，我国要不断实现经济社会健康高质量发展，不断满足人民对美好生活的新期待。党中央根据国家发展的需要和新形势，综合考虑了成都的地理位置、区域影响力和发展潜力，做出将成都打造成国际门户枢纽城市的重大战略决定。这一决定基于成都在西部地区的核心地位，以及在"一带一路"建设中的重要作用。这一决定是立足社会主义新时代加快推进成都全球城市体系构建，打造具有中国特色的引领型全球航空枢纽大都市的关键一环。

随着第三次科技革命的兴起和发展，民航机场业成为衡量一个国家、地区经济国际竞争力的硬指标，国际航空枢纽已成为国家竞争力的制高点。从历史进程来看，进入21世纪，全球化运输方式的海运、陆运、空运都进入3.0时代。"3.0时代是拼空港经济的时代。"① 在追求快速经济的时代，机场不再是飞机起飞或降落的场所，而是全球高能级生产要素的集聚地，是全球化竞争的决战地。2017年GaWC发布的世界一流城市排名显示，全球超一线城市（Alpha++）有两个，即伦敦和纽约；一线城市（Alpha+）有7个，即新加坡、香港、巴黎、北京、东京、迪拜、上海。我们可以看出，这些超一线城市和一线城市都有具有全球竞争力的国际航空枢纽。由此可见，国际航空枢纽在全球城市体系构建中具有重要的战略地位。党的十八大以来，国际航空枢纽在我国的战略地位空前提升。2012年7月，《国务院关于促进民航业发展的若干意见》明确提出"将北京、上海、广州机场打造成国际型航空枢纽"。2020年10月16日习近平总书记主持中央政治局会议，审议通过了《成渝地区双城经济圈建设规划纲要》，提出将成渝打造成内陆开放新高地。2021年2月7日，成都市第十七届人民代表大会第五次会议批准《成都市国民经济和社会发展第十四个五年规划和二〇三五年远景目标纲要》，提出将成都打造成国际门户枢纽城市，更是将成都国际航空枢纽建设摆在了重要的战略位置。党的十九大报告提出，"推动形成全面开放新格局"②。国际航空枢纽的内外通达性、辐射性、快速性使其成为新时代全面开放新格局的重要支撑。创新是社会发展的不竭动力，航空运输由1903年莱特兄弟发明的飞机逐渐发展而来，本身就是一种科技创新的产物。从人类第一架飞机到航空运输再到国际航空枢纽的建设，创新在不断推动时代的进步、社会的发展、人类生活方式的变化和人民对美好生活的向往。现如今，国际航空枢纽已成为满足人民美好生活需要、实现经济社会高质量发展的创新驱动中心。

成都市要建成国际门户枢纽城市，有自身突出的区位优势，但也存在一些难题和压力，在实践发展中既要充分发挥成都的区位优势，又要发挥法治在成都国际航空枢纽建设中的保障和机制作用。成都建设国际航空枢纽城市的地理位置十分优越。成都市位于四川省中部，四川盆地西部，经度102°54′E ~

---

① 朱前鸿. 国际空港经济的演进历程及对我国的启示 [J]. 学术研究，2008（10）：59-65.

② 习近平. 决胜全面建成小康社会 夺取新时代中国特色社会主义伟大胜利：在中国共产党第十九次全国代表大会上的报告 [N]. 人民日报，2017-10-19（2）.

104°53′E、维度 30°05′N～31°26′N，属热带季风性湿润气候，空气质量优良，不受台风影响，适宜航空枢纽建设和航空产业集聚。另外，西部地区人口相对稀少，土地面积辽阔，具有较丰富的资源。此外，成都还是成渝地区双城经济圈建设的中心城市，北连丝绸之路经济带，南连 21 世纪海上丝绸之路，协同连接长江经济带，在区域协同发展格局中具有重要的战略地位、较强的经济基础和较大的发展空间。成都市在发展中，要充分利用自身的区位优势，把握好国家给予西部地区优厚的发展条件和各种资金援助以及优惠政策，将成都建设成为我国西部地区重要的经济中心、成渝区域重要的经济发展中心以及我国内陆开放新高地。建设国际型航空运输枢纽，基础设施是关键，只有相对完善的基础交通设施及其他各项完善的设施才能吸引更多的资金、人才。首要的就是利用好成都的区位优势，加快成都国际机场及其周边的基础设施建设。增强成都国际门户枢纽功能，就是要发挥成都西南地区交通枢纽的功能。从全球范围来看，世界级城市形成的一般规律表明，世界级城市以世界级机场为依托。相关资料显示，英国伦敦有六个民用机场，美国纽约有五个民用机场，新加坡也有三个机场。成都市作为我国西南地区重要的经济发展中心，目前有成都双流国际机场和成都天府国际机场，其中，双流国际机场是中国八大区域枢纽机场之一，也是中国内陆地区航空枢纽和客货集散地。将成都打造成国际门户枢纽城市，在发展中就要加快推进"48+14+30"国际航空客货运战略大通道布局，即形成通达 48 个全球重要航空枢纽城市及经济中心城市的国际精品商务航线，连接 14 个全球重要物流节点城市的国际全货机航线，辐射 30 个重要世界旅游目的地及入境游来源地的国际优质文旅航线，提高到全球商务城市、新兴市场和旅游目的地的航班密度。得天独厚的地理位置让成都形成了集茶馆、火锅、麻将于一体的独特文化，也形成了比较悠闲的生活方式，成都成了国内外著名的旅游城市。发达的旅游业需要更加方便、便捷的交通基础设施的支持。构建通达全球的国际航线，除了为国内游客提供更加便捷的交通，还可以吸引更多的国外游客，游客的增多不仅可以通过消费拉动成都市乃至四川省的经济发展，而且可以提升成都在国际的知名度，吸引更多外资企业、投资人来此投资，因此成都在发展中应充分利用国家提出的成渝地区双城经济圈建设规划重大战略和成都独特的地理位置巨大优势，充分调动一切社会资源实现自身经济的发展壮大，提升竞争力水平。

根据成都市国际门户枢纽建设要求，预计到 2025 年，成都将开通国际（地区）航线 140 多条，实现至全球门户机场"天天有航班"。成都在未来发展中，应充分抓好这一重大发展战略规划机遇，积极扩大国际航权开放和国际通程中转联运航线，争取与更多的城市和国家建立航班协议。按照国家发展规划要求，每年要新开通五条以上客货直航线，以提升成都国际枢纽城市竞争力。建立立体多向战略通道。近年来，成都新开通至罗马、伊斯坦布尔等城市的商务航线，至阿姆斯特丹、新加坡等城市的全货机航线，至胡志明、仰光等城市的文旅航线，以通程值机方式开行至南美的联程航线；重点加密成都至巴黎、阿姆斯特丹等城市的商务航线和至法兰克福、莫斯科的全货机航线。增强洲际中转能力，重点培育欧洲与东亚、南亚、东盟、澳新间经成都中转的洲际航线。此外，成都还是"一带一路"建设的重要城市，应以"一市两场"为重要载体，以更加开放的姿态加强与"一带一路"共建国家的友好往来，全面提升开放型经济质量和发展水平，构建以成都为中心的国际航空大通道，服务"一带一路"建设的国际供应链体系。在成都双流国际机场和成都天府国际机场的基础上，推动两者一体化衔接、协同化运行，不断提升成都国际枢纽的客运能力和货运水平，增强成都市国际门户枢纽功能。国际航空交通枢纽的建立是为了更好地拉动国际社会发展和壮大。成都市在未来发展中，应着力构建依托成都双流国际机场和成都天府国际机场、具有全球高度的航空产业体系。在实际发展中，成都要充分发挥双流国际机场和天府国际机场对航空依赖性产品的带动和辐射作用，结合西部地区和成渝地区产业结构布局，加快推进具有全球引领性的产业集聚、产业链延伸，形成高端产业集聚，发挥航空枢纽动力源作用。成渝地区除了是我国西部地区重要的经济中心外，还是我国著名的旅游目的地。成都在建设国际航空枢纽的过程中，要注重以增强旅客美好体验为中心，着力提供高质量的航空服务体验和城市服务体验。首次到成都的旅客对成都的第一印象就是成都两大机场的服务水平，因此，不断提升旅客的航空体验是一个永恒的话题。成都建设国际航空枢纽，也要时刻关注人的切身体验，提升旅客到成都的生活体验满意度，应充分利用现代科学和技术，全面系统地提升现代服务能力和水平，着力提供安全、舒适、健康、美好的服务体验，这是提升旅客美好体验的首要前提。此外，绝大多数旅客会进入城市，因此，提升城市服务水平和服务质量也是一项极其重要的工作。城市的服务体验不仅包括看得见、摸得着的自然环境，而且包括社会各个方面的服务。这些基本的软硬环境对旅客的影响是全方位的、深刻的，直接影响着外来旅客对成都这座城市的印象，也直接关系到成都国际航空枢纽对航空客货源的吸引力和集聚能力。因此，成都在实际发展建设中，应继续利用"天府之国"的美誉，建设具有中国特色、世界一流的城市体系。《成都市国民经济和社会发展第十四个五年规划和二〇三五年远景目标纲要》明确提出了要践行新发展理念，着力打造公园城市示范区，实现"人城境业"的高度和谐统一，逐渐探索城市内涵式、高质量、可持续发展之路。城市的发展主要在于人民，成都市要立足人民城市为人民的发展理念，加快推进基本公共服务供给侧结构性改革，形成市场主导、政府主体、多元参与的公共服务高质量供给格局，努力创造高品质生活，为人们提供更加便捷、高水平的服务体验，让共享成为公园城市价值取向，使发展成果更多更公平地惠及全体人民。面向未来，成都市在发展中应认真贯彻习近平新时代中国特色社会主义思想，不断推进法治化建设，形成法治政府、法治社会一体化建设，打造成都一流的法治环境，以更加开放、包容的心态积极构建和谐、法治、美丽的社会环境，进一步增强成都在国际航空枢纽建设中的引领作用。

法治是治国理政的基本方式，也是中国共产党和中国人民的不懈追求。法治在维护社会稳定、保障人民生命安全及社会进步方面发挥着重要的作用。成都在发展中要抓住国家发展机遇，根据 2035 年远景目标，到 2035 年，力争高水平实现社会主义现代化，进入世界先进城市行列，成为美丽中国建设实践范例，世界文化名城影响力显著提升。基本公共服务、基础设施、人民生活达到东部地区水平，共同富裕走在全国前列，超大城市治理体系和治理能力现代化基本实现，成为具有国际影响力的活跃增长极和强劲动力源，全面建成践行新发展理念的公园城市示范区、泛欧泛亚有重要影响力的国际门户枢纽城市。现阶段在新发展理念指导下，成都应根据国家提出的《成渝地区双城经济圈建设规划》和"十四五"规划，努力将自身打造成以创新为新动能的高质量发展先行区、以协调为新形态的融合性发展先行区、以绿色为新优势的可持续发展先行区、以开放为新引擎的双循环发展先行区、以共享为新局面的人本化发展先行区。党的十八大以来，以习近平同志为核心的党中央将全面依法治国纳入"四个全面"战略布局，全面推进科学立法、严格执法、公正司法、全民守法，开创了全面依法治国新局面，为在新的起点上建设法治中国奠定了坚实基础。将成都建设成国际门户枢纽城市，构建通达全球、中转高效、功能完善的国际航线网络，就要不断增强法治在形成公平开放国际航线网络中的重要作用。将法治融入成都发展规划中，要坚持依法治市，深化法治成都、法治政府、法治社会建设。首先要积极推进法治建设，进一步完善人民代表大会制度，加强成都市人大代表与成都市广大人民群众的联系与交流，进一步完善健全建言资政机制，提升政策建议的民主性、科学性、实际性。其次，要加强地方立法工作，加强成都市法治人才交流与学习，发挥人大及其常委会在立法各个环节的主导作用，科学立法是维护成都国际门户枢纽城市法治保障的前提。

最后，成都加快推进"48+14+30"国际航空客货运战略大通道布局，这其中会牵涉各国经济、政治、文化、民族等的差异，在谈判、文件签署等环节都需要法律的支撑与保障，在维护我方利益的前提下尽最大可能使签署双方或多方都感到公平正义。在国际航线建设过程中的各个环节，也需要法治人才进行维护，保障成都与各个国家航线的正常建立和运行。我国相关法治人才在遵循国际法的前提下要运用专业知识尽可能最大限度地维护成都在建设国际门户枢纽城市中的利益和地位。

（二）构建内外联动、东西双向互济的陆海大通道格局及其法治保障

在我国历史发展进程中，东部地区由于地处沿海地带，在近代最先被迫对外开放。1978 年改革开放后，我国由点到面、由沿海到内陆逐步开放。中国内陆和沿边开放开发从 1992 年开始，1999 年党中央和国务院提出了实施西部大开发战略。由于沿海地区开放较早且已积累了一定的经验，内陆地区一般沿用东部沿海地区的开放发展经验。但是，由于内陆及沿边城市地理位置较闭塞，西部内陆城市及沿边城市较多的是与毗邻的国家进行商贸往来。因此，西部陆海通道建设是我国西南地区开放发展的关键。当今世界处于大变革大调整时期，我国的社会主要矛盾虽已发生变化，但仍然处于社会主义初级阶段。随着西部大开发战略的持续推进，我国西部地区经济社会虽得到显著发展，但仍需要进一步加强西部地区交通等基础设施建设，协同连接长江经济带发展。

一直以来，内陆地区和沿边地区在发展中一般遵循两种思路：一是内生型发展，即依靠本地资源和技术积累形成区域发展动能；二是外生型发展，即依靠外来资源和技术积累形成区域发展动能。新中国成立后，在区域发展的实践探索中，都是采用两种发展方式结合的方式。我国西部内陆地区的发展不仅需要依靠本地的自然资源，还要依靠外来的资金、技术、人才、政策的支持和援助。将成都建设成为国际门户枢纽城市，有利于充分发挥西部地区资源、政策、市场优势，打开西部地区市场，带动我国整个西部地区发展壮大。在发展中，其一，要将西部陆海新通道建设成推动西部大开发形成新格局的战略通道。在实际发展中要充分利用毗邻东南亚的区位优势，统筹国际国内两个市场、两种资源，推动产业合理布局和优化升级，以更加开放的姿态加强与周边省份、周边国家或地区的交流与合作，使西部陆海新通道成为推动西部地区高质量发展的重要动力。其二，要将西部陆海新通道建设成连接"一带"和"一路"的陆海联动通道。我国西南地区是"丝绸之路经济带"和"21 世纪海上丝绸之路"的必经之地，也是加强中国与中南半岛、孟中印缅、新亚欧

大陆桥、中国—中亚—西亚等国经济互动的经济走廊，西部陆海新通道的建设将成为促进陆海内外联动、东西双向互济的桥梁和纽带。其三，要将西部陆海新通道建设成为支撑西部地区参与国际经济合作的陆海贸易通道。成都国际门户枢纽的建立，可以带动东盟及相关国家和地区协商共建发展通道，提升区域间发展互利互惠水平，进一步加强开放，深化国际经贸关系，将西部陆海新通道建设成为构建开放型经济体系的重要战略支撑。其四，要将西部陆海新通道建设成为交通物流经济深度融合的综合运输通道。要加强交通基础设施建设，发挥交通的引领作用，打造通道化、枢纽化物流网络，利用现代信息网络创新"物流+贸易+产业"合作新模式，将陆海新通道建设成为经济发展的重要平台。西部陆海新通道的开通，将打通三条主通道，即建设自重庆经贵阳、南宁至北部湾出海口，自重庆经怀化、柳州至北部湾出海口，以及自成都经泸州（宜宾）、百色至北部湾出海口三条通路，共同形成西部陆海新通道的主通道。同时着力打造国际性综合交通枢纽，充分依靠成都、重庆、广西北部等地重要的地理位置和交通要道，打造西南地区重要的交通枢纽。在社会主义新时代，我们要以新发展理念贯彻新发展模式，追求经济社会的健康稳定高效发展。

"十三五"时期，面对错综复杂的外部环境，尤其是新冠疫情的严重冲击，成都市如期完成"十三五"时期规定的各项任务指标。"十四五"时期我国步入新发展阶段，当今百年未有之大变局与实现中华民族伟大复兴的中国梦要求我国加快构建"国内大循环、国内国际双循环"的新发展格局，寻求经济发展新空间。依托成都，构建内外联动、东西双向互济的陆海大通道，对于化解外部冲击、促进内陆地区发展具有十分重要的意义。首先，陆海大通道格局有利于加快形成多元化国际运输与经贸合作廊道，减缓外部环境的冲击。当今世界处于百年未有之大变局，新冠疫情对世界各国的经济都有不同程度的冲击和影响，国际上各种保护主义、单边主义抬头，国际经济、文化、科技、安全等格局正在发生深刻复杂变化。在这种情况下，只有发展多元化国际运输与经贸合作才能应对日益严峻的外部环境。将成都建设为国际门户枢纽城市，有利于打通内外联动的陆海大通道，充分发挥亚欧大陆陆域一体、经贸合作基础雄厚优势，与西部陆海新通道、长江江海联运通道形成互补，进一步畅通亚欧大陆经济循环，提升我国西部地区整体发展水平。其次，可以推动内陆地区深度融入"国内大循环、国内国际双循环"的新发展格局。现阶段，我国的经济已由高速发展转变为高质量发展，再加上我国社会主要矛盾已经发生转变，人民对美好生活的需求在不断增加。畅通西部内陆新通道有利于形成低成本高效率、国内国际双向辐射的流通体系，推动沿线地区产业创新发展，助力内陆地区深度参与新发展格局,为中华民族伟大复兴注入发展新动力。最后,可以释放陆桥通道城市化地区发展潜力,优化国土空间开发布局。西部陆海新通道是我国"三纵两横"战略布局中重要的"一横",现已经具备较好的发展基础。目前,我国已建成了世界上里程最长的高速公路网,兰新高铁的建成有力地释放了陇海铁路运能,中心部如郑州、西安、乌鲁木齐等国际机场服务能力不断提升,连接亚欧的综合立体交通网基本形成。陕西、河南、山东、甘肃、新疆等地经济基础较好,可以进一步扩大内需市场、扩大对外发展空间,增强经济发展潜力。

　　成都作为西部地区重要的中心城市,从中国地形版图上看,多条国际物流大通道在成渝地区形成联结点,这为成都建设国际门户枢纽城市提供了坚实的地理条件基础。成都市要深化"四向拓展、全域开放"发展格局,突出南向,常态化运行成渝直达新加坡等东盟国家的"陆海新通道",实现丝绸之路经济带和21世纪海上丝绸之路在成渝地区的有机衔接;打通南向东、中、西三大泛亚陆海贸易通道,南向东线加快建设成自宜高铁,协同推动湘桂铁路南宁至凭祥段改造升级,打造成都—黄桶—钦州港的铁海联运通道;南向中线稳定运行经广西凭祥至越南河内跨境铁路班列,适时研究规划成都至西昌至昆明高铁,推进成昆铁路扩能改造和隆黄铁路隆昌至叙永段改造;南向西线构建形成进出印度洋孟加拉湾铁海联运通道。强化西向,拓展泛欧泛亚陆上贸易通道,加快建设成都至兰州、成都至西宁铁路,规划研究成都至格尔木铁路,保障川藏铁路雅安至林芝段工程建设,推进实施川藏铁路成都枢纽引入线(天府—朝阳湖),对接新亚欧大陆桥运输大通道。优化东向,全面提升东向经济循环通道,加快建设成达万、成渝中线高铁(沪渝蓉高铁重庆至成都段),推进成渝铁路成隆段扩能改造,形成直达上海的沿江高铁通道;构建经宜宾、泸州、万州等港口连接长江黄金水道的铁水联运通道;拓展成都至日本、美洲地区的国际陆海联运通道。畅通北向,加密北向进出川通道,积极谋划成都经三台至巴中至安康高速铁路,适时规划成都至西安第二高铁新通道;持续扩大连接俄罗斯等国家班列的服务网络,衔接中蒙俄经济走廊。加快构建国际门户枢纽城市,借助"一带一路"发展平台,"一市两场"航空枢纽格局基本完成,自贸区改革也加快推进,截至2020年年底,成都市进出口总额排名上升至副省级城市第六位,落户世界500强企业增至305家,双流国际机场跻身国内第四个"5 000万级机场俱乐部"成员和全球最繁忙机场25位,国际(地区)航线数量达到130条,GaWC世界城市排名从第188位跃升至第59位,中欧班列(成渝)累计开行数量达14 000列,占全国总量的40%,获批在蓉设立领事机构数量增至 20 家，蝉联"中国国际化营商环境建设标杆城市"，整体来看，成都城市枢纽能级实现跨越式提升。

法治兴则国兴，法治强则国强。成都构建内外联动、东西双向互济的陆海大通道格局，不仅提升了现代流通效率、枢纽服务效率，而且带动了沿线城市、区域经济的提升和交通的畅通。成都借助四川天府中央法务区的力量，坚持"融合发展+创新引领"的策略，与沿线其他地区共商共建共享"一带一路"法治，促进"一带一路"共建国家政策、标准、机制的软连通建设，实现规则和标准体系相互兼容，打造畅通无阻的"高速路"。

二、建设高效率枢纽体系的法治保障

成都建设多向度战略大通道体系，就是要发挥成都作为国际航线枢纽城市的作用。成都作为一个枢纽城市，要提升与亚蓉航空的联系密度，提高与泛欧泛亚陆港交通体系的畅通度，聚焦成都市空港陆港"双枢纽"功能，完善成都作为高速公路枢纽城市的交通网络建设，不断完善成都国际区域通信。建立高效率枢纽体系，要不断探索法治在提升成都多功能高效率枢纽城市建设、国际货物多式联运、跨国铁路单证国际物流规则中的作用，提升法治在保障国际门户枢纽城市国际贸易规则体系中的基础功能。

（一）提升亚蓉欧航空枢纽及其法治保障

随着海运、陆运和航运的日益发展，航空运输已经成为一个国家或地区经济发展壮大的显著标志。进入交通运输 3.0 时代，便捷高效的交通运输枢纽是衡量一个国家或地区经济社会发展的主要依据。

根据成都市委十三届九次全会会议精神，成都市围绕加快国际门户枢纽城市建设，结合双国际机场的航空枢纽功能提升，下一步将加快打造亚蓉欧空中快线网络，加快形成面向泛欧泛亚的国际航线覆盖广泛、频次密集的航空门户枢纽。全面提升亚蓉欧航空枢纽功能，不仅要增强亚蓉欧航空枢纽建设能力，而且要加强亚蓉欧航空枢纽法治保障。四川省要围绕成都国际门户枢纽城市建设，结合成都市双国际机场的航空枢纽功能，加快打造亚蓉欧空中快运网线，构建以成都为中心全面覆盖欧亚国家重要政治中心、经贸中心、文旅中心及航空物流中心的航线网络。全面提升航空运货能力，充分发挥成都双国际机场的优势，提升货物运输能力。从成都的航空发展史来看，成都的航空发展经历了以"发展"为导向的 1.0 时代到以"跨越"为导向的 2.0 时代，再到以"反哺城市能级跃升"为导向的 3.0 时代。随着成渝地区双城经济圈发展规划的深入落实，成都在以全球视野谋划国际战略通道建设中，将构建起我国西部地区面向全球的航空门户枢纽和航空货物运转中心。

交通是兴国之要、强国之基。位于成都西南部的成都双流国际机场是中国（四川）自由贸易试验区、国家级新区四川天府新区和成都临空经济示范区的核心承载地①。建立高效率枢纽体系，先要提升亚蓉欧航空枢纽功能。天府机场作为成都市第二个机场，在建设中要坚持高标准、严要求，推动天府国际机场和双流国际机场"两场一体"协同运营，提升航空枢纽客货量级和货运能力。从国际航线的拓展方面来说，近些年成都已经初步构建了一个通达全球、衔接高效的网络体系，初具建立亚蓉欧航空枢纽的基础条件。在国家西部大开发和成都为"一带一路"建设提供服务的政策引导下，成都市根据西部地区发展实际条件，逐步实施西部城市航线扩展专项行动，与西部主要中心城市如昆明、贵阳、拉萨、重庆等开展多方交流和合作。《成渝地区双城经济圈建设规划纲要》是国家根据新时代的发展需要和新形势，综合考虑了成渝地区的地理位置和区域发展中的重要战略地位，做出的一项重大战略决策。该规划纲要提出要将成渝地区打造成内陆开放新高地，加强成渝两地在人才、交通、科技、法治等方面的沟通与合作。其中，交通是双城经济圈建设的重要支撑。2015 年，成渝高铁通车，将两地之间的通行时间缩短至 2.5 小时，实现了成渝陆路交通由"扇形开放"向"360 度全方位开放"的转变。此外，成都还开通了多条国内外航线，如"成都—贵阳—墨尔本"航线、"成都—拉萨"航线、"成都—昆明"航线等。这些航线不仅增加了人员往来和物流运输的便利性，也带动了旅游业发展。可以说，成都通过构建干支衔接的航线网络，提升了与其他城市的通达性，为双城经济圈建设和西部大开发注入了新动力。

提升亚蓉欧航空枢纽的法治保障，就要加快推进天府国际机场"动货、普货双铁进港"工程和多式联运示范工程，创新面向全球的"中欧班列+国际客货机"陆空联运模式，全面增强航空枢纽衔接转换和集疏运能力。在实践发展中，要探索国际货物多式联运、跨国铁路单证国际物流规则，创新成都国际航空枢纽的运作协调能力。此外，在国内国际"双循环"的发展背景下，货物多式联运一单制面临着诸多法律制约，包括货物多式联运单证的法律效力

---

① 佚名. 成都市双流区：高质量建设践行新发展理念的中国航空经济之都 [N]. 人民日报，2020-12-23（13）.

的瑕疵、法律功能限制和电子单证规则的欠缺，因此在国际货物多式联运一单制的立法中，应该从推动多式联运公约和单证规则的修改方面努力，同时开展国际研讨，进行广泛宣传，取得国际规则制定的话语权。在完善国内货物多式联运立法方面，可出台多式联运规则，在立法中确认多式联运单证功能，扫清一单制的法律障碍。在创新单式运输规则中发展多式联运规则，提高国际货物运输的便利性，解除当事方的融资困境，可借鉴《鹿特丹规则》对海运电子单证的有关规定，搭建完善的多式联运电子单证法律规则。当然，多式联运单一制的实现并不仅仅依靠国家法律的制定和实施，还取决于货物运输过程中的许多方面，包括完善相关基础设施、国内多式联运标准和单证标准体系、搭建多式联运的信息共享平台和运输协调机制等。因此在未来发展中，要通过积极引领货物多式联运的国际国内立法，释放陆海新通道建设的政治与经济功能。在成渝地区双城经济圈建设进程中，平安稳定的社会环境和坚强有力的法治保障，是唱好"双城记"的重要基石，同样，只有健康合理有序的法治规则体系才可以维护亚蓉欧航空枢纽建设的有序发展。

（二）强化泛欧泛亚陆港枢纽及其法治保障

2020 年新冠疫情给全国各个省份经济都带来不小冲击，但是四川省成都海关外贸数据显示，2020 年前 7 个月成都实现外贸进出口总值 3 898.3 亿元，同比增长 24.9%，增速较 2019 年上半年上升了 1.4 个百分点[①]。这足以说明成都正在以更加开放的姿态融入国家双城经济圈建设、国内双循环的发展中，将带动四川乃至整个西部地区经济社会的发展壮大。在党中央发展战略规划下，成都建设高效率枢纽体系，不仅要强化泛欧泛亚陆港枢纽，而且要增强泛欧泛亚陆港枢纽法治保障。

中欧班列是成都融入泛欧泛亚陆港枢纽建设的最显著标志，2013 年 4 月 26 日，中欧班列（成都）从成都青白江始发，架起了快捷畅通的欧亚大陆桥，为中西部开放型经济的发展注入了强劲动力。中欧班列开通至今，发展越来越成熟稳健，不断服务"一带一路"、成渝地区双城经济圈、西部陆海新通道等国家建设战略规划，助推成都国际港打造泛欧泛亚铁路港"开放枢纽"。开放是成都建设国际化大都市的最大"变量"，成都国际铁路港国际铁路和铁海联运通道达 12 条，连接境外 58 个城市、境内 20 个城市。要以国内国际双循环

---

① 四川省人民政府网. 在共建泛欧泛亚陆港主枢纽、西部内陆新通道、国际门户枢纽进程中成渝广开"门""路" [EB/OL]. (2020-08-13) [2021-08-06]. http://www.sc.gov.cn/10462/10778/50000821/2020/8/13/ed28553170b94dc3adcfd1844ab21662.shtml.

发展格局和成渝地区双城经济圈建设为指导，发挥核心引擎作用，建设泛欧泛亚陆港主枢纽。加快构建以成都国际铁路港为主、铁路货运场站为补充的铁路货运体系，提升铁路货运枢纽设施承载能力和运转效率，完善国际多式联运集疏系统，借助数字科技和互联网平台，提升铁路货运场站装卸、仓储、配载等环节的数字化、智能化水平。加快完善成都国际铁路港货运场站功能布局，持续增强国际铁路港枢纽集疏功能，推动城厢站新增国际集装箱功能区、集装箱中心站扩能改造、多式联运转换中心等功能性设施加快建设，完善国际班列境内外服务节点，增强中欧班列集结中心和西部陆海新通道主枢纽功能。推动国际铁路直达班列及铁海联运班列扩容增效，优化"铁海""铁水""铁公"联运模式，探索推动新津、邛崃、蒲江共建国际铁路物流集散枢纽，打造面向东盟、服务泛亚区域的国际贸易新通道。

要在追求发展的同时兼顾安全，就要在推进法治中国的进程中增强法治在泛欧泛亚陆港枢纽建设中的作用。公共法律服务是政府公共服务体系的重要组成部分。加快推进公共法律服务体系建设，对于强化泛欧泛亚陆港枢纽法治化、国际化、便利化的营商环境具有重要意义。随着泛欧泛亚陆港枢纽的建设和发展，成都的国际国内朋友圈越来越大，与国际国内多个地区的经贸往来越来越密切。在此过程中，就迫切需要法治维护该过程的稳定和安全。成都要加强涉外法治工作，适应高水平对外开放工作需要，完善涉外法律和规则体系，补齐短板，提高涉外工作法治化水平①。伴随着互联网平台的日益繁荣，跨境电商进出口业务剧增，中欧班列（成都）的稳定开行不仅给成都人民带来了欧洲各个国家的商品，也将大量的中国商品远销外国，扩大了中国的贸易范围和中国商品的知名度，加速了产业集群的形成。在"一带一路"建设的带引下，成都国际铁路港成为国家唯一依托铁路港设立的自贸区，并入列首批国家级陆港型物流枢纽，目前已引进如易商、京东、安能、盒马鲜生等总投资940亿元的158个重大龙头物流项目；同时聚焦国际贸易，引进英国利洁时、赤道等进出口贸易龙头企业43家。在商业贸易过程中，成都要积极参与国际贸易规则的制定并认真履行，加快推进我国法域外适用的法律体系建设，围绕共建"一带一路"国际合作与发展，推进国际商事法庭建设与完善，强化涉外法律服务，维护我国在国际贸易中公民、法人的最大利益，并增强其法律意识。加强成都泛欧泛亚陆港与泛欧、泛亚的多边交流与合作，深化国际司法交流合

---

① 佚名. 中共中央印发《发展中国建设规划（2020—2025年）》[N]. 人民日报，2021-01-11（1）.

作，切实维护成都参与国际泛欧泛亚陆港枢纽建设的利益。

（三）完善国家高速公路枢纽及其法治保障

公路运输是国民经济的基础。目前我国已全面建成小康社会，在社会主义现代化建设的新时期，要不断满足人民对美好生活的期待，就要进一步加强和完善惠及全体人民的公共基础设施建设。新时代，成都要深入贯彻落实党中央加快建设成都国际门户枢纽城市的规划，进一步完善成都国家高速公路枢纽建设。

大规模建设高速公路是发达国家近些年来交通运输发展的特点之一。党的十八大以来，完善的高速公路网是我国现代化建设的重要战略要素，极大地提高了各地区交通运输能力，对经济发展有极大的促进作用；同时方便了人们的出行及日常生产生活，方便了人们的外出旅游，极大地提升了人们的生活质量。高速公路可以促进城镇化建设。"要想富，先修路"，高速公路在发展过程中，还可以增加就业机会，增加沿线地区人民的收入。除此之外，高速公路通车后还会有一定的养护、管理需求，通车后沿途会有餐饮、旅馆等服务，也会提供一定数量的就业岗位。因此，高速公路运输因其高效、便捷和安全等，可以降低运输成本，增加沿线就业岗位，带动沿线经济和社会发展，加快沿线城镇化建设，加速我国城市化进程。正因为高速公路具备的以上优势，在现代化建设中，高速公路已成为世界各国发展基础交通设施中的首要选择。首先，高速公路满足了工业化和城市化发展要求。城市是产业和人口的集聚地，人口的集聚和产业的发展都需要便捷的交通基础设施，人口集聚、产业发展与交通发展相辅相成，只有不断加快我国高速公路建设，才能进一步加快人口集聚和产业发展。其次，现代交通工具需要高标准的高速公路基础设施。随着时代的进步，汽车因其小巧便捷而成为人们日常外出的首要选择。因此，汽车的日益普及对高速公路的发展提出了一定的要求。可以说，我国经济的发展对高速公路的需求日益增大，高速公路的发展反过来极大地促进了我国经济社会的发展。在成渝地区双城经济圈建设规划指导下，成都与周边各个地区都加快了高速公路的规划和建设，近年来成都加快推进国家级高速公路枢纽建设，深化全域高速公路联网加密和瓶颈高速路扩容提能。聚焦提升空港陆港"双枢纽"集疏运能力，加快建设成都经济区环线高速、天邛高速，加快推进成渝、成绵、成南、成乐等既有高速扩容改造；协同推进成汶、天眉乐等高速公路项目建设，强化空港陆港与周边区域的快速直连。成渝两地为进一步加强区域合作，加快成渝城市群一体化发展，将开通重庆至泸州高速公路扩能（重庆段）、渝武高速公路扩能（北碚至合川段）和铜梁至安岳高速公路（重庆段）项目①。成都以高质量、高水平、高规格建设国家级高速公路枢纽城市，预计到 2025 年，全市高速公路里程超过 1 500 千米，全面融入国家"71118"高速公路网。

党的十八大对全面依法治国做出了新的部署，四川省委十届四次全会强调要用法治思维和法治方式推动四川省发展和稳定。高速公路在经济社会发展中处于基础性、先导性、服务性地位，发挥着"大通道""主动脉"的重要作用，与人民群众的生产生活息息相关。依法实施高速公路建设和管理，对进一步提升高速公路服务经济社会发展全局、服务人民群众出行的功能，具有十分重要的意义②。2015 年四川省第十二届人大常委会第十八次会议表决通过了《四川省高速公路条例》（以下简称《条例》），明确了四川省高速公路全新的管理体制，固化了创新、多元的行业监管手段，确立了有效的法治保障③。要强化高速公路枢纽服务的法治保障。在以人民为中心的发展理念下，高速公路作为一项基础设施，是国家公共服务均等化的重要体现。在发展过程中，要不断转变发展理念，加强法治提升服务质量和水平、服务人民的重要作用。国家高速公路枢纽建设，要依法提升服务水平。《条例》规定公安机关高速公路管理部门和高速公路管理机构要共同建立高速公路联合指挥调度服务平台，通过电视、报纸、广播、互联网及时发布高速公路施工、事故、气象、行车安全提示等信息，让人们及时了解高速公路安全信息。要以法治进一步规范清障救援行为。《条例》规定了清障救援组织者、实施原则及规范收费等相关事宜，充分保障司乘人员利益。要打造优质文明服务，贯彻落实《条例》精神，使全省高速公路服务质量和管理水平迈上新台阶。

（四）建设国际性区域通信枢纽及其法治保障

我国行政村 98%通光纤，4G 网络覆盖率 98%，建成 5G 基站超 70 万个，

---

① 深化区域合作 川渝年内开建 3 条高速公路［EB/OL］.（2019-07-16）［2021-08-06］. http://www.gov.cn/xinwen/2019-07/16/content_5410198.htm.

② 佚名. 四川省司法厅副厅长王彬接受省政府网站专访文字实录［EB/OL］.（2020-06-18）［2021-08-06］. http://www.sc.gov.cn/10462/c102989/2020/6/18/6520f2d2ffaa4fa584f3a23e9570557b. shtm.

③ 四川省高速公路条例实施办法［EB/OL］.（2016-11-05）［2021-08-06］. http://www.sc. gov.cn/10462/10778/10876/2016/11/5/10402909.shtml.

5G用户占全球85%①，这一组组数据充分展示了中国通信技术发展和通信网络建设的巨大成就。社会的高速发展离不开区域通信的强大支持。随着5G时代的到来，我们所到的每个角度几乎都有Wi-Fi覆盖，远隔万里的亲朋好友都可以进行视频聊天，新时代智慧生活、智慧应用也融入人们的日常生活中。作为新一代信息通信技术，5G逐渐成为迸发无穷力量的新动能。我国在推进社会主义现代化建设的进程中，抓住了第三次科技革命的浪潮，紧跟时代发展步伐，通信技术领域由最开始的跟随西方发达国家发展到我国独立研发"北斗"卫星导航系统和覆盖全国的5G通信网络。我国已建成全球规模最大的光纤和移动通信网络，5G发展见证了"中国速度"。随着时代的发展和进步，因移动支付、网络购物、视频直播、在线教育、远程医疗等现代技术的发展，人们的生活越来越便利，这背后体现了我国通信网络基础设施的完善。我国通信技术的发展，其一，不仅极大地方便了人们的日常生产生活，而且反映了我国卫星通信产业的发展。我国卫星通信技术的发展可以维护国家通信安全。海外企业的全球卫星通信网络不仅对中国移动、中国联通、中国电信等本土运营商构成一定影响，而且若被不法分子非法使用，将严重威胁我国的网络安全。其二，通信网络的建设有利于我国企业开拓国际市场。进入社会主义新时代，我国虽成为世界上第二大经济体，但是在竞争日益激烈的国际环境中仍需进一步努力。在实行"走出去"的发展战略中，全球通信网络将提升中国企业在国际市场上的竞争力，也有利于中国互联网企业海外服务。其三，建设国际性通信网络将带来新的经济增长点。在我国，一些卫星通信运营商通过对用户免费的方式吸引大量网民浏览视频网站或购物平台，而运营商则通过插入广告和获取数据价值等方式进行盈利，其广告收入和数据量也相当可观。因此，建设现代国际性通信产业对我国经济社会发展以及满足人们多种生活需求都有着极其重要的作用。

成都要建设国际门户枢纽城市，通信建设必不可少。面向未来发展，成都要加快建设国际性区域通信枢纽，一是要充分发挥成都通信网络先发优势。成都虽地处我国西南内陆地区，但是作为国家八大通信枢纽之一，通信承载、网络交换能力全国领先。四川凉山彝族区作为我国深度贫困地区，在我国脱贫攻坚的实践中该区也建设了覆盖各地的通信网络。除此之外，成都还是我国的数据集聚地，网络传输、信息集散以及存储计算等方面也位居西部地区前列。因

---

① 中华人民共和国国务院新闻办公室.《人类减贫的中国实践》[N]. 人民日报，2021-04-07（9）.

此，建设成都国际门户枢纽要充分发挥成都通信网络先发优势。二是打造综合交通国际信息港。随着互联网、云计算等科技的发展，网上购物、远程医疗、在线教育、网络视频都离不开信息、大数据和云计算，我们已进入信息时代。信息资源已成为现代社会重要的生产资料。成都作为西南地区重要的经济中心，应大力发展现代信息产业，利用成渝地区双城经济圈建设优势，吸引大型云计算平台和大数据企业集聚在此，推动该区域产业结构转型升级，大力发展基于大数据的生产性信息服务业，加快建设与"一带一路"、国家中心城市相匹配、满足其国际性发展的国际信息港。三是强化高新技术应用能力。成都市内有许多知名院校、高新技术企业、科研院所和国际合作平台，应依靠该优势，借助互联网、云计算、大数据等新一代信息技术，强化卫星通信、导航定位、无线宽带在高铁、航空、城市轨道交通、道路交通等领域的创新应用，推动绿色交通、智慧交通建设，让人们享受现代高新技术在生产生活中带来的便捷。

建设社会主义法治国家，就要发挥法律保障社会各方面发展的重要作用。成都建设国际性区域通信枢纽，就要加强科技和信息化法治保障。要充分运用大数据、云计算、人工智能等现代科技手段，全面建设"智慧法治"，推进法治成都建设的数据化、网络化、智能化，维护各级、各区域通信安全。面对5G新基建的加速推进和信息通信领域法治建设的新挑战，电信法、数据法、关键信息基础保护法、知识产权法、个人信息保护法等关乎5G新基建健康发展的关键法律体系仍需进一步完善。成都市应全面贯彻习近平法治思想和《法治中国建设规划（2020—2025年）》，加强个人信息保护、知识产权保护、数据管理与网络平台治理等，在信息通信领域有效发挥法治固根本、稳预期、利长久的保障作用①。

三、建设高能级开放平台体系的法治保障

习近平总书记指出："要建立促进产学研有效衔接、跨区域通力合作的体制机制，加紧布局一批重大创新平台。"② 四川省委认真学习贯彻习近平总书记重要讲话精神，在省委十一届九次全会上提出，"以服务国家战略科技力量

---

① 潘一豪. 信息通信领域法治建设的根本遵循 [N]. 人民邮电报, 2020-12-04 (8).
② 习近平主持召开全面推动长江经济带发展座谈会并发表重要讲话 [N]. 人民日报, 2020-11-15 (2).

建设为牵引，打造高能级创新平台"，并把打造高能级创新平台作为创新发展的一项牵引性工作。这凸显了高能级开放平台在社会主义现代化建设中的重要作用。成都市在全面建设法治中国的进程中，必将以法治保障高能级开放平台建设。

（一）推进自贸试验区改革创新及其法治保障

改革开放以来，我国经济虽实现了长足发展，但是从全球来看，我国大多数制造产业在全球产业链中处于中低端环节，新时代面向国际高质量发展仍需要加快产业结构转型升级。在日益开放的全球化发展阶段，我国也紧跟时代步伐，加快自由贸易区建设。自由贸易区是新时代我国对接国际高水平贸易发展规则和承接国家区域发展战略的重大举措，是高水平对外开放的窗口，是推动我国产业结构升级的主要动力。大力推动自贸区建设对我国新时代经济社会建设具有重要的意义。首先，自贸试验区可以通过技术创新推动产业结构升级。创新是社会发展的不竭动力，改革开放以来，我国一直提倡创新，大力推动创新发展，通过创新带动产业升级和社会生产力的快速发展。一个地区的自贸试验区建设可以有效带动该区域的创新，进而通过影响生产要素的配置、转换效率以及投入产出效率推动该区域产业结构升级。由于各个行业的性质和工作不同，创新会最先出现在极个别产业，然后随着创新的逐渐发展，而扩散到其他行业或产业。随着创新要素的逐渐增多，高新技术产业规模和生产效率的提升会影响其他传统产业，进而带动整个地区创新能力的提升。其次，自贸试验区可以通过制度创新促进产业结构升级。自贸区的首要特征就是对外开放，而全面对外开放就要有一定的制度支持，这就需要进行行政体制改革。行政体制改革的不断推进会推动自贸试验区服务模式的创新、投资管理体制的创新、政府监督制度的创新。自贸试验区的发展壮大会对该区域的经济社会发展产生极大的推动作用和积极影响。一方面，自贸试验区对区域经济社会发展具有驱动作用。自贸试验区主要是在政府的资金、政策、人才等支持下形成的集高端化、集聚化、创新化于一体的新兴产业集聚区、高科技产业园区、高端化产业高地，这些高端的产业或技术都将极大地推动该区域产业结构的优化升级。另一方面，自贸试验区还有一定的中介效应。自贸试验区是产业结构升级的基础，产业的升级又会推动该区域贸易环境、市场环境的优化升级以及新一轮产业升级、贸易投资等的进行，有利于促进区域内各项要素的自由流动，集聚全球新资源，提升区域发展能级。此外，自贸试验区还会形成长期效应。某一个自贸试验区的成功经验可以推广到其他各个地区，为其他各地区的自贸试验区建设提供可复制、可推广的经验，进而为整个中国特色社会主义现代化建设提供新的驱动力和引擎，对我国经济社会发展产生长期的显著效应。进入社会主义新时代，在创新、协调、绿色、开放、共享的发展理念指导下，我国的自贸试验区在实际发展中不断推动产业结构升级，释放强大的发展和创新活力，带动我国经济社会高质量健康发展。

中国（四川）自由贸易试验区成立于2017年3月，涵盖成都天府新区片区、成都青白江铁路港片区、川南临港片区三个片区。建设中国（四川）自贸区是贯彻落实西部大开发战略、推动成渝经济圈建设、打造西部内陆开放型经济新高地的重要抓手。成都应对接和引领全球高标准规则，持续深化改革探索，突出以高水平开放推动高质量发展，将中国（四川）自贸试验区成都区域建设成为国家纵深开放发展的重要战略支点；聚焦发展新经济培育新动能，推动产业"补链强链扩链"，着力打造具有成都特色的自贸试验区；围绕数字贸易、医药健康、航空经济等领域，争取更多国家事权下放，赋予自贸试验区更大自主权。积极参与川渝自贸试验区协同开放示范区建设，争取以成都东部新区为核心建设自贸试验区新片区。中国（四川）自贸试验区在遵循国家关于自贸试验区总体要求的基础上，还应该根据四川省发展实际，通过地方立法，建立与试点要求相适应的自贸试验区管理制度，做好与相关法律立改废释的衔接，及时解决试点过程中的制度保障问题。一是要优化法治环境。自贸试验区内应建立统一集中的综合行政执法体系，相对集中执法权，建设网上执法办案系统，建设联勤联动指挥平台。对标高标准国际规则，强化企业责任，完善工资支付保障机制，建立工作环境损害监督等制度，严格执行环境保护法规和标准，探索开展出口产品低碳认证。二是要建立健全廉洁监督机制。紧扣创新发展需求，发挥专利、商标、版权等知识产权的引领作用，打通知识产权创造、运用、保护、管理、服务全链条，建立高效的知识产权综合管理体制，构建便民利民的知识产权公共服务体系，探索支撑创新发展的知识产权运行机制，推动形成权界清晰、分工合理、权责一致、运转高效、法治保障的体制机制。三是要探索建立自贸试验区跨部门知识产权执法协作机制，完善纠纷调解、援助、仲裁工作机制。中国（四川）自贸试验区协同开放发展是贯彻新发展理念的重要体现。党的十九大报告指出，我国社会主要矛盾发生变化，我国发展面临不平衡和不充分问题，因此，要坚持开放，积极发展新技术、新工艺、新产品，积极嵌入全价值链分工高端环节。

自贸试验区是我国为紧跟世界发展潮流而在贸易和投资方面有诸多优惠政策的贸易安排。自贸试验区的施行离不开完善的法律制度的约束和规范。自

2013年上海自贸试验区挂牌运行以来，自贸试验区不断进行差异化、创新化摸索发展，在贸易、投资、金融、事后监管等方面进行了实践探索，整体来看，运行效果较好，但是，还存在着一些不足之处。在我国全面建设法治国家的时代背景下，需要从法治角度对自贸试验区未来发展进行探索和完善。首先，要梳理我国现有自贸试验区的立法规则。自贸试验区由于要经常对外出口和进口，因此要通过梳理自贸试验区现有立法规则，保留目前使用良好的条款，清理和废除与国际法相冲突的法律规则，并在遵循国际法规的前提下根据我国进出口、对外贸易的实际发展对贸易规则做相应调整，为我国自贸试验区对外贸易和发展提供有力的法治支撑。其次，确定《中国自由贸易试验区法》基本框架。《中国自由贸易试验区法》将是我国未来自贸试验区发展的主要参考和依据。国家相关部门可以召集国内知名法学专业的专家学者召开会议商讨该法规的一些基本原则、概念、适用范围、生效日期等，确定好基本框架后可分门别类进行各部门规则制定的商讨。再次，还可以授权地方立法创新。我国自2013年上海自贸试验区挂牌运行以来，近几年又相继在其他省市设立自贸试验区。而各自贸试验区因地理位置、地形条件、发展状况、经济基础等条件的不同，在对外贸易发展中的立法规则也会有所差别。例如，在四川自贸区实际运营发展中，相关立法部门要根据四川地处我国西南地区，是"一带一路"沿线的重要发展地区，是成渝地区经济发展中心城市等条件，在听取四川省知名法学专家的意见和建议后，制定促进四川自贸试验区积极发展的相关法律法规。最后，对标国际标准完善营商环境。根据党中央提出的成渝地区双城经济圈发展要求以及四川省委提出的要将成都建设成为国际门户枢纽城市的发展要求，四川自贸区建设更应该对标国际化标准，探索建设自由贸易区金融仲裁、航运仲裁、高科技和知识产权仲裁等专业化平台，组建专业化法律人才小组，打造自由贸易试验区涉及的专项数据库，提升自贸试验区的权威性，并对全国其他地方的自贸试验区形成辐射效应。

（二）增强国家级平台开放引擎功能及其法治保障

开放是时代最强音，开放的水平决定着发展的水平。成都在建设中增强国家级平台开放引擎功能，是构建新发展格局、形成新开放平台和对外开放的重要窗口的重要举措，也为四川，乃至整个西部地区产业结构转型提供了支柱型引擎。在全面建成小康社会的进程中，党中央越来越重视区域间发展差距的缩小和各区域协调发展。成都作为四川省省会城市和西部中心城市，在推动西部地区发展尤其是西部大开发中具有重要的战略地位。党的十八大以来，习近平总书记提出"丝绸之路经济带"和"21世纪海上丝绸之路",四川省在新时代"一带一路"建设中更占据了重要位置。2020年习近平总书记主持召开中央政治局会议并审议通过了《成渝地区双城经济圈建设规划纲要》,提出将成都建设成内陆开放新高地。三年来,"成都建设国际门户枢纽城市"作为国家重大决策被写入《中共中央 国务院关于新时代推进西部大开发形成新格局的指导意见》,与《中共成都市委成都市人民政府关于加快构建国际门户枢纽全面服务"一带一路"建设的意见》《建设西部对外交往中心行动计划(2017—2022年)》《成都市国民经济和社会发展第十四个五年规划和二〇三五年远景目标纲要》共同构成"成都建设国际门户枢纽城市"建设的规范指引,并强调逐步增强成都国家级开放引擎平台功能。

发挥成都在西部地区发展中的重要作用,就要以天府新区为引擎,着力打造新增长极和内陆经济开放高地。天府新区是四川省下辖的国家级新区,是第11个国家级片区。2020年,四川天府新区实现地区生产总值3 561亿元,同比增长6.7%,居国家级新区第五位。天府新区在发展中始终秉持公园城市理念,加快建设西部开放新高地,发挥西部地区高质量发展引领示范作用;增强成都高新区国家自主创新示范区创新主阵地功能,打造链接汇聚全球优质创新创业资源要素的国际化平台。成都高新区是集金融商务、电子信息产业、生物医药、高端科技于一体的现代产业园区,是中国西部地区的核心增长极与科技创新高地。要充分发挥成都高新区的功能和作用,助力成都新时代高质量发展。强化临空临港经济区开放主枢纽功能,高标准建设国家级临空经济示范区,争取在成都东部新区设立国家级临空经济示范区。充分调动成都全球资源要素配置能力,建设高能级开放合作平台,进一步完善产业链供应链体系。为适应现代化国际市场发展需求,成都应充分利用好成渝地区双城经济圈发展实际需求,大力招引电子信息、高端纺织、装备制造、新材料、新能源、人工智能等企业,打造高端产业示范园区,发挥品牌示范引擎作用。联动平台建设,引领高质量发展。只有建立了一定的平台,才可以引领高质量发展。例如,淘宝这一网上购物平台的开发使用,改变了人们的消费方式,使人们足不出户便可进行网上购物。因此,成都在建设国际门户枢纽城市的过程中,要建立并打造自己的平台,通过平台的运行不断提高地区竞争力和国际发展力。

增强成都国家级平台开放引擎功能的法治保障,要提升开放平台的引领功能。一是要加强成都行政立法。推动形成与区域协调发展相适应的地方性法规和政府规章体系,防止发展中因标准不同造成经济融合发展壁垒。二是加强法律服务领域合作交流,协同打造"法律服务共同体",联合四川省重点高校法律专业知名专家学者，组建专业法律服务团队，为成都打造国际航运枢纽、建设西部金融中心、进行"一带一路"建设的商事仲裁等提供一站式法律服务。

（三）夯实口岸平台开放支撑及其法治保障

口岸是国家对外开放的重要门户，也是国际货物运输的重要交通枢纽，在新时代推动国际化发展、拉动国内经济增长、提升国家经济实力方面发挥了重要的作用。开放口岸是全球配置资源要素的重要平台，是国家或地区开放型发展联通全球市场的重要枢纽，也是我国区域经济发展的新引擎。成都要建设成为国际门户枢纽城市，开放口岸平台必不可少。四川省作为我国西部地区重要的经济大省、人口大省，在助推西部地区发展、实现西部地区经济社会发展中发挥了重要作用。近年来，随着习近平总书记提出的"丝绸之路经济带"和"21世纪海上丝绸之路"的日渐繁荣和发展，四川省尤其是成都市在"一带一路"建设中发挥着不可替代的作用。2020年10月16日，习近平总书记主持召开中央政治局会议，发布了《成渝地区双城经济圈发展规划纲要》，提出要将成渝地区建设成为我国经济发展新的增长极，将成都打造成我国内陆开放新高地。四川省作为西部地区人口大省、经济大省，在发展中充分利用国家给予的各项优惠政策，抢占最大发展机遇，发挥通道优势，出台各项优惠政策，从完善平台功能、培育产业体系、促进贸易便利化等方面加快口岸建设，为四川省实现高水平对外开放提供更大的平台。在各行各业互联互通的时代，加快口岸建设，涉及商务、海关、财政、国税等各个相关部门。近年来，随着我国市场经济的发展，以及政府部门提倡简政放权政策要求，国家相关部门之间配合密切，持续优化口岸平台营商环境，简化各种通关办理手续，优化作业流程，给对外开放企业开辟各种"绿色通道"，不断压缩手续办理时间，提高通关效率。

坐拥各种优越的自然和社会条件，成都要建设成为国际门户枢纽城市，就要充分夯实口岸平台开放支撑，抓住"一带一路"建设的重要机遇，积极融入国内国际双循环新发展格局，发挥好地理优势，加强与"一带一路"共建国家的合作与交流，做大做强四川省口岸开放平台，培育壮大口岸经济，提升四川省整体发展水平。党的十九大以来，我国社会主要矛盾发生变化，为了不断满足人民对美好生活的新期待，必须要健康稳定高质量发展经济。口岸是一个国家或地区对外开放的门户，也是连接和利用两个市场、两种资源的重要渠道。四川省积极融入成渝地区双城经济圈建设，努力建设成为内陆开放新高地，大力拓展口岸功能，利用好"左手丝路，右手长江"的区位优势①，实现更高质量、更大范围的对外开放。在党中央和四川省委的领导下，四川省对外开放平台在综合保税区建设布局、企业招引、业务办理、服务保障机制创新、成都开放口岸建设等方面发展较为迅速。要深刻认识到对外开放平台建设的重大意义。四川省作为"一带一路"和长江经济带连接点、西部陆海新通道起点，在全国整体开放格局中都占有重要的位置，在国家的支持下，迎来了全方位深化开放合作的黄金机遇。在发展中，要高水平建设川渝自贸试验区协同开放试验区，加快打造内陆开放经济高地新支撑，尤其要聚集重点区域推出更多首创性、集成性、差异化改革，延长产业链，推动产业结构优化升级，加快形成竞争新优势。此外，还要抓住国家布局建设综合立体交通网的重要机遇，优化口岸物流功能，加快推进天府国际机场开放口岸建设，打造国际一流营商环境。不容忽视的是，推动对外开放平台建设，需要各方面的共同努力、协同配合，积极营造对外开放平台建设良好环境，推动四川省对外开放平台建设迈上新的台阶。

要着力完善口岸开放体系，提升口岸通关一体化水平。天府国际机场是助力成都国际门户枢纽城市建设的重要窗口，也是未来增强成都与国际接轨的重要交通基地。推动天府国际机场口岸开放设立，建成天府国际机场口岸设施及综合性进境指定监管场地，深化具有国际先进水平的国际贸易"单一窗口"功能，推动港航物流信息接入，实现物流和监管等信息的全流程采集，推行无纸化通关，全流程办理口岸申报、贸易许可、支付结算、资质登记、关检退税等与国际贸易相关业务，构建两地共同的网络虚拟通关系统，大力提升通关便利化水平。提升双流机场冰鲜水产品、肉类等进境商品集散中心能级，优化提升口岸布局和功能、查验配套设施建设标准和服务保障能力。推动设立天府国际空港综合保税区，持续提升综合保税区发展水平。坚持货物贸易与服务贸易并重，优化泛欧泛亚市场布局，打造"一带一路"进出口商品集散中心和国际消费中心。

要推动天府国际机场口岸法规体系建设，强化队伍和工作机制。一是完善口岸管理系列法规。天府国际机场口岸应主动适应口岸管理新形势、新需求，启动口岸物业管理法规立法修订，从口岸区域场地设施管理实际出发，理顺各类口岸设施权利主体、使用主体、管养经营主体之间的关系，明确各方权利义务，为口岸日常管理提供法律支撑。二是健全和落实常年法律顾问制度。建立

---

① 孙颖杰. 拓展内陆口岸功能 建设内陆开放高地 [N]. 四川日报，2015-08-26 (6).

完善常年法律顾问工作规范，制定工作指引，继续聘请有专业背景和实践经验的律师事务所资深律师担任常年法律顾问。三是加强疫情防控法治宣传，助力企业复工复产。成都市口岸办积极通过"一官两微"及其他媒体渠道向公众及时发布疫情防控法规与相关政策操作指引。四是持续深化"放管服"改革。以法治化为突破口，推动口岸监管部门简政放权、放管结合、优化服务。

（四）增强国际合作园区窗口示范功能及其法治保障

国际合作园区指一国与他国或国际经济组织通过政府间合作或政企合作共建的产业功能区。根据各园区定位的不同，境内国际园区可以划分为工业园区、生态新城、商贸物流园、综合新城四种类型。未来发展中，成都市要着力加快建设与其他国家合作的国际合作园区窗口示范区，着力提升中德、中法、中意、中韩、新川等国际合作园区共建层次，打造国际合作园区建设样板。以中德合作园区为例，中外工业技术合作以中德装备产业合作最为典型，中德（沈阳）高端装备制造产业园则是"中国制造2025"与"德国工业4.0"战略对接的重要平台载体，是工业合作园区的典型代表。中方提供园区土地，制定优惠政策吸引德资企业入驻园区，德方通过政府推介，介绍德资项目投资，双边就高端制造技术进行交流和 28 2018 Vol. 33，No. 2 互引，园区规划设计及管理适当借鉴德国先进经验，主要由中方负责。目前，中德（沈阳）国际合作产业园区在我国产生了良好的社会效应和产业效应，除了中德产业园区外，还应该加大与中法、中意、中韩、新川等国际合作园区的共建共享，加快川桂国际产能合作产业园建设，增强国际资源要素链接能力，建立有利于要素流动和分工协作的专业化管理服务机制，全面提升产业承载力和国际影响力。

2020年1月，四川省政府办公厅印发《四川省国际（地区）合作园区发展规划（2020—2023年）》，这是中西部地区首个省级层面出台的针对国际合作园区的发展规划。认真贯彻省委相关要求，努力将四川省国际（地区）合作园区建设成为推进全省经济高质量发展的重要引擎、推动开放合作的新平台、强化创新驱动的新载体和促进绿色发展的新典范。四川省在实践发展中，将不断创新实践路径，高标准聚集高端产业项目。具体的实践路径中，四川省将探索创新合作模式，从产业单项落户延伸到孵化器、服务中心和科创中心，建设一批高新产业技术园；探索市场化的人才合作、市场合作，努力打造利益双方共同体；积极尝试园区市场化运作，探索建立灵活高效运作的园区开发公司，逐渐探索新型发展模式。总体来看，四川省已基本形成促进园区开放发展的长效机制，在开放水平、产业能级、生态环保、科技创新、生产安全、应急管理等方面已达到一定水平，在未来发展中，将在全省，乃至全国开放型经济新体制发展中形成一批可复制、可推广的经验。将成都建设成为国际门户枢纽城市，要充分发挥国际园区的窗口示范作用，对标国际规则优化营商环境，积极融入欧洲经济圈和亚太经济圈，提升四川省发展水平和能力，加快推进成渝地区双城经济圈建设和成都市国际门户枢纽城市建设。

我国在推进国际合作园区建设的过程中还一直探索国际合作园区窗口示范区的法治化建设。在开放型经济发展格局下，目前我国共设有 18 个自由贸易试验区，包含 55 个片区，大部分片区重点发展 3~6 个产业领域，已初步形成"现代商贸及金融为主、战略性新兴产业为辅"的产业格局。新时代加强成都和其他国际合作园区的示范功能，一是要对当前 5 批 18 个自由贸易试验区现行的条例及其他规范性文件对比分析，保留目前适用良好的条款，尽快清理与自由贸易区、国际规则不相符或相抵触的相关法规政策，并将我国根据相关国际谈判协议享有的权利和承担的义务转化为国内法规。加强依法行政和司法监督，针对行政备案诉讼中的司法审查，在考虑国内规则合法的基础上也要兼顾国际上的相关规则，从把握相关法律的适用性、贯彻正确的法律程序等方面入手，为自由贸易试验区健康发展提供法律保障。二是要建立中德、中法、中意、中韩、新川国际合作园区的域外法查明平台。2019 年最高人民法院域外法查明平台在国际商事法庭网站上线启动，标志着全国法院域外法查明统一平台的正式建立。该平台的上线启动，将有效破解制约涉外审判实践中域外法查明难的瓶颈问题，进一步优化法治化营商环境。同理，要探索建立中德、中法、中意、中韩、新川国际合作园区在金融仲裁、航运仲裁、高科技和知识产权仲裁等领域的域外法专业化查明平台，打牢成都国际合作园区窗口示范功能的法治基础。

（五）推进中日（成都）城市建设和现代服务业开放合作示范项目建设及其法治保障

开放发展是我国紧跟时代步伐、积极融入世界发展潮流的主要做法。历史上的中国，封闭国门，一直沉浸在自己"天朝上国"的美梦中，最终被西方列强以武力手段打开中国大门，并一步步沦为半殖民地半封建社会。自 1978 年改革开放以来，我国一直在探索对外开放新模式，打开国家大门，积极融入世界发展潮流。我国的经济社会得到显著发展，从最开始的"一穷二白"到世界第二大经济体再到全民脱贫、全面进入小康社会，开放发展是我国经济腾飞的关键。自党中央发布《成渝地区双城经济圈发展规划纲要》以来，成都市以新发展理念，积极实行对外开放，大力发展创新，提升整体创新水平和国际化发展水平。大力推进开放区建设是坚持新发展理念、积极融入世界发展的途径之一。

2020年11月19日，中日（成都）城市建设和现代服务业开放合作示范项目合作推介暨集中签约活动在成都高新区举行。成都将借助《区域全面经济伙伴关系协定》等开放合作平台，在健康及社会服务、环保生态服务、科学研究及技术服务、文化教育服务、运输服务、旅游服务、金融服务、城市建设八个领域继续深化与日本的交流合作。此次活动现场，成都市与日方相关企业、机构达成28项合作协议，包括2个50亿级项目、2个20亿级项目、3个10亿级项目和4个5亿级项目。其中，日本三菱重工中日数字低碳城市科技创新中心、日本Mikihouse中国区总部、国际动漫研究院项目等15个项目集中签约，计划投资总额为204.5亿元，其中11个项目落地成都高新区。中日（成都）地方发展合作示范区发布对日合作清单共9个提案，涉及交通、动漫、医疗等领域。志合越山海，携手共发展。改革开放已成为当代中国的鲜明旗帜，开放合作已成为成都的鲜明内核。随着2019年年底第八次中日韩领导人会议在成都举行，成都对日合作掀开了崭新篇章。中日两国政府首脑倡议，选择国家战略需要、双边市场需求大、对开放度要求高的服务业重点领域，发挥成都产业基础好、市场腹地广的优势，打造中日现代服务业开放合作新标杆和开放型经济新高地，引领带动西部地区现代服务业高质量发展，构建立体全面开放新格局，为加快中日韩自贸区谈判进程开展压力测试，创造中日地方合作样本和开放治理经验。深化中日开放合作已成为成都的时代选择。面向未来，中日（成都）城市建设和现代服务业开放合作示范项目应聚焦老龄化医疗和健康护理、城市建设、食品和农产品等领域合作，以推动中日贸易自由便利、投资自由便利、跨境资金流动便利、人员进出自由便利、运输来往自由便利、数据安全有序流动为目标，实施更深层次的对日开放试点政策，探索形成一批可复制、可推广的对日开放合作制度成果，落地一批对日开放合作项目，积极打造中日地方合作示范。

奋力建设良法善治的法治中国是我国一直不懈的追求。在中日（成都）城市建设和现代服务业开放合作示范项目建设的过程中，一是要统筹对外开放法治示范区建设。积极开展对外开放法治示范区试点创建是推动营商环境建设、形成规则制度型开放新格局的有效载体。《成都市对外开放法治示范区建设工作方案》采取定性评价与定量评价相结合、基础要求与鼓励创新相结合的方法，设置了由评分指标和示范创新指标构成的评价体系，统筹推进相关部门围绕各级指标要求开展创建工作。二是在示范区继续落实"放管服"改革措施，认真落实我市关于营商环境建设的安排部署，优化行政审批流程，持续推进网上审批和容缺受理服务，提供快递收件、快递取件等便企措施，方便企业办事；认真落实"好差评"制度，通过企业评价，查找短板，增强政务服务意识。三是要编制《成都自贸试验区法治环境建设白皮书》，结合成都自贸试验区实际情况，完善法治环境评估指标体系，通过对案例和数据等信息进行分析，对成都自贸试验区成立以来法治环境建设情况进行评估，明确下一步的努力方向。

四、构建高效现代流通体系的法治保障

在社会发展中，现代流通体系通常是指适应现代经济发展需要的流通实体系统和流通制度系统。2020 年 9 月 9 日，习近平总书记主持召开中央财经委员会第八次会议强调："流通体系在国民经济中发挥着基础性作用，必须把建设现代流通体系作为一项重要战略任务来抓。"① 在社会主义建设新时期，建设现代流通体系对于构建新发展格局具有重要的意义和价值。新时代，我国应立足新发展阶段、贯彻新发展理念、构建新发展格局，推动经济高质量发展，处理好市场和政府的关系，逐渐建立健全完善的现代物流体系。

（一）集聚培育高能级流通主体及其法治保障

2020 年 10 月 29 日审议通过的《中共中央关于制定国民经济和社会发展第十四个五年规划和二〇三五年远景目标的建议》指出，"形成强大国内市场，构建新发展格局"重要的工作任务就是"健全现代流通体系"②。高效的流通体系能够在更大范围内把生产和消费联系起来，扩大交易范围，推动分工深化，提高生产效率，促进财富创造③。建设成都现代高效率流通体系，要依托国内国际双循环的时代发展背景，认真贯彻党的十九届五中全会精神，以新发

---

① 习近平主持召开中央财经委员会第八次会议并发表重要讲话 [N]. 人民日报，2020-09-10 (1).

② 中共中央关于制定国民经济和社会发展第十四个五年规划和二〇三五年远景目标的建议 [EB/OL]. (2020 - 11 - 03) [2021 - 08 - 06]. http://www.qstheory.cn/yaowen/2020 - 11/03/c_1126693429.htm.

③ 祝合良. 统筹推进现代流通体系建设 [N]. 经济日报，2020-12-21 (11).

展理念积极构建新发展格局，为畅通国内国际双循环、全面促进消费提供强大动力。

流通主体是流通运行的关键①。21 世纪，万物互联互通，5G 信息时代的到来，进一步加速了世界发展变化的快节奏。只有不断提高速度和效率，才能促进商品的流通，带动世界的发展。而提高流通运行的质量和效率，关键是加强流通主体建设，培养多个具有国际竞争力的现代流通企业。为了不断满足人民对美好生活的需求，在现代流通体系建设中就要加强流通企业信息化建设、品牌化建设，满足现代市场和消费者多样化需求。同时，要鼓励流通企业进行连锁经营，增强科技投入，提高流通效率，降低成本。成都建设现代流通体系，要大力加强现代供应链体系建设，以提供集成、系统、一体的物流服务为导向，支持资源整合能力强、市场销售网络广、国际运营水平高的知名流通企业和进出口贸易企业在蓉设立总部基地和分拨中心；引育一批全球知名的国际物流综合服务商、全球供应链龙头企业，为电子信息、装备制造等世界级产业集群提供国际采购、全球配送、跨境分销等功能集成服务，形成与现代产业体系相匹配的现代供应链体系。政府应当通过资金、政策等方面鼓励流通企业加强供应链管理，提高流通运行效率。构建"平台+科技"赋能体系，加强物联网、5G、人工智能等新一代信息技术在流通领域中的推广应用，提升供应链的稳定性和竞争力。依托数字化平台、信息化系统拓展等载体，打造智能仓储、智慧配送、自动化包装等场景应用，进一步提升流通效率。社会主义建设新时期不仅要坚持"引进来"，而且要以更加开放的心态鼓励更多有条件的企业"走出去"，提升我国企业知名度和国际影响力，实现全球要素优化配置和国内国际资源有效整合。还要鼓励高端企业强强联合，培育具有国际竞争力的大批流通骨干企业，增强中国企业流通主体的国际影响力。

改革开放以来，我国流通业得到长足发展。特别是党的十八大以来，我国现代流通体系取得实质性进展。在"十四五"时期，成都市应根据市场发展需要，进一步加强现代流通体系建设，培育多个高能级流通主体。一是加强流通主体建设。流通主体是流通运行的关键，在新时代新发展格局的时代背景下，要不断提高流通运行质量和效率，加强流通主体建设。为此，要抓住国家发展机遇，鼓励在成都的企业开展连锁经营，提高流通效率。在对外更加开放的时期，应鼓励有条件的企业多"走出去"，优化配置全球资源和要素。二是要以数字化驱动流通产业转型升级。当前，全球信息化发展已成为不可阻挡的

---

① 祝合良.统筹推进现代流通体系建设［N］.经济日报，2020-12-21（11）.

历史潮流。大数据、云计算、人工智能广泛出现在各行各业，不仅方便了人们的日常生活，而且加快了流通体系的创新和升级，促进了消费方式的变化，带动了零售业、电商、新业态的发展和转型升级。三是要加强现代供应链体系建设。成都要建成国际门户枢纽城市，必将吸引大量外资企业或本土企业来成都落地发展。这些企业园区的发展壮大势必需要其他配套产业在此集聚。因此，强大而完善的现代供应链体系是产业园区发展壮大的必要基础。成都市应充分发展海运、陆运、空运等便捷运输方式，建立高标准、市场化、绿色化、协同化标准，促进各种资源要素跨区域流通和合理配置。四是以制度创新引领流通提质增效。健康合理的制度体系建设也是培育多能级流通主体的基础和必要手段。在实际发展中，要不断创新体制机制，按照简政放权、放管结合的要求，为市场经济的发展创造良好的营商环境。还要不断创新监管方式，只有加强监督和管理，才能逐渐营造健康合理的市场环境和营商环境，进而吸引更多的企业来此发展，从而吸引更多的知识型、技术型人才，吸引更多的投资者来此投资，进一步增强集聚效应，提高成都市乃至整个四川省的经济社会发展水平。

现代流通体系建设要有机整合流通主体、流通载体、流通渠道和流通环境等核心要素，连接生产与消费、国内与国外市场，构成新发展格局下经济循环的"大动脉"①。加大高能级流通主体的法治保障，要制定颁布适合现代市场企业发展的法规文件。净化市场发展和营商环境，培育大批法治专业人才，打破商贸交易中的多重障碍，为流通主体的发展壮大提供法治服务。根据发展实际，坚持立改废释并举。坚持立法和改革相衔接相促进，做到重大改革于法有据，充分发挥立法的引领和推动作用，为市场中各流通企业服务，为市场经济发展服务。

（二）建设便利化流通服务平台体系及其法治保障

流通效率对提高国民经济总体运行效率具有重要的作用。建立完善的现代流通体系不是一项简单的工程，而是包含运输体系、商贸流通体系、金融基础设施建设等在内的流通服务体系。近年来，互联网和新型网购消费盛行，物流行业得到显著进步。在全球科技革命和产业变革的有力推动下，新一代网络信息技术和数字技术已广泛运用于社会各行各业，为社会健康稳定有序发展提供了强大的信息技术支撑。在国际国内发展大趋势和大背景下，成都建设现代流

---

① 张为付，胡雅蓓. 统筹推进现代流通体系建设 构建"双循环"新发展格局［EB/OL］.（2020-09-24）［2021-08-06］. https://www.gmw.cn/xueshu/2020-09/24/content_34217727.htm.

通体系不仅要集聚培育高能级流通主体，而且要建设便利化流通服务平台体系。在社会市场经济发展环境下，成都应以市场为导向，以企业为主体，不断满足各企业实际发展需求，打造高质量便利化流通服务平台，并以法治保障流通服务平台的建立。

一是以数字化驱动流通产业转型升级。在互联网和5G信息时代，建设便利化流通服务平台体系，要优化流通网络布局。流通网络建设要重点抓好骨干网络，借助大数据和云计算技术，在城市合理规划商品集散中心和综合物流园区、公共配送中心等。只有逐步打通骨干网络，建立完整的商品流通平台，构建满足全球采购、全球配送的供应链综合服务平台，才能为企业提供从国内端至国际端、生产端至销售端的物流供应链一体化综合服务，为社会大众提供从原产地到消费者手里的快捷服务。二是提升流通基础设施建设水平。新时代我国5G新基建的重点在于解决困扰人们的"最后一公里"问题。2020年我国完成了消除绝对贫困的艰巨任务，广大农村贫困地区共计新改建公路110万千米、新增铁路里程3.5万千米①，解决了人们的出行问题，为人民生活带来了极大的便利。在大城市，社区是城市治理的"最后一公里"，近年来城市社区在社区工作者和基层党建的指导下，不断创新社区管理和服务体制，增强社区公共服务能力，为城市居民提供越来越便捷的服务。三是以数字技术赋能营商环境建设。21世纪，人类进入信息和数字化时代，在发展中要加大数字监管技术的研究与应用。通过市场竞争机制打破区域壁垒，充分发挥市场的决定性作用，进一步推行简政放权，利用数字技术建立和推广高效运行的标准化政务中心，实施在线运行和实时监管。四是以数字技术赋值信息平台运营。通过大数据、云计算实现各流通平台之间的互联互通，实现各种产品和物流信息的互联互通和追根溯源，适应现代流通体系内在驱动，建立线上线下一体的物流流通网络。建立现代流通服务平台，要充分发挥现代科技、数字技术、大数据和云计算的作用，推动流通体系与数字技术相互融合、共同发展，实现流通体系建设的产业链和供应链相互衔接，为成都建设西部内陆科技中心和开放新高地、国际枢纽城市、国内国际双循环发展格局提供有力支撑。

要积极引导商品交易市场优化升级。改革开放40余年以来，尤其是社会主义市场经济体制建立以来，商品交易市场在服务实体经济、保障就业方面发挥着不可替代的作用，也是我国流通载体的重要组成部分。但是就目前我国的发展实际情况而言，其功能、作用、效果发挥得还远远不足，在商品交易方

---

① 《人类减贫的中国实践》白皮书 [N]. 人民日报，2021-04-07 (9).

式、流通基础设施、现代信息技术应用、交易效率等方面还存在一定的发展空间。因此，适应社会主义建设新时代发展需求，就要面向国内国际市场，积极引导商品交易市场以发展平台经济为重点进行优化升级。要大力加强流通领域基础设施建设。流通基础设施建设是现代流通的重要保障①。伴随成都亚蓉欧航空枢纽、泛欧泛亚陆港枢纽、国家高速公路枢纽、国际性区域通信枢纽的有序建立，成都将建成集航空、铁路、公路、通信于一体的高效率枢纽城市，这也意味着不久的将来成都将建设成为多维立体交通枢纽城市，提升成都国际门户枢纽城市的功能和地位。多途径建设便利化流通服务平台，还要科学规划、合理布局物流基地、分拨中心和末端配送点，尽可能地节省物流运输和配送时间，提高物流业发展效率和水平。高效率的现代物流体系离不开优质的营商环境。营商环境直接影响人们的消费品质，影响社会内需的发展。要进一步优化市场营商环境。可以说，一个地区市场营商环境的好坏直接决定着该地区经济社会能否实现高质量健康稳定发展。成都要建设国际门户枢纽城市，将会吸引大量的资金、技术、人才、企业来此落户发展，因此，建立和营造绿色、健康、公平、公正的市场环境是非常有必要的。国家或政府相关部门应该尽快建立健全相关法律体系，制定与市场发展相适应的法律法规，对于一些因假冒伪劣、哄抬价格、以次充好等不良行为导致市场恶性竞争、流通资源失衡等恶劣后果的企业，要严厉打击，加大处罚力度，整治不良行为，营造健康的社会营商环境，引导商品、要素自由健康流动。

如今世界处于百年未有之大变局，我国也处于中华民族伟大复兴的关键时期，需要更好地发挥法治固根本、稳预期、利长远的保障作用。以法治保障便利化流通服务平台的有效建立，就要通过制度创新引领流通业提质增效。立法部门要加强市场流通相关立法，创新市场流通体制机制，加大力度增加流通领域的有效制度供给。其中，流通管理部门要厘清政府和市场的关系，分清职责和界限，强化政府简政放权、放管结合，优化政府服务改革相关需求，把政府的工作重心放在为市场营造公平健康的环境上来，为市场经济发展提供便捷优质的环境。要创新市场发展监管方式，加强信息技术领域立法。政府相关部门要充分利用大数据、云计算等现代信息技术，创新对市场发展的监管方式，提升监管信息透明度和公开性，强化重点领域重点监管，探索信用监管、大数据监管、包容审慎监管等新型监管方式，实行多部门交叉协作监管，探索市场新

---

① 祝合良.统筹推进现代流通体系建设［N］.经济日报，2020-12-21（11）.

的流通模式。同时，还要完善流通领域相关立法。学习和借鉴国际先进规则制度，为成都积极融入国内国际双循环、构建现代高效率流通体系提供坚实的法治保障。

五、提升开放发展水平的法治保障

历史是生动的教科书，我国近代社会的历史深刻地告诉我们：开放带来进步，封闭必然落后。改革开放以来，我国积极融入世界发展大局，经过40余年的发展，我国成为世界第二大经济体，取得了脱贫攻坚的全面胜利，全面建成小康社会，世界各国形成了你中有我、我中有你的开放发展格局。进入社会主义现代化建设新时期，在习近平新时代中国特色社会主义思想的指导下，我国紧跟时代步伐，全面融入世界发展潮流。党的十八大以来，习近平主席在多个国际场合发表重要讲话，多次强调中国坚定不移深化改革，继续扩大开放发展格局。习近平主席在金砖国家领导人第十二次会晤中指出："要坚定不移构建开放型世界经济。"① 在二十国集团领导人第十五次峰会上强调："要建立更高水平的开放型经济体制。"② 从习近平主席的多次讲话中可以看出，在新发展阶段，中国开放的大门不会关闭，只会越开越大。深入贯彻习近平总书记的重要讲话，全面提升我国各区域开放发展水平，发挥成都拉动西部地区发展的动力和引擎作用，在推动西部大开发、成渝地区双城经济圈建设、"一带一路"倡议的国家政策引导下，充分提升成都开放发展水平，并以法治保障成都稳定高质量发展。

（一）集聚高能级国际机构和市场主体及其法治保障

成都市统计局数据显示，2020年成都市地区生产总值为17 716.7亿元，较上年增长4.0%。在新冠疫情的冲击下，成都市地区生产总值仍保持正增长，这足以体现成都市发展的巨大潜力。近年来我国经济稳定增长，党中央多次提出要缩小区域发展差距，使全体人民共享发展成果。成都和重庆作为西部地区两大中心城市，拥有较多的人口和较强的发展潜能。2020年10月16日，习近平总书记主持召开政治局会议审议并通过了《成渝地区双城经济圈建设规划

---

① 习近平在金砖国家领导人第十二次会晤上的讲话 [N]. 人民日报，2020-11-18 (2).
② 习近平在二十国集团领导人第十五次峰会第一阶段会议上的讲话 [N]. 人民日报，2020-11-22 (2).

纲要》，从国家战略高度对成渝地区给予政策、资金、人才等方面的支持和援助，吸引国内外众多企业落户成渝。2018 年成都发布《中共成都市委成都市人民政府关于加快构建国际门户枢纽全面服务"一带一路"建设的意见》《建设西部对外交往中心行动计划（2017—2022 年）》，2019 年成都发布《成都市国民经济和社会发展第十四个五年规划和二○三五年远景目标纲要》，新的发展背景下，成都的重要位置和强大作用日益凸显，要充分发挥国家对成都的战略支持优势，吸引更多的外资企业来蓉发展。

成都市要建设成为高能级国际机构集聚地，前提是坚持新发展理念，以更加开放的心态进行发展，不断融入世界发展潮流。提升开放发展水平，就要积极融入国际发展大局。积极争取国家批准在蓉增设更多外国领事机构，打造国际合作园区"国际会客厅"。随着经济实力的增强，我国在国际舞台上拥有越来越多的话语权，也更加积极地参与国际事务，加强与世界其他国家或地区的交流与合作。成都市可以抓住国家区域发展战略机遇，按规定程序积极加入具有国际影响力的世界城市和地方政府国际组织，吸引国际组织在蓉设立分支机构。提升开放发展水平，就要大力发展开放型经济，加快建设内陆开放新高地。2020 年国家颁布的《成渝地区双城经济圈建设规划纲要》提出要将成渝地区建设成国家内陆开放新高地。在成渝地区双城经济圈的建设发展中，成都在不断坚持开放发展，积极融入世界发展潮流。改革开放之初，东部沿海地区利用国家开放政策，率先实行开放，经济得到较快发展。进入社会主义现代化建设新时期，要想全面实现共同富裕，就要缩小区域发展差距，使全国各民族各地区人民共享改革发展成果。成渝地区加快发展开放型经济，不仅可以带动成渝地区发展，而且可以有力地推动我国西部地区建设和发展。党的十八大以来，尤其是在全面推进社会主义现代化建设的新时期，要坚持新发展理念，构建新发展格局。产业是发展开放型经济的核心内容①。近年来，国家对成渝地区提供了资金、政策、人才的相关支持，将吸引更多的企业入驻以及大量青年人才来成渝发展，提升成渝发展潜能。成都市在建设国际门户枢纽城市中，可以充分利用完善便捷的基础交通设施、国际航空铁路公路通信枢纽、高效率的通信枢纽等，依托各区域发展特色和优势，大力发展特色产业，并依托现代产业技术，对各产业进行深加工，不断提升产品的附加值，带动成都新一轮发展，将成都建设成我国西部内陆发展新高地，不断提升人民的生活水平和生活

---

① 李纪恒. 全面提升开放型经济发展水平 深入学习贯彻习近平同志关于发展开放型经济的重要讲话精神［N］. 人民日报，2013-11-06（7）.

质量，不断满足人民对美好生活的需求。此外，还可以加快成都市周边农村地区建设，增强农村发展新动能。成都周边的广大农村地区，也可以借助成都便捷高效的基础设施和国家发展政策支持，积极融入成都开放发展格局，提升农村经济发展水平，建设美丽乡村，形成农村发展新格局，提升成都整体发展水平。

党中央审议通过的《成渝地区双城经济圈建设规划纲要》指出，要将成都建设成为我国西部地区改革开放新高地和科技创新中心。其一，要优化城市创新空间结构。成都市内有许多知名高校、科研院所、研究中心等，为成都市创新发展营造了良好的社会氛围。其中，尤其要突出成都西部科学城的极核引领功能，西部科学城要协同联动产业功能区、高品质科创空间，形成"核心+基地+网络"的空间布局，增强四川天府新区、成都东部新区的承载力。其二，要着力构建高能级创新平台体系。一方面要打造产业技术创新平台。围绕成都市航空高端装备制造中心、川藏铁路技术制造中心等"国字号"技术创新平台，打造一批新型研发机构。另一方面要打造校院地协同创新的平台。面向全国知名高校，围绕产业发展，引导知名院校高端知识人才与行业龙头企业共同建设产学研创新联合体。以西部科学城、天府实验室为核心，加快打造国家战略科技中心，加大创新力度，形成一批"国之重器"。只有创新能力不断提升、创新水平不断提高，在成都市营造良好的创新发展氛围，才会吸引高能级国际机构来此集聚。其三，要构建创新模块。成都市在建成国际门户枢纽城市后，必将吸引更多的国际资金、人才、项目来此落地发展，未来的发展必将转向更高端产品的投入研发和生产。因此，成都要围绕前沿科技，在人工智能、先进计算、区块链、合成生物等领域加快投入、建设和发展。

要认真统筹法治保障与城市建设的关系。城市的一切发展都是为了人民，应秉持"城市的核心是人"的基本理念，推进法治成都建设。实行全国一流法治城市建设行动，构建"法治成都建设指标体系"。构建与超大城市治理相匹配的法规制度体系、推动国际化营商环境、产业功能区法定机构等重点领域立法项目。在天府中央法务区着力聚力引进与区域产业发展关联性强、匹配度高的银行、保险、会计、法律、管理咨询等高端生产性服务企业总部和各级分支机构，建立完善的法治体系，健全高能级国际机构和市场主体服务法律体系。

（二）开展更加广泛务实的国际交流合作及其法治保障

我国自 2001 年 12 月 11 日加入世贸组织后，就与世界其他国家广泛开展国家间经贸合作。2021 年国务院新闻办公室发布的《新时代的中国国际发展合作》白皮书，从人类命运共同体理念引领新时代中国国际发展合作、新时代中国国际发展合作取得的新进展、助力共建"一带一路"国际合作、落实联合国 2030 年可持续发展议程、携手应对全球人道主义挑战、支持发展中国家增强自主发展能力、加强国际交流与三方合作、中国国际发展合作与展望八个方面系统介绍了新时代中国开展的国际交流与合作。开展国际交流合作是当前和今后重要的发展趋势，成都要建设成为国际门户枢纽城市，全面提升开放发展水平，就要开展更加广泛和务实的国际交流与合作。2021 年我国完成了消除绝对贫困的艰巨任务，实现了全面脱贫。其中，加强国际交流与合作就是我国减贫的一项极其重要的经验。

2020 年 8 月 24 日，习近平总书记在经济社会领域专家座谈会上提出："要以高水平对外开放打造国际合作和竞争新优势。"① 近些年，经济全球化遭遇倒流逆风，经贸摩擦加剧，一些国家保护主义和单边主义盛行，尤其是2020 年新冠疫情使世界经济严重下滑。但是，从人类长远发展来看，经济全球化仍是历史潮流，各国分工合作、互利共赢是长期趋势②。在百年未有之大变局下推进对外开放发展要注重以下两点：一是要与世界范围内各个国家或地区开展合作与交流。我国是世界上人口最多、发展最快的发展中国家，且长期奉行和平友好的外交政策，党的十八大以来我国在国际舞台上拥有更多的话语权，因此，世界范围内很多国家都愿意与中国建立合作关系。成都非常有必要抓住此次重要机遇，与世界上其他国家或地区的组织或企业建立合作关系，以高标准、高起点对外发展，形成全方位、多层次、多元化开放发展格局。二是在发展中统筹好发展和安全的关系。发展和安全二者相辅相成，国家经济、社会、文化的发展离不开稳定的社会环境和安定的社会秩序，可以这么说，没有安全的社会环境，一个地区乃至一个国家就无法进行正常的社会生产；反过来，国家经济、社会、文化的发展将会进一步增强该地区或该国家的安全性与稳定性。随着国际社会竞争的日益加深，在进行对外交流与发展中尤其要重视一个国家或地区的安全问题。近年来，随着我国综合国力的逐步增强，我国越来越重视国家安全问题。习近平总书记指出："要牢固树立以人民为中心的发

① 习近平在经济社会领域专家座谈会上的讲话 [N]. 人民日报，2020-08-25（2）.
② 人民日报评论员. 以高水平对外开放打造国际合作和竞争新优势 论学习贯彻习近平总书记在经济社会领域专家座谈会上的讲话 [N]. 人民日报，2020-08-30（1）.

展思想，贯彻落实总体国家安全观。"① 其中，大力发展经济是维护国家和人民安全最坚实的基础和保证。改革开放以来，我国建立了社会主义市场经济，极大地解放和发展了社会生产力。党的十八大以来，在"五位一体"和"四个全面"的指导下，我国经济由高速发展转变为高质量发展，完成了脱贫攻坚的艰巨任务，全面进入小康社会。党的十九大以来，在新发展理念的指导下，我国以更加开放的姿态积极融入世界发展。在与国际社会的合作中往往存在着一些风险和挑战，因此在发展中坚定地维护好国家利益是开放型经济发展的重要前提。要增强自身竞争力和风险管控能力，以开放、合作、共赢的心态谋划发展，提升防范化解重大风险的能力，开展更广泛的国际交流与合作，促进开放型经济高质量发展。

成都市建设集航空、铁路、公路于一体的多维度交通枢纽，这不仅是成渝发展的重要门户，而且是面向国际的重要窗口。在成都国际门户枢纽城市建设发展中，要着重聚焦增强国际对外交往中心功能，充分利用区域内一切优势资源，坚持开放发展的基本理念，积极开展重大国际交流活动，主动承接国家主场外交和重大涉外会议，积极申办举办具有世界影响力的高层论坛对话、前沿品牌展会、国际赛事活动，打造国家级国际交往承载地，在提升成都国际知名度的同时带动扩大消费内需。成都市在发展规划中还应该大力支持开展民间友好交流合作，培育民间对外交往组织，发挥华人华侨的桥梁纽带作用，积极吸引更多的华人华侨回国来蓉发展，鼓励各类群团组织开展对外交流活动，汇聚民间力量参与对外交往，提升成都国际知名度和影响力。新时代，在国内外局势深刻变化的时代背景下，成都市未来发展要积极融入世界发展大潮流，尤其要积极融入"一带一路"发展大潮流。一是要深化成都与"一带一路"共建国家的政策沟通。政策沟通是国家间开展务实合作的基本前提。只有本着求同存异、聚同化异的发展理念，才能进一步增强国家间的合作交流。从 2013 年习近平总书记提出"一带一路"倡议至今的实践发展来看，"一带一路"是一条互利互惠带，在"一带一路"倡议下，沿线国家的经济都得到不同程度的发展。其中，中国-白俄罗斯工业园是中国在海外开发的经贸合作区，该合作区得到高质量健康发展，不仅促进了中国园区的发展壮大，而且增加了就业机会，带动了当地的经济发展和人民收入水平的提高。因此，该经贸合作区被称为"丝绸之路经济带上的明珠"。二是要加快成都与"一带一路"共建国家的

---

① 习近平在会见全国安全系统英雄模范立功集体表彰大会代表时的讲话［N］. 人民日报，2017-05-20（1）.

设施联通。在交通基础设施建设中，中国打通了与其他国家和地区的"六廊六路"建设，中欧班列联通欧亚 20 多个国家 100 多座城市，为国际产业链发展做出了突出贡献。我国的丝绸之路建设主要以港口为支点，我国不仅修建自己的港口，还积极对其他发展中国家实施港口援助建设。例如，中国支持建设的毛里塔尼亚友谊港扩建项目，显著地提高了毛里塔尼亚友谊港的吞吐能力，其功能作用日渐显现，并成为 21 世纪上海丝绸之路上一个重要的贸易物流节点。三是要推动成都与"一带一路"共建国家的贸易畅通。习近平总书记提出的丝绸之路经济带和 21 世纪海上丝绸之路建设的主要目的，就是加强我国与沿线国家和地区的经济贸易往来，提高我国综合国力和整体实力。我国向其他国家提供基础设施建设援助，可以促进我国与其他国家的贸易便利化。同时，我国在援建沿线发展中国家基础设施的同时，还可以不断提高我国的贸易能力。例如，在互联网平台的快速发展下，我国帮助老挝进行农村电子商务规划和建设，帮助缅甸、柬埔寨设立农产品检疫点、动植物检疫服务点、出入境卫生检疫点等，不仅体现了我国作为负责任大国睦邻友好的优良传统和我国人道主义精神，而且体现了中国在发展与繁荣的同时也不忘对世界其他国家的支援与帮助。《成渝地区双城经济圈建设规划纲要》是国家根据新时代的发展需要和新形势，综合考虑了成渝地区的地理位置和区域发展中的重要战略地位，做出的一项重大战略决策。该规划纲要提出要将成渝地区打造成内陆开放新高地，加强成渝两地在人才、交通、科技、法治等方面的沟通与合作。其中，资金融通和法治是双城经济圈建设的两个重要方面，它们相互支持、相互促进。为了促进成都与"一带一路"共建国家的资金融通，我国搭建了多边融资合作平台。除了设立亚洲基础设施投资银行外，我国还同世界银行、亚洲开发银行、欧洲投资银行等一起成立多边融资合作中心，为"一带一路"共建国家提供最便捷的资金援助，支持沿线国家经济发展和社会建设。例如，我国通过亚洲基础设施投资银行向巴基斯坦提供了 4.5 亿美元的贷款，用于改善当地的电力供应；通过世界银行向埃及提供了 3 亿美元的贷款，用于改善当地的卫生服务。这些项目不仅增加了中国与沿线国家和地区的经贸往来和交流合作，而且也提升了中国在国际社会的知名度和影响力。为了保障资金融通的顺畅和安全，我国还高度重视法治在"一带一路"建设中的作用和功能。党的十八大以来，习近平总书记高度重视我国法治建设，并亲自谋划推动全面依法治国。习近平总书记指出，"法治合作是深化政治互信的重要基础"。在"一带一路"建设中，我国积极推动与沿线国家和地区在法律领域的交流与合作，尊重各国法律制度和文化传统，推动建立多层次、广覆盖、高效率的法律服务网络。例如，我国与哈萨克斯坦签署了《中华人民共和国和哈萨克斯坦共和国关于民事和刑事司法协助的条约》；与泰国签署了《中华人民共和国和泰王国关于刑事司法协助的条约》；与老挝签署了《中华人民共和国和老挝人民民主共和国引渡条约》。这些条约为双方在打击犯罪、保护公民合法权益、化解分歧等方面提供了法律依据和保障。成都市在未来发展中，也应学习已有成功经验和做法，加强与"一带一路"共建国家的资金融通和法治合作，提升成都在国际社会上的知名度，吸引更多的国外资金、企业、人才来蓉发展，吸引更多人来蓉旅游，在国家支持和政府积极引导下，增强成都发展能力。

（三）推动"走出去"量质齐升及其法治保障

中国的发展需要与世界互联互通，世界的发展也需要中国的参与和贡献。开放型经济已经成为当今世界发展的主流趋势。改革开放 40 多年来，深圳坚持"引进来"和"走出去"的双向开放战略，充分利用国内国际两个市场、两种资源，外贸进出口总额由 1980 年的 0.18 亿美元增长到 2019 年的 4 315 亿美元，年均增长 26.1%，实现了从单一的进出口贸易到全方位高水平对外开放的历史性跨越。近年来，在四川省国资委的引导下，大多数企业都在积极践行"走出去"战略，加快国际化发展步伐，积极拓展境外市场，实现了对外贸易和投资的量质齐升。四川省是"一带一路"建设的重要区域，成都也是"一带一路"建设重要的枢纽城市。成都要"走出去"，就要不断提升对外开放的水平和质量。成都根据《中共成都市委、成都市人民政府关于加快构建国际门户枢纽全面服务"一带一路"建设的意见》《建设西部对外交往中心行动计划（2017—2022 年）》等重要文件精神，在"一带一路"建设引领下，紧跟国家经济外交战略，把握中欧投资协定、RCEP 等战略机遇，推动成都产业加快"走出去"，提升全球资源配置能力。一些有实力的国企或大型企业要充分利用航空货运网络、陆海新通道和中欧班列构建全球供应链网络，发展全球营运业务，努力在跨境贸易、产业投资、金融服务、数字平台、产权交易、全球采购等领域培育一批有全球资源运作能力的国际化企业，带动成都企业"走出去"。要立足于"融"，共同搭建合作平台。良好的平台是对外企业高质量发展的必要条件，在川企业要想更好地"走出去"，就要按照"自愿平等、合作共赢、互助互惠、共商共享"的原则，建立对外企业发展联盟，加快形成西部地区企业发展共同体。要立足于"合"，加强交流与合作。近年来，四川省紧抓国家发展战略机遇，与一些国家签署重点项目合作协议，推动与"一带一路"共建国家的深度合作。要立足于"建"，合力推动项目落地。我国实行"走出去"发展战略是为了更好地发展经济，进而提升经济发展水平。在川企业加强与其他国家或地区企业或组织的合作，将极大地推动中国企业国际化发展，全面提升中国发展速度和发展质量。

成都要大力发展以成都为中转枢纽的货物贸易和以成都为承载平台的转口贸易，聚焦构建"欧洲—成都—RCEP成员国"经济廊道，逐渐增强泛欧泛亚国际门户枢纽地位。科学技术从来没有像今天这样深刻影响着国家的前途命运，从来没有像今天这样深刻影响着人民的幸福安康。成都在发展中，要主动扩大先进技术、关键设备、资源性产品等的进口，促进软件开发、动漫设计等生产性服务业出口，支持企业创立外贸品牌，实现对外贸易"优进优出"。要着力加强基地建设，深入推进成都商务综合试验区、天府新区进口贸易促进创新示范区、高新区国家数字服务出口基地、外贸转型升级基地建设，将基地建设作为贸易高质量发展的重要抓手和有力载体，充分发挥基地的引领示范作用，促进成都经济开放和发展建设。自党的十八大以来，我国坚持"引进来"的同时"走出去"，近年来利用外资的水平和质量都不断提高，2017年成为全球第二大外资流入国。2016—2019年我国高技术产业利用外资年均增长23.9%，全国规模以上工业企业中，外资企业研发投入占比约为1/5。2016—2019年，我国对外直接投资规模合计达6 344亿美元，我国企业通过对外投资合作，累计带动出口5 000多亿美元，位居世界前列。在我国对外经济发展的基础上，成都市借助"一带一路"平台，与沿线国家深化务实合作，讲好"一带一路"故事，建设对外开放新平台，大力宣传人类命运共同体发展理念，积极参与全球经济治理，在提升成都国际知名度的同时积极融入国际社会经济发展。

成都市在实行"走出去"的过程中，应充分发挥主观能动性，充分调动区域内一切资源、要素，积极融入"走出去"发展格局。近年来，党中央也加大了对成都经济社会发展的支持。成都作为一个旅游城市和美食城，在实施"走出去"发展战略时，要充分发挥好这个优势，利用好这项资源。享有"天府之国"美誉的成都，不仅有闻名中外的火锅，而且有大熊猫繁殖基地、随处可见的麻将馆以及茶楼。成都市内的宽窄巷子、文殊院、杜甫草堂、锦里、成都国际金融中心等，以及成都周边的都江堰水利工程、青城山道教圣地、世界自然遗产九寨沟、美得像童话的稻城亚丁等，使成都成为一座享誉世界的旅游城市。交通基础设施的完善和经济发展水平的逐步提高将进一步增强成都的国际竞争力和国际知名度，助推成都建成国际门户枢纽城市。成都可以在海运、陆运、空运基地通过电子大屏介绍其文化和著名景点。地铁因其快捷、舒适、不会堵车而受到越来越多人的喜爱，乘坐地铁的人越来越多。成都市已开通1至10号线、17至18号线共12条地铁路线，可以在地铁上通过电子显示屏为成都打广告，提升成都知名度，让越来越多的中外旅客喜欢上成都，来成都发展。成都要加强与世界其他国家旅游方面的合作与交流。成都市本身具有较好的发展条件和各种旅游资源，如果积极实施"走出去"发展战略，与更多的国家合作，让旅游成为拉动成都经济社会发展的动力，将对成都未来发展，乃至我国西部地区发展带来极大的效益。

在"走出去"的过程中，法治是保障和推动对外开放和高质量发展的重要手段和基础条件。法治是一种规则体系，也是一种文明理念。法治不仅要在国内建立和完善，也要在国际上推广和实践。法治是一种共同语言，也是一种共同价值。法治不仅要尊重各国法律制度和文化差异，也要促进各国法律制度和文化交流。法治是一种合作方式，也是一种合作目标。法治不仅要保护各国利益和权利，也要协调各国利益和义务。法治是一种责任担当，也是一种责任共享。法治不仅要维护国际秩序和公平正义，也要参与全球治理和公共产品提供。成都市在实施"走出去"的过程中，应充分认识到法治对于经济高质量发展的重要意义和作用，应积极构建与"走出去"相适应的法治环境和法治保障。具体而言，应从以下几个方面着手：一是加强对外法律服务体系建设。要建立健全对外法律服务机构，提高对外法律服务水平和能力，为"走出去"的企业和项目提供专业、高效、便捷的法律咨询、代理、仲裁、调解等服务。要加强对外法律人才培养和引进，培养一批熟悉国际法和国外法律制度，掌握国际商务、投资、贸易、金融等领域的法律知识和技能，具有国际视野和跨文化沟通能力的法律人才。要加强对外法律信息收集和分析，建立完善的对外法律信息数据库，及时掌握国际法和国外法律制度的动态变化，为"走出去"的决策和实践提供有力的法律依据和参考。二是加强对外法律合作与交流。要积极参与国际法治建设，推动各国在国际关系中坚持《联合国宪章》宗旨和原则，遵守国际法和国际关系基本准则，维护多边主义和国际秩序。要积极参与国际规则制定，推动各方在"一带一路"建设中共商共建共享，形成更加公正合理的国际规则体系。要积极参与国际争端解决，推动各方在"一带一路"建设中通过友好协商、平等协商、公正仲裁等方式妥善处理各类争端，维护合作伙伴关系。要积极参与国际司法协作，推动各方在"一带一路"建设中加强司法互助、引渡移交、刑事司法等领域的合作，打击跨国犯罪，维护社会安全。三是加强对外法治宣传与教育。要充分利用各种媒体平台，广泛宣传我国对外开放的政策和成就，展示我国对外开放的理念和风貌，树立我国对外开放的形象。要充分利用各种教育渠道，广泛普及我国对外开放的法律知识和规范，提高人们的法律意识和素养。要充分利用各种交流机会，广泛介绍我国对外开放的法治经验和做法，分享我国对外开放的法治智慧和贡献，促进我国对外开放的法治交流和互鉴。四是要加强对外法治和政策合作。法治是社会稳定和经济发展的重要保障。成都市要积极推动与沿线国家和地区在法律领域的交流与合作，尊重各国法律制度和文化传统，推动建立多层次、广覆盖、高效率的法律服务网络。成都市要加强与沿线国家和地区在司法协助、引渡、刑事司法等方面的合作，为双方在打击犯罪、权益保护、化解分歧等方面提供法律依据和保障。成都市要积极参与构建和完善国际规则体系，推动各方在国际关系中坚决维护《联合国宪章》，遵循国际法和国际关系基本准则，为量质齐升的"走出去"提供最坚实的法治保障。例如，2019 年 11 月，成都市与泰国清迈府签署了友好城市关系的备忘录；2020 年 10 月，成都市与俄罗斯新西伯利亚州签署了建立友好省州关系的备忘录；2020 年 12 月，成都市与哈萨克斯坦阿拉木图州签署了建立友好州市关系的备忘录。这些协议为成都市与沿线国家和地区的法治合作奠定了良好的基础。

（四）法治保障成都实现更高水平对外开放

习近平法治思想的形成开创了全面依法治国的新局面，为新时代法治中国建设奠定了坚实的基础。提升成都开放发展水平，必须坚持问题导向和目标导向，聚焦成都建设国际门户枢纽城市需要的法治指导和法治保障，增强成都国际门户枢纽城市建设中法治的针对性和时效性，切实增强法治保障的重要作用。

2020 年由四川省委政法委牵头在天府新区成都直管区规划建设天府中央法务区。这是全国首个省级层面推动建设的现代法务集聚区。目前，已有 20 多家机构先期入驻，多个项目正在推进当中。成都天府中央法务区建成后将形成"一心一带多点"的协同功能布局。"一心"即公共法律服务中心，根据成都的功能和地位，争取设立专门审判机构，协同建设国家律师学院、"一带一路"国际法律教育学院研究机构，打造具有国际影响力的"政商学研企"法律服务创新策源平台和法律智库中心①。公共法律服务中心的设立，将很好地配合成都国际门户枢纽城市的建立，根据成都重要的地理位置和交通枢纽位

---

① 天府中央法务区：打造一流法律服务高地 ［EB/OL］. (2021－02－06) ［2021－08－06］. http://www.sc.gov.cn/10462/12771/2021/2/6/565e0e895f8842a2be3d2fcfd8f85be5.shtm.

置，探索建立"一带一路"风险管理中心和商事互联网仲裁院，为"走出去"企业提供涉外法律、金融、管理咨询等服务。"一带"就是打造高端法律服务产业发展带。成都目前已开通多条轨道交通，其中，成都地铁6号线开通多个TOD站点，自北向南布局四大功能片区，打造多个与商务区功能融合发展的特色产业发展带。自2017年TOD综合开发启动以来，成都紧跟发展步伐，2019年成都进入"TOD建设元年"，确立了14个TOD示范区，2020年首批3个项目正式亮相，预计到2023年成都将全面建成TOD示范项目首期工程，到2025年将完整形成高品质居住中心和多元化消费极核，到2028年成都将真正树立引领产城融合发展的国际典范。"多点"即建设多个法治文化交往节点。认真贯彻落实习近平法治思想，聚焦法治文化教育与法治宣传功能，打造国际化对外交往窗口。"一心一带多点"布局形成后，将全面提升成都整体的法治水平，为成都国际门户枢纽城市的建立提供坚实的法治保障基础。在中央商务区配套设立中央法务区，对于提升成都区域公共法律服务和法治保障水平、营造良好的经济秩序和营商环境、推动成都国际门户枢纽城市的建立起到重要的作用。

近年来，四川法律服务产业持续发展，并广泛服务于"一带一路"倡议、西部大开发、成渝地区双城经济圈建设等。天府中央法务区建设将有利于聚集一批在全国具有标杆作用的品牌化、规模化法律服务机构，在公司业务、金融证券等高端服务领域为四川乃至中西部地区国际化进程提供法律服务。立足新发展理念，构建新发展格局，成都国际门户枢纽的发展目标已经确立，就要继续提升法治保障在成都高质量枢纽城市建设中的功能和作用。2020年9月23日，四川省天府中央法务区建设工作领导小组审议通过的《天府中央法务区建设总体实施方案》指出，天府中央法务区将构建"平台驱动层、核心产业层、关联功能层、衍生配套层"的"法治生态圈"。与产业布局相匹配的是空间布局，该实施方案还提出了成都法治发展的"三步走"发展战略，即到2020年功能框架初具雏形；到2025年，实现规模质量跨越提升并形成互惠互利生态，成为具有区域影响力的法治平台；到2030年，形成全面覆盖、无缝衔接国际国内法律服务需求的高能级产业体系，全面建成具有国际影响力的法治平台。四川省司法厅已于2021年制定《关于开展律师事务所聘请外籍律师担任外国法律顾问试点工作的实施办法（试行）》，将以开放的心态推进中外律师交流，提升四川涉外法律服务水平。天府新区在今后发展中也将从落户奖励、租赁补贴等十大方面，对入驻天府中央法务区的企业、人才等给予政策激励，以期吸引高端法务资源向天府中央法务区聚集，提升成都整体法治发展水平。

六、联动重点区域协同开放的法治保障

在互联互通的时代，一个地区的发展壮大与其周围地区有着千丝万缕的联系。成都市在贯彻落实丝绸之路经济带和 21 世纪海上丝绸之路时明确提出，要依托长江黄金水道，加快建设国际门户枢纽城市、国家内陆开放新高地和西部经济中心。近年来，《中共中央 国务院关于新时代推进西部大开发形成新格局的指导意见》《中共成都市委成都市人民政府关于加快构建国际门户枢纽全面服务"一带一路"建设的意见》《建设西部对外交往中心行动计划（2017—2022 年）》《成都市国民经济和社会发展第十四个五年规划和二〇三五年远景目标纲要》等多部文件也都明确指出了成都重要的战略地位。社会主义现代化建设新时期将成都建设成为国际门户枢纽城市，就要坚定成都的基本定位，加强其与周边区域的协同发展。成都作为我国西部内陆中心城市，其在经济社会发展过程中必然要加强与周边城市或地区的联系和合作，不仅要积极融入成渝地区双城经济圈，加强与重庆的合作与交流，而且要加强与长江经济带沿线区域、西部陆海新通道沿线区域、包昆城镇化轴带沿线区域的合作与交流，同时，注重法治的作用，不断提升成都与其周边重点区域协同开放的法治保障水平。

（一）加强与长江经济带沿线区域联动开放发展及其法治保障

长江发源于"世界屋脊"——青藏高原的唐古拉山脉各拉丹冬峰西南侧，途经我国 11 个省级行政区，长度仅次于非洲尼罗河和南美洲的亚马孙河，位居世界第三。长江两侧形成了著名的长江经济带。长江经济带是我国纵深最长、覆盖面最广、影响最大的黄金经济带①，在我国整体区域发展中占据了非常重要的地位，也是事关国家可持续发展的重要生态屏障。《长江经济带发展规划纲要》确定了"一轴、两翼、三极、多点"的发展新格局。其中，成渝是"三极"中的重要一极，成都应加强与长江经济带沿线城市或地区的合作，提升成都发展潜能。

2020 年 11 月 14 日，全面推动长江经济带发展座谈会的召开为新时代长江

---

① 王振，马双. 长江经济带经济发展总报告（2019—2020）[EB/OL]. (2021-01-21)[2021-08-06]. http://cjjjd.ndrc.gov.cn/zoujinchangjiang/jingjishehuifazhan/202101/t20210121_1265579.html.

经济带的高质量发展指明了方向。长江是中华民族的母亲河，长江经济带横跨我国东中西三大区域，覆盖沿途 11 个省份，人口规模和经济总量占据全国的"半壁江山"，是我国重要的经济支撑。长江经济带可以带动我国区域经济集群发展，为中国经济注入长久持续发展新动能。为落实习近平总书记重要讲话精神，将长江经济带建设成为生态优先绿色发展主战场、畅通国内国际主动脉、引领经济高质量主力军，四川省作为长江流域人口和经济大省，在将成都建设成为国际门户枢纽城市中需要联动长江经济带这一重点区域协同开放。一是要加强与长江经济带口岸功能衔接。创新内陆和沿海口岸物流联通新模式，依托长江黄金水道功能，深化成都与泸州港、宜宾港、万州港等港口合作，打通成都与上海、江苏、浙江等沿海城市口岸的连接与往来通道，构建铁水联运体系，依托长江黄金水道，直接将内陆地区产品运输到沿海区域或沿海港口，增强内陆与沿海地区的联系和发展。二是要推进新兴产业跨区域融合发展。国家颁布的《长江经济带发展规划纲要》就是要充分调动长江经济带沿线各个地区、各种资源、各个要素，全面带动长江经济带经济社会发展。成都作为西部内陆城市，要强化与武汉、长沙等中游城市在产业协同、园区共建等方面的合作，根据沿江地区各地特色，完善城市功能，发展特色产业，构建沿江绿色发展经济带。东部沿海城市在经济、科技、创新等方面发展普遍较强，因此要突出与上海、杭州、南京等长三角城市在高端服务、新兴产业、高端现代技术等方面的协作，承接高端产业转移。除了依托长江黄金水道拓展水路运输外，还要持续建设成都东向沿江铁路大通道，加密至长三角地区航班班次，形成与长江中下游地区的便捷交通联系，拓展与东北亚、美洲经贸合作领域。三是探索长江经济带产业链协同开放。要依托长江上游城市、中下游城市、下游城市的发展特点及发展强项，探索长江经济带沿线城市制造业、高端信息产业、服务业等协同对外开放，加快构建区域发展统一市场体系。成都积极融入长江经济带，不仅可以加强成都与长江经济带其他区域的紧密联系，而且可以进一步夯实成都对外开放的水路、铁路、航空等路线。

《法治中国建设规划（2020—2025 年）》提出要加强长江经济带国家重大发展战略的法治保障。在以法治保障长江经济带健康绿色发展中，一是要强化制度保障。依据国家制定颁布的《法治中国建设规划（2020—2025 年）》《关于为长江经济带发展提供司法服务和保障的意见》《关于全面加强长江流域生态文明建设与绿色发展司法保障的意见》等相关文件，为长江经济带沿线区域发展、生态保护、区域协作等提供制度保障。二是要严格行政执法。要统筹发展和生态保护的关系，对任何不顾生态环境而一味追求经济发展的行为都要严厉打击。三是要深化法治宣传。该区域不同部门、各地政府之间要加强协作，大力开展生态保护、绿色发展、污染防治等方面的法律法规宣传，提升普法精准度，增强区域内人民群众的法治意识。四是要优化法律服务。要积极打造专业法律服务团队，培育一批精通区域发展与生态保护方向相关法律法规的专业律师、专业律师事务所服务成都国际门户枢纽城市建设和长江经济带保护。在公共法律服务中积极融入成都枢纽、长江经济带、生态保护等元素，尤其在长江经济带沿线企业法律服务中，研发助力企业保护生态发展经济的法律服务项目，培育相应的社会化服务组织。

（二）加强与西部陆海新通道沿线区域合作及其法治保障

西部陆海新通道位于我国西部地区腹地，北接丝绸之路经济带，南连21世纪海上丝绸之路，协同衔接长江经济带，在区域协调发展格局中具有重要战略地位。在我国区域协调发展过程中，西部地区在基础交通设施建设、区域发展能力方面仍有较大的提升空间。2019年国家发展改革委发布关于印发《西部陆海新通道总体规划》的通知，不仅将西部陆海新通道沿线的发展提升到重要的战略位置，还为成都建设国际门户枢纽城市加强成都与西部陆海新通道沿线区域合作指明了方向。

习近平总书记指出："成渝地区要以共建'一带一路'为引领，建设好西部陆海新通道，积极参与国内国际经济双循环。"[①] 成都在积极推进成渝地区双城经济圈建设中，要抓住"一带一路"建设的重要发展机遇，深度融入"一带一路"建设，建设"一带一路"进出口商品集散中心、金融服务中心、对外交往中心。成都和重庆是在成渝地区双城经济圈建设的两大中心城市，两地政府和相关部门已在人才、法治、科技、生态、市场、资源等方面加强合作。推进成都与西部陆海新通道沿线区域合作，首先要加强成都与重庆在物流交易、跨国供应链、跨境电商等方面全面合作，支持重庆、成都等物流枢纽建设自动化场站、智能型仓储等智慧物流设施。依托重庆运营组织中心，联合其他枢纽节点，统筹铁路、水运、海关等部门的行政管理、公共服务等方面的信息资源，建设统一开放的通道公共信息平台，开发信息查询、"一站式"政务服务、在线审批、联合实时监管等功能。加强物流运输组织，优化铁路班列服务，开行重庆、成都等至北部湾港口的高频次班列直达线和运量较大的其他物

---

① 习近平主持召开中央政治局会议 审议通过《成渝地区双城经济圈建设规划纲要》[N].
人民日报，2020-10-17（1）.

流枢纽至北部湾港口的班列直达线。探索与广西、贵州等省份建立西部陆海新通道自贸区合作机制。加强港口分工协作，完善广西北部湾港功能。提升北部湾港在全国沿海港口布局中的地位，打造西部陆海新通道国际门户。依托广西北部湾港，积极推进临港工业、国际贸易发展，积极打造广西凭祥综合保税区物流园国家级物流示范区。成都要围绕主通道完善西南地区综合交通运输网络，密切贵阳、南宁、昆明、遵义、柳州等西南地区重要节点城市和物流枢纽与主通道的联系，建设内陆开放型经济试验区、国家级新区、自由贸易试验区和重要口岸等。其次，加快推进西部电商物流发展，支持重庆、成都、南宁、贵阳、昆明等城市跨境电商综合试验区发展，落实跨境电商零售进口相关政策。加强与钦州、东兴、瑞丽等沿海沿边城市的合作对接，促进通关一体化和便利化发展。积极推进钦州、洋浦等港口建设大型化、专业化、智能化集装箱泊位，提升集装箱运输服务能力。建设钦州港大榄坪南作业区自动化集装箱泊位，推动钦州港 20 万吨级集装箱码头和钦州港东航道扩建。同时，以高端技术、金融、贸易为纽带，联动泛珠三角区域与东南亚、南亚国家建立中心—腹地关系，加快拓展南向国际市场。

加强与西部陆海新通道沿线区域合作，就要优化营商环境，营造良好的市场环境。在区域内建立统一完善的市场准入机制和标准，清理或破除阻碍各项资源要素自由流动的地方性法规。相关立法部门还要建立公平、开放、透明的市场规则，加强区域内市场监管合作。只有统一完善的立法规则和立法体系，才可以有效解决区域内法治不规范问题，以法治推进西部陆海新通道发展。

（三）加强与包昆城镇化轴带沿线区域合作及其法治保障

《成都市国民经济和社会发展第十四个五年规划和二〇三五年远景目标纲要》提出成都要积极融入国内国际双循环十大工程，其中之一就是建设开放通道联动工程，突出以枢纽为核心、通道为纽带，加强与长江经济带、西部陆海新通道、包昆城镇化轴带等国家战略通道沿线重点区域、城市的联动开放，全面提升成都开放发展引领力。目前，东部"两纵"、全国"两横"都已开通高铁，唯有包昆城镇化带还未开通高铁。将成都建设为国际门户枢纽城市，就要充分利用包昆城镇化轴带区域的资源优势，加快包昆城镇化带区域基础设施建设，加强成都与包昆城镇化轴带沿线区域的合作与协同发展。

发挥包昆城镇化轴带中心城市作用，加强与西安、银川等城市在交通物流设施共建、产业互补配套、文化旅游等方面的合作，协同带动包昆轴带北端工业化和城镇化发展。在规划建设中，要加强包昆城镇化带沿线区域如银川、重庆、昆明等市的协同共建，充分利用西安、银川等中心城市的特色来发展旅游业或交通物流业。包昆城镇化轴带沿线各区域要加强合作与交流，实现资源互补，充分调动区域内一切优势资源进行发展和建设。成都要加强与兰州、西宁、乌鲁木齐等西北沿线主要城市的商贸物流合作，建设商贸物流节点，联动拓展西向国际市场。习近平总书记提出"一带一路"倡议，兰州、西宁、乌鲁木齐作为"一带一路"沿线重要的区域城市，成都在建设中应该加强与这些城市的商贸往来，不断拓宽我国西部市场。

包昆城镇化轴带是我国"两纵三横"重要的区域发展通道，也是连贯我国南北的一条重要经济发展带。成都建设国际门户枢纽城市的过程中，加强与包昆城镇化轴带的合作与发展，需要以法治对其安全性进行全方位保障。一是要加强区域间立法。只有科学立法，才能为区域行政执法提供基本前提。从整体来看，包昆城镇化轴带大多属于中心部地区，经济社会等还有很大的发展空间，要实现该区域各城市和地区资源共享、优势互补，互利互惠。区域立法部门在立法中要根据该区域发展实际，制定符合包昆城镇化轴带发展的相关法律法规。二是要健全司法保障体系。完善服务业领域行政和司法保护，加强依法行政，严格公正司法。加强该轴线贸易和投资权益保护，完善知识产权保护机制，强化依据标准实施监管，严格强制性标准管理，鼓励各类市场主体公平竞争，为提升区域整体发展水平提供良好的市场环境。三是要完善多元化商事争议解决体系。强化市场主体自治和行业自律，充分发挥商协会及商事纠纷专业调解机构在商事纠纷解决中的作用。建立健全公开、公正、透明的纠纷解决机制，营造健康良好的市场环境。

第六章　成都建设国际门户枢纽城市法治保障的效果评价

　　法治是文明的象征，是人类摆脱类人猿进入文明世界的标志。法治是人类发展、社会进步的指导性力量，是人类现代化建设的基本框架。中国是世界上最大的发展中国家，法治理念必须贯穿于国家的治国理政中。习近平总书记指出："中国特色社会主义法治道路，是建设社会主义法治国家的唯一正确道路。"① 党的十九届五中全会通过的《中共中央关于制定国民经济和社会发展第十四个五年规划和二〇三五年远景目标的建议》明确了法治发展的指导思想，我们要运用高质量的法治建设来保障经济的稳定发展。成都位于中国的西部地区，是西部地区发展的龙头城市，也是"一带一路"建设的重要城市，把成都建设成为国际门户枢纽城市意义重大。成都将坚持"创新、协调、绿色、开放、共享"的原则，加强法治建设，使成都成为法治建设的新高地、法律服务的聚集地、法治化营商环境的示范区、公共法律服务的普惠区②。应加快成都国际门户枢纽城市建设，促进西部地区发展，更好地提高我国对外开放水平。

一、构建效果评价指标体系的重要意义

　　改革开放以来我国进入快速发展的车道，与此同时，成都和重庆迅速崛起，在西部地区发展过程中占据重要地位。近几年的城市群发展战略奠定了大

---

①　习近平. 关于《中共中央关于全面推进依法治国若干重大问题的决定》的说明 [M] // 习近平关于全面依法治国论述摘编. 北京：中央文献出版社，2015：24.

②　四川省人民政府. 王彬介绍川渝两地司法行政如何进一步开展全方位、多层次的深度合作为成渝两地区双城经济圈建设提供法治保障 [EB/OL]. (2020-06-18) [2021-08-06]. http://www.sc.gov.cn/10462/c102997/2020/6/18/f0e3ef83d5b94c5aacba30a49abb178a.shtml.

城市带动小城市共同发展的基调，以成都和重庆为中心的双城经济圈发展给西部地区带来了巨大机遇。实体经济并没有受到新兴产业的影响，增长势头强劲，人口数量也不断上升，交通基础设施不断得到完善，这些不仅证明成渝地区有良好的发展势头，而且发展潜力巨大。在"一带一路"倡议下，成渝地区的对外开放将不断深化，以"共商、共建、共享"的原则，实现成渝地区的跨越式发展。目前，成都作为成渝地区双城经济圈四川一侧的"极核"①，有地理位置和国家政策支持的优势。《成都市国民经济和社会发展第十四个五年规划和二〇三五年远景目标纲要》根据成都现阶段发展水平，落实党中央的政策规划，把成都打造成西部地区崛起的代表城市，建设国际门户开放枢纽城市，充分发挥成都在西部至全国的引领带动作用。作为西部地区发展的标杆，成都在谋求自身发展的同时辐射带动周边地区的发展。尤其是成都加强了和德阳、眉山、资阳三个城市的合作发展，实现了由成都带动周围城市发展转变成以成都为中心的经济圈共同发展，推动成渝地区一体化发展。根据党中央对成渝地区发展规划的远景目标，到 2035 年成都将建设成为美丽宜居的公园城市，全面建成泛欧泛亚具有重要影响力的国际门户枢纽城市，到 21 世纪中叶，全面建设现代化新天府，成为可持续发展的世界城市②。在国家的大政方针下，把成都建设成为西部地区国际门户枢纽城市成为当前背景下的时代必然，从而为整个成渝地区经济发展注入新鲜活力。

法治是现代社会的象征，是建设文明国家的首选。我国是人民民主专政的社会主义国家，如何在中国特色社会主义道路上坚持依法治国，习近平总书记概括提出了"三个核心要义"，指出：坚持党的领导，坚持中国特色社会主义制度，贯彻中国特色社会主义法治理论③。这是我国国家性质的具体体现，是保障中华民族伟大复兴的关键因素。坚持党的领导不是一句空话，而是确保党在立法、执法、司法过程中的绝对地位。在国家的立法工作中要充分发挥党协调各方的力量和智慧，不断解决立法工作中遇到的难题；在国家的执法工作中，各级政府应遵照党中央的政策要求，精减执法程序，提高执法人员的工作效率，合理分工，明确执法人员的权利和责任，创新执法方式，公平严格遵守国家法律进行执法；在国家的司法工作中，要正确区分党的领导和国家司法机关的权力，各级党委要在法律允许的范围内行使权力，确保司法机关独立行使

---

① 袁弘. "大城市"向"大都市圈"之变 [N]. 成都日报，2021-07-26 (6).

② 李俊. 抢抓"一带一路"建设机遇 高水平打造西部国际门户枢纽城市 [J]. 先锋，2018 (6)：20-22.

③ 习近平. 关于《中共中央关于全面推进依法治国若干重大问题的决定》的说明 [M] // 习近平关于全面依法治国论述摘编. 北京：中央文献出版社，2015：23.

权力，司法工作的公平、公正、公开。中国特色社会主义制度是我们必须长期坚持的一项政策，它为我国经济、政治、文化、生态等的发展保驾护航。中国特色社会主义法治理论是中国特色社会主义理论体系的重要组成部分，是对中国社会主义法治实践的理论升华和学术表达①，社会发展需要我们对这些理论进行创新和深化，使它能更加适合中国特色社会主义发展需要。新时代成都由"内陆腹地"到"开放高地"②，成都的发展水平不断提高，成都在国家发展战略中的地位越来越突出，提高成都国际门户枢纽城市能级已迫在眉睫。法治理论对我国经济发展起着规范作用，四川的健康发展也需要法治的保障作用。关于法治保障指标体系没有一个统一的标准，如何准确地设计出衡量成都建设国际门户枢纽城市法治保障的指标体系，需要我们参照《成都市国民经济和社会发展第十四个五年规划和二〇三五年远景目标纲要》的规划，"十四五"时期四川的发展目标为打造多向度战略大通道体系、建设高效率枢纽体系、建设高能级开放平台体系、构建高效现代流通体系、提升开放发展水平、联动重点区域协同开放、建设高水平文化环境。

据上文所讲，成都建设国际门户枢纽城市法治保障的效果评价指标体系如表 6-1 所示。下文将针对指标体系内容展开论证。

表 6-1　成都建设国际门户枢纽城市法治保障的效果评价指标体系

一级指标	成都建设国际门户枢纽城市的法治保障						
二级指标	打造多向度战略大通道体系	建设高效率枢纽体系	建设高能级开放平台体系	构建高效现代流通体系	提升开放发展水平	联动重点区域协同开放	建设高水平文化环境
三级指标	成都市交通网、国际航线网络、陆海大通道格局、海外港口网络建设	亚蓉欧航空枢纽、泛欧泛亚陆港枢纽、国家高速公路枢纽、国际性区域通信枢纽	自贸试验区改革创新、国家级平台开放引擎功能、国际合作园区窗口示范功能、口岸平台开放、中日（成都）城市建设和现代服务业开放合作示范项目	聚集培育高能级流通主体、建设便利化流通服务平台体系	集聚高能级国际机构和市场主体、推进对外贸易创新提质、推动"走出去"量质齐升、开展更加广泛务实的国际交流合作	加强与长江经济带沿线区域联动开放、加强与西部陆海新通道沿线区域合作、加强与包昆城镇化轴带沿线区域合作	文化遗产、红色文化、游戏和表演艺术、文学文化民众与人才

　　① 张文显.习近平法治思想研究（中）：习近平法治思想的一般理论［J］.法制与社会发展，2016，22（3）：5-37.
　　② 杨富.双国际枢纽机场"1+1>2"为成都高质量发展添翼［N］.成都日报，2021-07-27（5）.

二、多向度战略大通道体系的建设发展及其法治保障效果评价

多向度战略大通道体系以成都为核心，以空港、陆港、高速枢纽和区域通信枢纽为支撑，连接国内外的综合交通网络，实现成都与周边地区、西部地区、全国和世界的互联互通，促进经济社会协调发展。多向度战略大通道体系的建设和运行涉及多方面的法律问题，需要强有力的法治保障，以确保其安全、稳定、高效、可持续地建设和运行。法治保障的效果评价是指对法治保障工作的目标、内容、指标、方法、流程、结果等方面进行科学合理的评价，以检验法治保障工作是否达到预期效果，是否存在不足和问题，是否需要改进和完善。推动开展多向度战略大通道体系法治保障效果评价工作，有利于提高法治保障工作的质量和水平，有利于促进法治保障工作的创新和发展，有利于增强法治保障工作的公信力和影响力。本节将从空港、陆港、高速枢纽和区域通信枢纽四个方面，分析成都多向度战略大通道体系的建设发展，并评价其法治保障效果，以期为成都构建多向度战略大通道体系的法治保障工作提供参考和借鉴。

（一）多向度战略大通道体系的建设发展

成都集天时、地利、人和于一体，在发展建设中拥有巨大优势，这是西部地区其他城市无法媲美的。成都市交通网线是否发达，直接影响着成都人民的生活水平高低和成都经济的发展水平高低。成都市交通基础设施的建设为成都多向度战略大通道体系建设奠定了基础。对于成都市老旧街区道路，政府应重点关注，对于不能满足人民需要的道路设施，政府相关管理部门应及时维护，改变老旧街区的风貌，为人民创造一个舒适的生活环境，提升成都的吸引力，让那些有创新能力、有过硬技术的专业人才落户成都，提升城市建设水平；对于城市新规划的道路，各交通管理部门应根据成都的地理状况，选择合适的道路规划方案，使道路的规划建设更加符合人们的生活需要；对于交通拥堵的路段，交通部门不仅要加派交警管理，而且要根据当地的实际情况采取扩宽道路或者再建设新的道路等措施缓解交通拥堵的情况；对于城乡交通基础设施建设，应加快城乡一体化建设，提高乡村交通建设水平，加快城乡之间的人员流动，提高经济发展活力。由于城际联系时间的缩短，外围城市与中心城市的经

济联系得到加强①，有利于中心城市带动周边地区的发展，有利于建设以成都为中心的现代化经济圈。成都交通网的建设是建设多向度战略大通道体系的基础，只有成都市内有完善的交通网，才能为西部地区的发展奠定基础，才有利于成渝地区双城经济圈的建设发展。

成都地处四川盆地，距离海洋甚远，船舶等航海交通工具使用相当少，航空是最便捷的联通外界的交通方式，也是最安全的出行方式。成都是成渝地区双城经济圈的核心城市，是国家发展战略中的世界级大都市之一，该城市的发展对周围中小城市有直接影响。《成都市国民经济和社会发展第十四个五年规划和二〇三五年远景目标纲要》指出，要把成都打造成国内大循环战略腹地，建设国内国际双循环门户枢纽②。加快成都国际航线网络建设，加快建设客容量大的现代化国际机场，使成都的航向能够通达世界各个角落，使成都成为国际航线中的重要城市。加快建设"48+18+30"的国际客货航空，使成都航空能到达全球48个航空枢纽城市，连接全球14个重要的全货物流航线，辐射全球30个重要旅游目的地，把成都的货物航线建设成世界级水平的航线，以带动成都地区经济的发展。客运方面，建设国际精品商务航线，使乘客有一个好的乘机体验。对于国内外往来游客，使他们在成都机场能够通达全球30个重要的旅游目的地，享受到优质的旅游航线服务，有一个充实的旅途生活。不断提高成都机场的航班密度，使其航班次数能够达到国际水平。在货运方面，把成都打造为全国的货运中转点，提高货运物流的吞吐能力。到2025年，成都国际航线达到140条，到世界的每个角落实现"天天有航班"。利用成都双流国际机场、成都天府国际机场及重庆江北国际机场构建引领中国西部、辐射整个中国、面向全球的航空枢纽。

成都位于我国的西部地区，地理位置和战略位置对于西部发展都很重要。成都是西部地区的战略腹地，在中国的建设发展中，成都贡献了巨大的力量，成为我国现代化发展中重要的城市。要建设以成都为战略支点的东、西、南、北四向陆海大通道③。不断提升成都的对外开放水平，完善海陆交通工具，便捷成都与其他省份和其他国家的联系。不断增强成都国际铁路的承载能力和疏

---

① 黄言，宗会明，杜瑜，等. 交通网络建设与成渝城市群一体化发展：基于交通设施网络和需求网络的分析 [J]. 长江流域资源与环境，2020，29（10）：2156-2166.

② 成都市人民政府. 成都市国民经济和社会发展第十四个五年规划和二〇三五年远景目标纲要 [EB/OL]. （2021-02-07）[2021-08-06]. http://gk.chengdu.gov.cn/govInfoPub/detail.action? id=2876436&tn=2.

③ 李俊. 抢抓"一带一路"建设机遇 高水平打造西部国际门户枢纽城市 [J]. 先锋，2018（6）：20-22.

散能力，防止铁路的承载力不够导致人员和货物的积压。增加中欧班列铁路班列，把成都打造成西部地区海陆空交通枢纽，提升成都的国际化水平，带动西部地区经济的发展。面向南方，加快建设从成都到钦州、从成都到中南半岛、从成都到南亚的陆海贸易通道，增强成都与柬埔寨、泰国、缅甸等国家的联系，在促进成都发展壮大的同时也带动了沿线地区的发展。面向西方，不断扩展成都与欧洲和亚洲的贸易往来，加强与中国西北地区的贸易往来，推进成都与兰州、成都与西宁、川藏等铁路建设，保障成都与这些地区的经济发展。面向东方，畅通经济联系的通道，加强成都和长江中游、长三角、韩国、日本、美洲等的联系，让这些发达地区带动成都经济发展。面向北方，串联武汉、河南等中部地区，京津冀和东北地区，连接中蒙俄经济走廊实现资源互补，推动这些地区共同发展。不断促进成都"四向扩展"陆海大通道格局的形成，统筹推进亚欧陆海贸易大通道综合交通、物流枢纽、运营组织中心建设和产业集群发展①。成都的发展有了保障，我国西部地区就能实现经济的快速发展。

近年来，随着中国经济的发展，我们"走出去"的步伐加快，中国企业参与海外港口建设的数量不断增长，形式也不断多样化，合作模式不断得到提升，在实现我国现代化发展的同时，也给其他国家带来了许多发展机遇。成都作为世界性的大都市，是我国为数不多的双机场城市，这里是全国的科技创新高地、人才集聚地，也是世界美食之都，拥有丰富的旅游资源。成都拥有其他城市所不能比拟的发展优势，在国家"一带一路"建设中，拥有重要的地理、资源等优势。成都拥有多家世界 500 强企业，且不断推动成都企业"走出去"。在海外港口建设方面，提高成都企业的参与度，与世界其他国家共同参与港口建设。到 2019 年，中国参与的港口建设主要集中在亚、非、欧地区，其中亚洲 20 个，占比为 35%；欧洲 17 个，占比为 29%；非洲 10 个，占比为 17%，其他区域占比为 19%②。尤其是在"一带一路"建设中的港口建设，中国的参与度相当高。在港口码头建设方面，中国参与新建的码头占比为 24%，中国企业在码头建设方面的参与度不高，应不断提高中国企业海外港口、码头的建设参与度，提高中国企业的国际化水平。成都处在"一带一路"建设重要的连接点上，成都企业参与海外港口和码头的建设是必不可少的，这不仅能提高企业的知名度，而且能提升成都在"一带一路"建设中的地位，提升成

---

① 贺兴东，刘伟，谢良惠."十四五"推进亚欧陆海贸易大通道建设的构想［J］. 中国经贸导刊，2021（10）：24-26.

② 刘长俭. 完善海外港口网络，推动共建"一带一路"［J］. 科技导报，2020，38（9）：89-96.

都和沿线国家的联系程度。成都企业参与海外港口建设的程度越高，大宗商品资源配置能力就越强。不断把成都建设成世界一流港口的金融贸易中心、产业资源配置中心，把成渝地区建设成以长三角为标准的全球一流的国际性大宗商品综合交易中心①。

（二）推动开展多向度战略大通道体系法治保障效果评价工作

成都拥有独特的地理优势。它位于四川盆地中心，连接着天府经济区和中印枢纽区，是连接西南地区和华中地区的重要枢纽城市。打造国际化大型综合性枢纽，可以充分利用这一优势，提升成都城市辐射效应，带动西部地区快速发展。无论是构建空港、陆港，还是建设高速枢纽和通信枢纽，成都都处于西部地区领先水平。目前，成都将以现有机场建设为基础，以成渝城市群城际铁路为依托，打造双机场国际化大型航空枢纽。同时，成都也在积极构建国际陆港和国内物流枢纽，规划建设沪昆客运专线跨省联运枢纽，为成都建设国际性交通枢纽奠定基础。此外，成都还打造了"一线三环"的城际高铁网络，初步形成了以高铁为主导的多式联合运输体系。成都独特的地理优势和完善的交通枢纽体系，对其经济发展产生了显著的正面影响。数据显示，从 2017 年到 2021 年，成都的 GDP 年均增长率高于同期四川省和全国的平均水平。交通运输业已成为成都经济发展的新动力和增长点，相关支柱产业的发展势头良好。然而，随着规模的不断扩大和枢纽作用的日益显著，也难免会出现各种管理和运营风险，这就需要权威的法律规范和有效的法律保障。具体地说，在枢纽建设过程中，需要明确枢纽的职能定位与发展目标，避免重复建设；规范各个体系建设之间的关系与接口；明确各类责任主体；完善公共安全管理规则；优化业主关系管理机制；鼓励政府和社会资本在枢纽建设中形成合作；等等。此外，为防范风险，还需要完善应急预案，规范信息共享，明确风险主体问责等。

为了检验法治保障措施对航空枢纽建设和发展的保障效果，应该建立科学合理的评价指标体系和评价方法，定期开展评价工作，并及时反馈评价结果和建议，以便及时调整和完善法治保障措施。评价工作应该坚持客观公正、实事求是、全面系统、动态跟踪、问题导向、改进促进等原则。评价指标应该包括法律规范性、执法规范性、司法公正性、法律适用性、法律适宜性、法律效益

---

① 刘万锋，周嘉男. 世界一流港口集疏运网络建设［C］//中国公路学会，世界交通运输大会执委会，西安市人民政府，陕西省科学技术协会. 世界交通运输工程技术论坛（WTC2021）论文集（上），2021：4.

性等方面。评价方法应该结合定量分析和定性分析方法，运用问卷调查、专家咨询、案例分析、数据统计等手段。评价结果应该反映航空枢纽建设和发展中存在的主要问题和改进方向，并提出具体可行的改进建议。评价反馈应该及时向相关部门和社会公开，并听取各方意见和建议，以促进法治保障工作的持续改进。同时，随着经济社会发展，航空业态的变化也日益明显。一是，短途和区域航线航班、远程航线航班数量均在增加，为航空枢纽带来了更多旅客流量；二是，随着低成本航空业务的兴起，民航旅游方式也在由包机模式转向经济舱乘机模式，给枢纽带来了更多短途和周边区域客流；三是，随着职业旅行和会议交流增多，商务乘机人数也在快速增长，对枢纽的运营设施布局提出了更高要求，应及时考虑周边地区的航站楼扩建、航空货运站改造等；四是，随着复合型商业模式的发展，枢纽也面临商旅综合体规模化建设带来的机遇，从而将枢纽的经济作用提升到一个新的水平。为适应新时代航空业态的变化，在保障法治工作中，还需要针对以下几个方面做更深入的研究与分析：一是制定航空公司经营许可的法律法规，确保市场准入门槛，同时防止垄断行为发生；二是完善航空安全法规，明确各类航空公司和个人在安全管理中的责任，保障乘客权益；三是建立健全飞行保障体系，明定各环节主体责任关系，保障运营顺畅；四是优化突发事件应急处置规定，明确责任部门和流程，提高处置效率；五是完善枢纽地产开发与商贸融合规范，促使经济效益最大化；六是提高机场管制能力，保障枢纽长期规划实施。此外，在评价方法上，还需要加强对专家评审法和问卷调查法的运用，全面收集各方面意见，提高评价公信力与引导作用。还需要建立专家库，定期对评价标准进行修订与完善，使之与时俱进。只有这样，法治保障工作才能真正服务于航空业发展。

铁路是国民经济发展中重要的基础设施，也是实施区域联合发展战略的重要载体。成都作为枢纽城市，建设高效的铁路枢纽系统对其全面提升竞争力至关重要。成都将秉承以人为本的发展理念，始终保障公众在铁路建设和运营过程中的权益，确保各项工作真正惠及民众。成都将不断加强同欧亚大陆的交通联系。一是与新建成的成渝高速铁路和成都环线铁路衔接，搭建连接我国内地和欧亚大陆的国际联运通道；二是推进成渝国际货运联运枢纽建设，统筹规划沿线重要中转站，构建便利的货车联运网络，成为连接我国与泛欧陆上运输通道的重要枢纽，提升成都对外开放水平；三是抓紧推进"五横七竖"高速铁路网建设，构建面向资源汇聚区和经济区的城际轨道交通网络，比如，合昆高铁可以改变资源布局，促进成都与秦川地区的协同发展，成渝、成广等干线可以带动城市群聚集效应明显提升；四是进一步完善轨道交通市域铁路体系，促进成渝城市群一体化。为推动上述重大项目有序开工建设,成都将采取以下举措:一是完善相关法律法规,明确各主体责任;二是加强各部门之间的协同,破解部门壁垒;三是强化社会监督,维护公众权益;四是引导多方投入,发挥社会活力;五是制定严格的安全标准,预防风险隐患;六是建立运行保障机制,保证运营质量;七是开展科技支持,推进智能发展;八是建立信息平台,增进信息交流。以上举措将确保铁路建设在法律监督下高效安全进行,成都铁路枢纽将成为连接我国和欧亚的重要节点,推动地区一体化发展。

同时,还应当关注到,随着我国经济社会高速发展,铁路运输任务日益繁重。一方面,每年旅客和货物运量都在持续增长,给线路施工带来巨大压力;另一方面,由于城镇化进程加快,城际交通需求日益殷切。为更好地满足社会需求,成都将建设完善的铁路法律保障体系。首先,成都未来应当建立健全铁路法律保障效果评价机制,明确评价主体为交通运输主管部门,对象为新建和营运的铁路线;评价内容可以包括法律规范设置、执法监管质量、纠纷处置效率等多个方面;评价标准可以参考国内外行业标准制定;评价程序可以分多个阶段有序进行,实现动态监测。其次,成都还应当研究出台评价办法,对评价工作流程、方式进行规范。明确评价组织机构职责;将问卷调查、专家论证、案例分析、大数据处理等手段纳入评价方法体系;要求出具年度评价报告并向社会公布;建立评价结果反馈机制,交流改进意见。评价内容方面,应当包括铁路线路规划、设计、施工各环节的法律保障情况,运营阶段的安全管理、服务质量等方面的法律应用水平,重大事故责任追究与赔偿机制运行等。同时还可以从法律保障程度、执法监管到位程度等多个维度进行评判。在评价过程中,可以运用大数据分析技术,利用互联网公开采集舆情与意见,收集民众在法治保障方面的真实需求。定期公布评价结果,帮助部门及时发现问题和不足,持续完善法律保障体系。此外,成都还注重对评价成果的具体应用。例如以评价结果为依据,优化法规制定和修订;指导执法监管工作重点;做好矛盾和纠纷预案研究等,促进铁路建设管理水平不断提升。以评价机制为支撑,有效践行法治理念,是保障铁路高效运行的重要举措。这将极大增强成都区域内外连接的能力,推动经济社会协调发展。

与此同时,铁路运输方式也在不断演进。随着时速提高,传统机车牵引将难以满足运能需求。高速铁路将成为未来重要发展方向。高速铁路对基础设施和运营管理提出了更高要求,需要完善配套法规。例如,需要健全高速铁路安全生产法规体系,明确各主体在安全管理中的责任;需要优化高铁站场规划与运营管理办法,确保运营效率;需要完善事故应急处置规定,明确权责流程;

需要优化高铁检修维护规范，延长设施使用周期等。同时，大数据、人工智能等新技术在铁路建设与运营中的广泛应用，给法律法规建设提出了新的挑战。例如需要研究运用大数据分析提升运营效率的激励措施；需要研究人工智能在安全生产中的应用以及相关法律监管；需要给科技创新项目提供法律保护与支持政策等。这都需要立法部门与行业技术人员进行深入研究。综上，铁路法律法规体系建设需要与时俱进，根据运营模式变化和技术进步进行必要修改完善，真正发挥法治在铁路建设与运营中的指导和保障作用。

三、高效率枢纽体系的建设发展及其法治保障效果评价

成都作为西部地区的中心城市，正积极打造国际航空枢纽、泛欧泛亚陆港枢纽、国家高速公路体系和国际性区域通信枢纽，构建高效率的枢纽体系，促进经济社会发展和对外开放。在这一过程中，法治保障工作起着至关重要的作用，为枢纽体系建设提供了法律依据、规范指引、风险防控和权益保障。近年来，成都市委、市政府高度重视枢纽体系法治保障工作，深入贯彻习近平法治思想，坚持依法治国、依法治市、依法行政的基本方略，不断完善法律法规体系，加强执法监督和司法保障，提高法治化水平，取得了显著成效。为了更好地开展成都高效率枢纽体系法治保障工作，我们必须正视存在的问题和挑战，采取有效的措施。其中一个重要的措施就是开展全面、客观、公正的效果评价工作。效果评价工作是对法治保障工作的总结和反馈，旨在检验法治保障工作是否达到预期目标，是否符合法治原则和规范要求，是否满足人民群众的需求和期待，是否存在不足和问题，以及如何进一步完善和改进。开展好效果评价工作，有利于提升法治保障工作的质量和水平，增强法治保障工作的公信力和影响力，促进法治保障工作的创新和发展。

（一）高效率枢纽体系的建设发展

四川省总人口有 8 000 多万，是我国人口数量较多的省份，庞大的人口基数为经济的发展创造了良好的条件。但四川位于中国西部地区，虽然成都多平原，但总的来说山多平原少，且没有东部地区临海的优势，交通基础设施体系建设不完善，建设难度也较大，这为四川经济的腾飞带来了阻碍，增加了屏障。现如今，成都加快国际门户枢纽城市建设，建设亚蓉欧航空枢纽，力争建成西部地区国际门户枢纽城市。新建成的天府国际机场和双流国际机场两机场

协同运行且信息化水平高，是成都对外开放重要的国际枢纽，客货运行量得到大幅度提升，城市建设稳居全国前列。成都天府国际机场不断填补西部地区航线空白，扩大航线的覆盖范围，提升了成都在西部地区的影响力。成都加快建设干支连接的航空网络，加强和西部地区中小城市的连接，让11个空白航点有成都国际航线的覆盖，打造五条新的西部快线，增加了航线班次的频率，使航线的航空覆盖范围更广，辐射能力更强，使成都的航空建设更能体现现代化的氛围。为加快发展，成都出台了一系列利民利企业的政策，创新面向全球的"中欧班列+国际客货机"陆空联运模式，不断吸引国内外航空快递公司落户成都，把天府国际机场和双流国际机场打造成洲际航空中转枢纽和货运组织中心，全面提升成都国际航空枢纽的组织运筹能力。基于双机场的战略价值和高质量协同发展，天府国际机场的建成投用为成都扩大开放和服务区域经济提供了战略支撑，有利于成都成为大循环、双循环的重要国内国际双门户枢纽①。

"一带一路"建设为西部地区的发展带来了机遇，成都又是西部地区发展的龙头城市。随着"一带一路"建设的深入实施，货运量快速增加，市场的扩大对货物通关、换装的时效性和便捷度提出了新的要求②。成都泛欧泛亚陆港体系的建设，有利于实现西部地区"走出去"的发展战略。成都应加快成都国际铁路港建设，提升铁路场站的建设水平和铁路货物补给能力，增强客运和货运的承载能力和疏散能力，完善国际多项联运的疏散能力，提升货运场站存储、装卸等的信息化和智能化水平，使成都铁路的客货运送能力达到国际一线水平。推动集装箱中心站的扩建和改造，加快城厢站等新型国际集装箱功能区建设，提高中心区的功能水平，完善国际班线的内外服务节点，推动成都国际铁路直达班列和铁海联合扩运增效，不断优化"铁海""铁水""铁公"的联运模式，推动新津、邛崃、蒲江等国际铁路物流集散枢纽建设，打造服务泛亚泛欧的对外贸易新通道。从成都的交通枢纽体系建设来看，国际航空航运、铁路、公路枢纽都将是该地区重要的建设工程，现代化的国际交通枢纽压缩了时间成本、时空成本，带动了城市临空经济、临港经济等相关产业的发展，提升了经济全球化水平和企业的竞争力。成都应不断提升国际开放水平，统筹国际国内两个市场，不断吸引重要国际组织、世界大公司、国际资本等入驻成都，积极参与全球经济竞争，建设成为全球对外开放的重要门户。成都交通枢

---

① 杨富. 双国际枢纽机场"1+1>2"为成都高质量发展添翼 [N]. 成都日报，2021-07-27 (5).

② 徐玉梅，张昊. "一带一路"倡议下国际铁路联运"一单制"规则构建研究 [J]. 商业研究，2021 (3)：145-152.

组体系的建设将强化国际人员往来、物流集散、中转服务等综合服务功能，打造通达全球、衔接高效、功能完善的交通中枢①。

国务院印发的《国家综合立体交通网规划纲要》指出，到 2035 年我国将基本实现国际国内互联互通、全国主要城市立体畅达、县级节点有效覆盖的交通圈和快货物流圈②。成都紧跟时代发展步伐，加快基础体系建设，不断完善成都高速公路枢纽。成都要加快经济区高速建设，推动成都到重庆、绵阳、乐山等高速公路的扩建改造，加快成都到汶川的高速公路建设，强化航空港周边地区快速通道的建设。四川省是一个山多地少的省份，高速公路的建设难度比较大，结合经济发展需要，因地制宜地发展高速公路。高速公路的建设说到底都是为经济发展服务的，应在经济发展落后的地区，不断完善生态旅游公路建设，提供旅游咨询服务地、旅游专项通道、导游解锁、自驾游停车和安全服务，不断提升游客的满意度。在经济快速发展的今天，公路的修建已经成为必不可少的因素，公路的发达程度关系着国民的生活水平。随着成都的建设水平不断提高，公路的客货运输效率不断提高，投资成本不断减少，在实际的运输过程中，各部门之间解决问题的能力不断提升。高速公路在四川省的建设发展中扮演着重要角色，以成都为起点建设的高速公路，连接周围省市，具有承载能力强、辐射范围广的特点。在新时期经济发展过程中，从成都长远战略出发，对与高速公路枢纽体系建设相关的经济，四川省各地政府应加以政策支持，保障各个地区经济的健康发展。

互联网信息技术的发展是经济崛起的关键，是创新发展重要的技术支撑。成都随着对外开放门户的扩大，要加快建设国际性区域通信枢纽，增强与世界各地的联系。成都应充分发挥各高校和科研机构的作用，促进新型互联网等基础设施建设。加快数字化建设，推动通信枢纽行业规范建设，为"一带一路"建设创造信息通信节点和国际信息港。我国的 5G 建设处在世界领先水平，加快 5G 网络基础建设，实现成都地区全覆盖。实现 5G 的商用和民用，实现成都发展建设的数字化和智能化。成都市高校众多，为互联网信息技术的发展输送了众多创新人才，人工智能技术逐渐渗入金融、医疗、交通、制造和教育等多个产业领域③，众多行业的现代化水平实现跨越式发展。信息技术的发展，催生出电子商务的跨越式发展，即使在新冠疫情的冲击下，网上购物的销售额

① 佚名. 成都—重庆将打造国际性综合交通枢纽 [J]. 中国港口，2017 (3)：64.

② 本刊综合. 未来十五年 公路怎么建：《国家综合立体交通网规划纲要》解读 [J]. 中国公路，2021 (6)：18-21.

③ 张鹏飞，李勇坚. 我国数字经济现状及发展趋势 [J]. 中国国情国力，2021 (8)：10-13.

仍然不断上升，体现了这一行业抵御突发风险的能力。随着经济的发展，世界经济的一体化水平不断提升，成都作为国际性大都市，数字经济的国际化合作不断强化，成都的数字经济和数字贸易规模不断扩大，在国际经济贸易中的话语权不断提升。成都不断实现技术创新，从而不断提升自身的市场竞争力。成都应加快互联网信息技术的建设，不断提升自身的国际地位，实现经济稳定发展，促进世界的和平稳定。

（二）推动开展高效率枢纽体系法治保障效果评价工作

成都在西部地区发展过程中具有得天独厚的地理优势，无论是空港、陆港的建设，还是高速枢纽和区域通信枢纽的建设都处于西部地区领先水平。成都得天独厚的优势是西部地区其他省份无法比拟的，这些都离不开法治保障的作用。只有在法律允许的框架下，经济才能实现健康稳定的发展。现如今，完善的交通体系对经济的推动作用不容小觑，国际航空枢纽建设对经济发展具有明显的带动作用，但在建设过程中不可避免会出现各种风险，需要用法律加强风险防控。

法治保障工作是指国家机关和社会组织在依法治国的基本方略指导下，通过制定、修改、废止、宣传、执行和评价法律法规，以及通过建立健全法治保障体系和机制，为经济社会发展和人民群众生活提供有效的法律保障和服务的工作。法治保障工作是法治建设的重要内容，也是实现国家治理现代化的重要手段。为了提高法治保障工作的质量和水平，必须建立科学合理的效果评价制度，对法治保障工作的目标、过程、效益和问题进行全面客观的评价，及时发现和解决存在的问题，不断完善和优化法治保障工作。具体而言，效果评价工作应包括目标评价、过程评价、效益评价和问题评价四个方面。

目标评价是对法治保障工作是否达到预期目标的评价。目标评价应明确法治保障工作的总体目标、分项目标、阶段目标和具体指标，并根据实际完成情况进行对比分析，找出差距和原因，提出改进措施。目标评价应包括以下四个方面的内容：一是目标设置评价。目标应符合国家法律法规和政策要求，与经济社会发展水平和人民群众需求相适应，具有可操作性和可衡量性。二是目标分解评价。总体目标应分解为分项目标、阶段目标和具体指标，并明确责任主体、时间节点和完成标准。三是目标调整评价。在目标实施过程中，应根据实际情况和变化情况及时调整目标内容和要求，避免僵化固化。四是目标考核评价。应建立有效的考核机制，对目标完成情况进行定期检查和评估，并根据考核结果进行奖惩。

过程评价是对法治保障工作是否符合法治原则和规范要求的评价。过程评价应着重检查法治保障工作是否遵循合法性、合理性、公正性、透明性等基本原则，是否按照规定的程序、方式、方法和时限进行，是否存在违法违规、滥用职权、玩忽职守、徇私舞弊等行为，是否对违法违规问题进行及时纠正和处理。过程评价应遵循以下原则：一是规范性原则。过程评价应依据相关法律法规和规范性文件进行，不得超越或违背法律规范。二是全面性原则。过程评价应涵盖所有相关方面和环节，不得遗漏或忽视任何重要内容。三是客观性原则。过程评价应基于事实和证据进行，不得受主观意愿或偏见影响。四是参与性原则。过程评价应充分听取各方意见和建议，尊重各方利益和诉求。

　　效益评价是对法治保障工作是否满足人民群众的需求和期待的评价。效益评价应重点考察法治保障工作对促进经济社会发展、维护社会稳定、保障人民权益、提高人民幸福感的作用和贡献；要考察法治保障工作是否符合人民群众的利益诉求和价值取向，是否得到人民群众的认可和支持。效益评价应遵循以下原则：一是以人民为中心的原则。效益评价应以人民群众的需求和期待为出发点和落脚点，以人民群众的满意度和信任度为评价标准。二是多维度原则。效益评价应从政治、经济、社会、文化、生态等多个维度进行，综合考量法治保障工作的效果和影响。三是动态性原则。效益评价应跟踪法治保障工作的长期效果和后续影响，不断更新评价数据和信息。四是反馈性原则。效益评价应及时向相关方反馈评价结果和意见，促进法治保障工作的改进和完善。

　　问题评价是对法治保障工作存在的不足和问题的评价。问题评价应全面梳理法治保障工作中暴露出的法律缺失、法律冲突、法律执行不力、法律监督不到位等问题，分析其产生的原因和影响，提出解决对策和建议。问题评价应遵循以下原则：一是实事求是原则。问题评价应如实反映法治保障工作中存在的实际问题，不得掩盖或美化。二是问题导向原则。问题评价应以发现问题、分析问题、解决问题为目的，不得为了"找茬"或"挑刺"而"找茬"或"挑刺"。三是积极建设原则。问题评价应从促进法治保障工作发展的角度出发，提出合理可行的改进建议，不得消极拖延或损害法治保障工作的形象。四是沟通协调原则。问题评价应充分协调各方利益和关系，尽量避免或减少因问题评价而引起的矛盾或冲突。

　　为了开展好效果评价工作，应建立健全效果评价机制，明确效果评价的主体、对象、内容、方法、程序和责任。效果评价主体应由政府部门、专业机构、社会组织和公众共同构成，形成多元化的评价体系。效果评价对象应涵盖枢纽体系建设的各个领域和层面的法治保障工作，包括空港、陆港、高速枢纽和区域通信枢纽等重点领域。效果评价内容应根据不同领域和层面的特点和需求，制定具体的评价指标体系和标准。效果评价方法应综合运用定量分析和定性分析方法，充分利用大数据、云计算等现代信息技术，提高评价的科学性和精准性。效果评价程序应规范，明确评价的时间节点、流程环节、工作要求和结果反馈。效果评价应明确分工，落实各级各部门的职责权限，加强协调配合，形成合力。开展全面、客观、公正的效果评价工作，可以及时总结法治保障工作的经验和成效，发现存在的问题和不足，提出改进措施和建议，为进一步推动成都高效率枢纽体系法治保障工作提供科学依据和指导方向。

在评价方法层面，应抓住时代特征，充分利用现代信息技术手段，提升评价工作的可操作性和科学性。例如，可以采用大数据来分析法律法规实施情况。通过挖掘政务数据、运输数据等数据信息，可以全面排查法规实施中的隐患和问题，这比传统问卷调查方式更全面和准确。另外，还可以采用人工智能辅助评价。例如构建专业知识图谱，利用机器学习自动识别法规文本中的隐含关系，为评价提供参考依据；或是采用机器视觉技术分析视频材料，评估法律服务质量等。这些创新评价手段可以提高评价的效率和精度。还应采集网络舆情数据作为重要参考。对互联网上的各类评论进行情感分析和关键词提取，高效获取公众的真实想法，弥补传统问卷调查的主观臆断缺陷。随着人工智能技术的不断进步，如何利用人工智能技术辅助开展法律效果评价工作，已成为该领域研究的前沿方向。建设高效率枢纽体系涉及诸多交通部门和领域，采用人工智能辅助评价模式有利于提升评价工作的效率和质量。具体来说，可以通过以下方式来推动人工智能辅助评价工作：一是构建枢纽法律法规知识图谱。采集相关法规文本，利用自然语言处理技术构建知识关系图谱，实现法规条文与内容的深度链接，为自动化分析提供数据支撑。二是建立交通大数据平台。汇集各部门运营管理数据，利用人脸识别、视频画面分析等手段补充实时监测数据，为综合评估提供丰富的第一手资料。三是研发交通运行状态模型。基于历史数据，采用机器学习方法研发各类交通流行为预测模型，为问题发现和预判提供参考。四是设计智能评价框架。构建自主学习的评价指标体系，通过自动化评估工作流，输出可视化结果，减少评价工作量。五是推广评价结果应用。在智能交通平台上发布评价成果，形成闭环，完善评价机制。六是不断提升系统技术能力。整合语音识别、深度学习等前沿技术，使系统评价能力日臻成熟，为法治保障工作持续提供支撑。以人工智能为驱动，构建动态、定量的法律效果全链条评价模式，提升评价质效和水平，从而更好服务于高效率枢纽体系建设。这将成为法律效果评价工作的未来发展方向。此外，还可以采用预期评价法。基于专家预测和历史数据，对未来一段时间内可能面临的法律难点和热点问题进行预测分析，为今后应对相关问题提供启示。同时，也要增加群众参与途径。例如开通网上评价平台，通过网上问卷、在线茶话会、远程视频互动等，扩大公众参与范围。也可以探索"法治守望者"等社区参与机制，动员社会各界参与评价监督。总之，充分利用各种数据资源和现代科技手段，建立动态灵活的法治评价体系，提升评价水平，及时响应社会需求，保障法律法规精准高效服务于高效率枢纽体系建设。同时政府在评价中应发挥统筹协调、保障资源配置等作用，并通过政策纠错有效指导法律实施，促进体系高质量运行。通过评价手段完善法规实施，有利于高效率枢纽体系不断提高服务能力，助推区域经济高质量发展。

四、高能级开放平台体系的建设发展及其法治保障效果评价

成都是中国西部地区的中心城市，也是国家重要的对外开放门户。近年来，成都积极推进高能级开放平台体系的建设，以自贸试验区、国家级平台、国际合作园区、口岸平台、中日合作项目等为支撑，打造对外开放的高端平台，实现成都与周边地区、西部地区、全国和世界的互联互通，促进经济社会的协调发展。高能级开放平台体系的建设和运行涉及多方面的法律问题和风险，需要强有力的法治保障，以确保其安全、稳定、高效、可持续。高能级开放平台体系法治保障是指依据宪法和法律，通过制定和完善法律规范、加强执法监管、保障司法公正、及时解决法律争议等方式，为高能级开放平台体系的建设和运行提供有力的法律支持和保障。法治保障效果评价是指对法治保障工作的目标、内容、指标、方法、流程、结果等进行科学合理的评价，以检验法治保障工作是否达到预期效果，是否存在不足和问题，是否需要改进和完善。推动开展高能级开放平台体系法治保障效果评价工作，有利于提高法治保障工作的质量和水平，有利于促进法治保障工作的创新和发展，有利于增强法治保障工作的公信力和影响力。本节将从自贸试验区、国家级平台、国际合作园区、口岸平台、中日合作项目五个方面，分析成都高能级开放平台体系的法治保障现状，并提出相应的效果评价体系和方法，以期为成都高能级开放平台体系的法治保障工作提供参考和借鉴。

（一）高能级开放平台体系的建设发展

现阶段我国的经济总量位居世界第二位，40 多年的改革开放取得了巨大成就，改革已经进入了深水区。2013 年 9 月上海成为我国第一个自贸试验区，随着这一发展方式的成功，自贸试验区在全国推行开来。成都作为西部地区发展的龙头，也是自贸试验区的首选之地。成都市应坚持以高标准深化改革，促进高质量发展，使成都自贸试验区成为国家发展的战略支点；培育经济发展新的增长点，推动产业"补链强链扩链"①，使自贸试验区具有成都特色；大力发展数字贸易、医药健康和航空经济。党的十九大报告指出：赋予自由贸易试验区更大改革自主权②。成都也争取了国家事权下放，致力于建设高标准的国家改革自贸试验区。成都要积极与重庆合作，实现资源互补、人才互用、政策互通，共同打造成渝两地自贸试验区、协同开放示范区，争取以成都东区为核心促进自贸试验区的发展。成都市深化自贸试验区改革，提升安全水平，在自贸片区之外又建立了一批自贸试验区联动创新区③，不断提升成都地区贸易投资的便利化。成都的自贸试验区处于刚刚起步阶段，在深化改革的同时不忘加强监管，减少安全隐患。成都坚持建设高水平、高质量的自贸试验区，打造西部地区改革开放的新高地，提升成都枢纽城市建设水平，打造西部地区发展高地。

新时代国家的对外开放战略进一步深化，各种发展规范也随着时代的变化而变化。成都占据着西部地区优势的地理位置，东西南北连接互通，成为西部地区对外开放的支撑。成都市应不断增强成都国家级开放平台引擎功能，以成都东部为核心促进自贸试验区发展，大力发展天府新区，使它成为新的增长极，成为内陆开放新高地；把成都高新区打造成自主创新的主战场，利用优惠的政策吸引国内外顶尖人才聚集成都，汇集国内外重要的创新创业资源；充分发挥航空、港口等的交通枢纽作用，为贸易往来创造良好的条件；建设高标准的国家级经济示范区，提高成都对外开放水平；提升成都经开区资源的配置效率，促进经济的快速发展；不断完善成都的产业链和供应链，减少重复工作提

---

① 成都市人民政府. 成都市国民经济和社会发展第十四个五年规划和二〇三五年远景目标纲要 [EB/OL]. (2021-02-07) [2021-08-06]. http://gk.chengdu.gov.cn/govInfoPub/detail.action? id=2876436&tn=2.

② 程翔，杨宜，张峰. 中国自贸区金融改革与创新的实践研究：基于四大自贸区的金融创新案例 [J]. 经济体制改革，2019（3）：12-17.

③ 王丽娟，胡晔. 构建自贸试验区总体政策制度框架 [N]. 中国经济时报，2021-09-09（3）.

高工作效率；提升成都的国际铁路港水平，建设具备国际水平的交通枢纽。成都作为西部地区的重要城市，也是西部地区经济最发达的地方，近几年国家进入改革开放的攻坚期，以成都、重庆为中心带东西部地区发展的任务越来越重。西部地区发展应对标成都，提升共同富裕水平。成都紧跟国家发展的步伐，在现代化建设中成为西部地区发展的龙头城市。

经济全球化是社会向前发展的必经之路，我国经济发展紧跟世界潮流，但现阶段的路径和方式发生了巨大变化，需要我们在国际国内形势不断发生变化的情况下坚持在稳定中求发展，互利、高效、安全地寻求国际合作。国际合作园区作为经济大海中的"航空母舰"，有望成为我们积极稳妥推进互利共赢国际合作的重要载体和抓手①。成都坚持增强国际合作园区窗口示范功能，不断提升中德、中法、中意、中韩、新川等合作园区的建设水平，国际化合作有利于经济的发展、产业结构的提升，从而成为其他地区效仿的模板。推动中国和欧洲的合作发展，加强两地的科技合作平台建设，对标世界先进国家的科技水平，提升成都的创新能力；政府应实施一系列政策措施，提升产品的质量和科技水平，保障成都对欧的出口贸易顺差；加快川桂两地的产业园区建设，增强衔接国际资源要素的能力，提升成都的国际水平，让世界都能认识成都、了解成都，为成都创造更多的财富，提升人民的生活水平和幸福感；对不同的领域和分工增强专业化的管理服务机制，保障政府的政策和投资都能用到刀刃上，全面提升成都产业园区的国际化水平。成都国际合作园区的建设，是新时代发展战略中的关键一步。

成都是一个内陆城市，没有沿海地区的地理优势，而且又处在一个山多地少的省份，发展交通基础设施有相当大的难度，但交通水平提升不上去，就会不利于省内其他方面的发展，对四川省整体水平的提高带来不利影响。不断提升成都对外开放水平，夯实口岸平台开放支撑。天府国际机场的建设不仅能提升成都交通基础设施建设水平，而且能够美化成都环境，丰富成都的旅游资源。推动天府国际机场开放口岸设置，指定合适的监管场所对进出口货物进行检查；针对海洋水产品、肉类食品的进口，提升双流国际机场的集散能力。不断优化成都开放口岸的布局和功能，提升相关配套设施和服务水平，设置特殊的海关监管区，对于保税区的商品加强监管，防止假冒伪劣商品的出现，持续提升保税区的发展水平，抢抓区域全面经济伙伴关系协定（RCEP）机遇，提

---

① 罗雨泽. 高质量推进园区建设，强化双循环国际合作支点 [J]. 中国发展观察，2020 (23)：52-53.

升成都的贸易水平和服务水平，优化西部地区市场环境，建立统一开放的市场，减少贸易壁垒，把成都打造成"一带一路"沿线的商品集散地和消费中心。成都是西部地区经济发展水平最高的城市，夯实口岸平台开放支撑，不仅能够促进成都发展，而且能够带动西部地区经济的增长，提高中国西部地区的国际知名度。

成都老年人口占比越来越大，但针对老年人的基础设施建设还不完善，这些产业还需要国家的大力支持。日本是一个人口老龄化较典型的国家，针对老年人的产业发展相对完善。我国可以在这方面吸收借鉴日本的做法，不断推进中日（成都）城市建设和现代服务业开放合作示范项目建设，在养老院建设、健康护理、医疗、食品安全等方面展开合作，以优惠政策引进日本健康行业的人才，帮助成都建设现代化的养老基地和健康护理中心。日本是一个资源匮乏的国家，四川又是一个农业大省，可以根据自身实际情况，出口农产品，不仅可以缓解日本的农产品短缺问题，还可以提高四川地区农民的收入。成都应不断提升自由贸易试验区水平，促进中日贸易的自由化、投资的便利化、跨境资金的自由流动、人员的进出便利化、管理数字化。成都在和日本合作时，可以出台一些更深层次的开放政策，探索出一批可复制、可推广的对日合作成果，不断打造中日地方合作的范例，不断提升我国的对外开放水平。

（二）推动开展高能级开放平台体系法治保障效果评价工作

高能级开放平台体系是指以成都为核心，以自贸试验区、国家级平台、国际合作园区、口岸平台、中日合作项目等为支撑，打造对外开放的高端平台，实现成都与周边地区、西部地区、全国和世界的互联互通，促进经济社会的协调发展。

第一，成都加强了自贸试验区改革创新的相关法律研究，坚持公平公正合理地审理和自贸试验区相关的案件。成都国家自主创新示范区管理相关规范规定，在示范区建立创新容错机制，对因改革创新、先行先试出现失误和错误的，可以按照有关规定从轻、减轻处理或者免除责任。不断加大对知识产权的保护力度，严厉惩罚盗窃他人知识成果的行为；不断提升公安机关和司法机关的管理职能，减少贸易中违法行为的发生；加快推进国际纠纷解决中心建设，避免不必要的国际贸易摩擦；积极推动自贸试验区诚信体系建设，提高国际贸易的信用水平；不断开展法治宣传工作，保障司法工作的公开透明，更好地服务于成都自贸试验区改革创新；全面推动自贸试验区法律服务体系建设，聚集高端法律服务机构及人才，以适应自贸试验区经济发展需求。坚持党建的引领作用，全面提升自贸试验区的管理水平，建立党群服务中心，为周围的企业和群众提供法律援助，化解群众在商业活动和生活中出现的各种矛盾，营造良好的营商环境。自贸试验区是面向国际的产业聚集地，法律服务也应该面向国际，搭建涉外法律服务平台，整合国外的法律信息，为企业提供国外的法律信息和国际条约，使企业"走出去"和"引进来"时不触犯法律。为了评价法治保障对自贸试验区改革创新的保障效果，应该建立科学合理的评价指标体系和评价方法，定期开展评价工作，并及时反馈评价结果和建议，以便及时调整和完善法治保障措施。评价工作应该坚持客观公正、实事求是、全面系统、动态跟踪、问题导向、改进促进等原则。评价指标应该包括法律规范性、执法规范性、司法公正性、法律适用性、法律适宜性、法律效益性等方面。评价方法应该结合定量分析和定性分析方法，运用问卷调查、专家咨询、案例分析、数据统计等手段。评价结果应该反映出自贸试验区改革创新中存在的主要问题和改进方向，并提出具体可行的改进建议。评价反馈应该及时向相关部门和社会公开，并听取各方意见和建议，以促进法治保障工作的持续改进。

第二，成都不断提升国家级平台开放引擎功能，并运用法治保障该功能的正常发展。成都市应以《中华人民共和国民法典》为准则，开展"多规合一"，避免规则重叠引发冲突问题；创新政府管理模式，全面提升政府的执法水平，建设综合监管和执法的新体系；不断完善成都对外开放的规则，维护该地区的利益，保障司法工作更加公开透明；司法是保障公司治理、形成良好营商环境的最后一道防线，提升相关部门的司法水平，为企业的发展建立一个公平的市场环境。进一步简政放权，取消一些不必要的审批程序，合并一些相似的审批程序，提高政府的工作效率；实行证照分离，不断降低企业运营成本；统一市场准入规则，保障企业有一个公平的竞争环境，促进生产要素在成渝地区双城经济圈自由流动。为了评价法治保障对国家级平台开放引擎功能的保障效果，应该建立科学合理的评价指标体系和评价方法，定期开展评价工作，并及时反馈评价结果和建议，以便及时调整和完善法治保障措施。

第三，成都致力于将国际合作园区打造成推进全省经济高质量发展的新引擎、推动开放合作的新平台、强化创新驱动的新载体和促进绿色发展的新典范。依法治国是中国特色社会主义的本质特征，法治保障对国际合作园区的建设具有重要作用。根据《中华人民共和国外商投资法》，成都市要结合本地区的实际情况制定合适的实施细则，为外商投资创造良好的法治环境，提升合作园区的国际化水平；成都市也要确保法律法规的落地实施，为来川办厂的企业提供国民待遇，保障内外资公平竞争；健全国际合作园区的相关配套措施，把成都建设成具有国际影响力的一线城市。根据成都国际合作园区建设、高品质宜居的现阶段发展需要，补充实施细则，积极回应经济发展的新需要，满足社会发展需要和人民群众的要求；坚持严格执法，对企业和个人的违法犯罪行为不能实行"一刀切"的方式，应坚持具体问题具体分析。成都市的各项规章制度应不断适应本地区发展，为国际合作园区建设提供法治保障。为了评价法治保障对国际合作园区建设的效果，应该建立科学合理的评价指标体系和评价方法，定期开展评价工作，并及时反馈评价结果和建议，以便及时调整和完善法治保障措施。

第四，成都市还要加强对口岸平台的法治保障，推动成都国际铁路港、成都空港新城、成都欧亚经济合作区等重点项目建设，提升成都的国际物流能力和国际贸易水平。为此，成都市应当完善口岸平台开放的法律制度，加强对口岸平台的监管和服务，保障口岸平台的安全和便利。具体措施包括：制定和完善口岸平台开放的相关法规规章，明确口岸平台的管理权限、职责和程序，规范口岸平台的运行秩序，保护口岸平台的合法权益。加强对口岸平台的执法检查和监督，严厉打击走私、偷税、逃税、贩毒等违法犯罪行为，维护口岸平台的安全稳定。优化口岸平台的通关流程，简化通关手续，提高通关效率，降低通关成本，为进出口企业提供便捷高效的通关服务。建立口岸平台的信用体系，实施信用分类管理，对信用等级高的企业和个人给予优惠待遇，对信用等级低的企业和个人加强监管和惩戒。加强口岸平台的国际合作，与其他国家和地区建立良好的合作关系，推动国际标准、规则、认证等方面的互认互通，促进国际贸易畅通。为了评价法治保障对口岸平台开放的效果，应该建立科学合理的评价指标体系和评价方法，定期开展评价工作，并及时反馈评价结果和建议，以便及时调整和完善法治保障措施。

第五，成都市还要加强对中日（成都）城市建设和现代服务业开放合作示范项目的法治保障，深化与日本在经济、文化、教育、科技等领域的交流合作，提升成都在全球城市网络中的地位和影响力。为此，成都市应当完善中日（成都）城市建设和现代服务业开放合作示范项目的法律制度，加强对该项目的支持和服务，保障项目顺利实施。具体措施包括：制定和完善相关法规规章，明确该项目的目标、内容、机制、责任等，规范项目的运行秩序，保护项目的合法权益。加强执法检查和监督，严厉打击侵犯知识产权、违反环境保护、违反劳动保障等违法犯罪行为，维护公平竞争的市场环境。优化投资环境，简化投资审批流程，提高投资审批效率，降低投资审批成本，为中日双方的投资者提供便捷高效的投资服务。建立信用体系，实施信用分类管理，对信用等级高的企业和个人给予优惠待遇，对信用等级低的企业和个人加强监管和惩戒。加强国际合作，与日本在法律、税收、金融、贸易、人才等方面建立良好的合作关系，推动国际标准、规则、认证等的互认互通，促进国际合作共赢。建立科学合理的评价指标体系和评价方法，定期开展评价工作，并及时反馈评价结果和建议，以便及时调整和完善法治保障措施。

五、高效现代流通体系的建设发展及其法治保障效果评价

流通体系是经济社会发展的重要组成部分，是连接生产和消费的纽带，是促进市场有效运行的动力，是提高社会福利的途径。高效现代流通体系是指以市场为导向，以法治为保障，以信息化为手段，以创新为动力，以协调为原则，以服务为宗旨，形成多元化、开放化、网络化、智能化的流通组织形态和运行模式，实现资源的优化配置和高效利用，满足人民群众日益增长的美好生活需要的流通体系。构建高效现代流通体系，是我国适应新发展格局、推动经济高质量发展、增强国际竞争力的重要举措，也是我国实现社会主义现代化、建设社会主义法治国家的必然要求。成都作为西部地区经济发展水平较高的城市，正积极推进高效现代流通体系的建设，打造西部地区最具影响力的物流枢纽和商贸中心，服务全国乃至全球市场。在这一过程中，法治保障工作起着至关重要的作用，为高效现代流通体系的建设提供法律依据、规范指引、风险防控和权益保障。近年来，成都市委、市政府高度重视流通领域的法治保障工作，深入贯彻习近平法治思想，坚持依法治国、依法治市、依法行政的基本方略，不断完善法律法规体系，加强执法监督和司法保障，提高法治化水平，取得了显著成效。为了更好地推动高效现代流通体系法治保障工作，我们还需要开展全面、客观、公正的效果评价工作。效果评价工作是对法治保障工作的总结和反馈，旨在检验法治保障工作是否达到预期目标，是否符合法治原则和规范要求，是否满足人民群众的需求和期待，是否存在不足和问题，以及如何进一步完善和改进。开展好效果评价工作，有利于提升法治保障工作的质量和水平，增强法治保障工作的公信力和影响力，促进法治保障工作的创新和发展。

（一）高效现代流通体系的建设发展

流通是商品生产与消费之间的桥梁和纽带，是商品价值实现的过程，是人与人之间经济关系的反映。高效现代流通体系贯穿商品生产至消费的所有环

节，涉及交通运输、仓储管理、金融资本、信息资源等各个领域，是新发展格局的重要组成部分。从不同角度观察，建设高效现代流通体系有以下几个方面的意义和作用：一是扩大内需的重要经济手段。流通体系对市场匹配性与适应性至关重要，能够巩固和扩大国内市场的需求和供给，促进商品和要素的自由流动，提高流通效率和降低流通成本，激发消费潜力和投资活力，增强经济增长的内生动力。二是连接生产与消费的重要手段。流通体系通过资金流动、产品流动、信息流动，实现了资源跨区域流通与自由配置，实现商品贸易各环节的有序衔接，满足了不同地区、不同层次、不同类型的消费需求，促进了生产与消费的良性互动和协调发展。三是贸易产业发展的重要保障。流通体系是保障公司治理、形成良好营商环境的最后一道防线，为企业的创新发展提供法律、金融、物流等多方面的支持服务，为企业打造一个公平、透明、高效的市场环境，提升企业在国内外市场的竞争力和影响力。四是实现高水平对外开放的重要助推作用。流通体系是连接国内国际市场的重要纽带，能够增强我国在全球供应链和产业链中的地位和作用，推动对外开放和国际合作，实现国内国际双循环良性互动。在当前世界经济形势复杂多变的背景下，高水平对外开放是应对风险挑战、促进共同发展的主要手段和重要支撑。

为了建设高效现代流通体系，要坚持以习近平新时代中国特色社会主义思想为指导，全面贯彻党中央决策部署，紧紧围绕"讲政治、抓发展、惠民生、保安全"的工作总思路，突出重点抓好以下几个方面的工作：一是深化改革创新，激发市场活力。我们要深入推进自贸试验区改革创新，加快制定实施细则和配套措施，完善政策法规体系，创新监管模式和服务方式，打造更高水平的开放平台；我们要深化"放管服"改革，简政放权、放管结合、优化服务，减轻企业负担，激发市场主体活力；我们要深化国有企业改革，推进国有资本投资、运营公司改革，完善国有资产监管体制，提高国有经济效益和竞争力。二是加强基础设施建设，提升流通能力。我们要加快推进交通运输、仓储物流、信息通信等基础设施建设，完善流通网络布局，打造现代物流体系；我们要加快推进数字化、智能化、网络化建设，提升流通信息化水平，打造智慧流通体系；我们要加快推进绿色化、低碳化、循环化建设，提升流通节能环保水平，打造绿色流通体系。三是培育壮大现代流通企业，提升流通水平。我们要加强对现代流通企业的扶持和引导，鼓励企业创新经营模式和服务方式，提高产品质量和服务水平；我们要加强对现代流通新业态新模式的培育和发展，支持电子商务、跨境电商、社区商业等新兴领域的发展，拓展消费市场和空间；我们要加强对现代流通人才的培养和引进，支持企业开展人才培训和交流，提高人才队伍的专业化和国际化水平。四是加强法治保障和信用建设，营造良好的流通环境。我们要制定和完善流通领域的法律法规，保障各方主体的合法权益，维护市场秩序和公平竞争；我们要加强对流通领域的监督管理和执法检查，严厉打击违法违规行为，维护国家和社会的利益；我们要加强对流通领域的信用体系建设和信用监管，建立健全激励约束机制，提高市场主体的诚信水平；我们要加强对流通领域的法律服务和纠纷解决，建立有效的仲裁、调解、诉讼等多元化机制，维护市场主体的合法权益。五是加强与其他国家和地区的交流合作，拓展流通渠道和市场空间。我们要积极参与成渝地区双城经济圈建设，促进生产要素在川渝地区自由流动和优化配置，实现区域协调发展；我们要积极参与"一带一路"建设，深化与沿线国家和地区的经贸合作，拓展国际市场份额和影响力；我们要积极参与国际贸易规则的制定和完善，增强国际贸易合作伙伴的信任度和影响力；我们要积极参与国际文化交流与合作，展示四川文化魅力和特色优势。

在当前新发展格局下，构建高效现代流通体系必须以高能级流通主体为核心，以启动国内强大市场、提高市场交易效率、扩大内需、加速国际贸易流通为目标[1]，培育顶尖的跨国流通企业，与全球市场资源丰富的经济体、机构建立长效现代商品流通贸易合作机制。成都既要学习全球先进经验，又要结合实际，实事求是，发挥优势，增强自身实力，优化资源配置，以创新发展建设高能级流通主体，建立多领域、全方位流通布局。以当前数字化贸易流通为助力，以装备制造、高精尖产业为核心，与全球产业集群在贸易、流通、服务等方面开展广泛合作，并建设本地跨国跨境物流园区、储存园区、配送中心平台，打造本土现代商品流通体系。通过培育大型流通企业，逐步打造由现代流通企业主导的现代供应链联盟，克服价值链活动的时间和空间矛盾[2]。利用大数据、云计算、人工智能等科技手段，实现数字化高效流通体系的快速发展，提升体系的稳定性，支撑产业链、供应链加速完善，形成高效的商品、资金、信息统一的全球市场。

加速打造便利化流通服务平台，打造现代流通设施体系、服务标准体系、服务监测体系。以成都产业需求为指引，统筹建设现代流通基础设施，加大投资力度，争取更多领域广、能力强的国际流通企业入驻成都。建设全球物流贸易通道，结合国内国外商品供应需求，特别是高科技含量的装备制造、电子芯

---

① 姜增伟. 建设现代流通体系 服务构建新发展格局 [J]. 物流研究, 2021 (2): 1-6.
② 丁宁. 流通商主导的供应链战略联盟与价值链创新 [J]. 商业经济与管理, 2017 (6): 5-12.

片等领域需求，打造国际贸易服务链，成为全球贸易流通枢纽，致力于形成贸易物流一体化服务中心。同时全力建立健全强大的配送机制，针对国内与国际不同需要，分别建立高效商品流通网络体系。成都要充分利用网络手段，通过建设"1+5+N"物流信息平台，提升"一单制"联运服务水平，加速促进电商快递班列、多式联运班列的发展与完善，促进数字化新模式物流通道的形成，实现线上线下物流信息的整合。利用成都市地理位置优势，发挥"水水中转""铁水联运"物流通道的优越性，着力打造成都便捷高效流通服务平台体系。

建设高效的现代流通体系，始终离不开市场环境这个因素。成都建设高效的现代流通体系也必须要建立在良好的协调的市场发展环境中。一是政府各部门应当明确自身职责，并对当前经济发展中的问题做出相应的政策调整。二是从各方面、各领域打造良好的流通贸易市场环境。首先是现代流通体系规章制度的制定，对商品流通路径中的生产、交通、消费、物流等方面进行制度的完善；其次是流通体系监控必须统筹合理，及时发现问题，并进行相应的整改完善。三是对成都经济区域内的市场经营主体进行整合及统筹，制定相应的制度，增强市场活力，使其积极主动地带动市场发展，实现区域内良好的内循环。四是创造优渥的市场发展环境吸引国内国际优秀的资本来蓉发展，使成都经济领域内资本发展多元化、环境多元化。商贸流通业与区域经济的协调发展离不开物流产业的发展，政府部门应当针对物流企业营造出良好的环境，形成区域内的物流网络，让区域物流环境能够更加多元化，进而推动商贸流通发展，实现区域经济的同步发展，并且奠定区域间联系的基础，奠定区域经济协调发展的基础①。

（二）推动开展高效现代流通体系法治保障效果评价工作

当前，成都市正处于新发展阶段，面临新的机遇和挑战。作为西部地区的重要中心城市，成都市要积极适应国内外形势变化，坚持以人民为中心的发展思想，深入贯彻落实习近平总书记关于构建新发展格局的重要指示精神，加快建设高效现代流通体系，为全面建设社会主义现代化国家、实现中华民族伟大复兴的中国梦提供有力的支撑。高效现代流通体系是指以市场为主导、政府为引导、法治为保障的流通组织形式，是指能够有效地满足人民群众日益增长的物质文化需求，能够有效地促进经济社会协调发展，能够有效地适应国内外环

---

① 林健. 工程教育认证与工程教育改革和发展 [J]. 高等工程教育研究，2015（2）：10-19.

境变化的流通体系。高效现代流通体系是经济社会发展的重要基础和动力，是提高全要素生产率、增强国际竞争力、实现高质量发展的重要途径。高效现代流通体系包括以下三个方面：一是流通网络。流通网络是指连接生产者和消费者、实现商品和服务流动的物理空间和组织形式。流通网络应该具有覆盖广泛、连接顺畅、运行高效、安全可靠等特点。成都市要加强流通网络的规划建设和管理维护，优化流通网络的结构和布局，提升流通网络的智能化和绿色化水平，打造一张便捷高效、安全畅通、节能环保的流通网络。二是流通主体。流通主体是指参与商品和服务流动的各种市场主体，包括生产企业、流通企业、消费者等。流通主体应该具有活力充沛、创新能力强、诚信守法等特点。成都市要激发各类市场主体的活力和创造力，营造公平竞争、诚信合作、共赢发展的市场环境，培育一批规模适度、结构合理、品牌知名、质量优良的流通主体。三是流通机制。流通机制是指影响商品和服务流动的各种规则和制度，包括法律法规、政策措施、行业标准等。流通机制应该具有科学合理、适应变化、引领发展等特点。成都市要完善流通机制的制定和执行，坚持以法治思维和法治方式推进流通领域改革创新，构建一套符合国情地情、适应市场需求、促进公平正义的流通机制。

为了推动构建高效现代流通体系，成都市还需要加强法治保障工作。法治保障工作以法律为依据，以法律手段为工具，为推进高效现代流通体系建设提供有力的支持。法治保障工作是高效现代流通体系的重要组成部分，也是构建高效现代流通体系的重要条件。法治保障工作包括以下三个方面：一是法治理念。法治理念是指对法治的基本认识和价值取向，是指导法治保障工作的思想基础和行动指南。法治理念应该具有先进性、科学性、人民性等特点。成都市要坚持以习近平新时代中国特色社会主义思想为指导，坚持以人民为中心，坚持依法治市、依法执政、依法行政，坚持法治政府、法治社会一体建设，形成尊崇法律、学习法律、遵守法律、运用法律、维护法律的良好氛围。二是法治环境。法治环境是指影响法治保障工作的各种外部条件和内部因素，是法治保障工作的实际水平和效果的综合体现。法治环境应该具有完善性、适应性、协调性等特点。成都市要不断完善流通领域的法律体系，及时制定、修改、废止相关的法律法规，使之符合国家法律，符合经济社会发展需要，符合人民群众的利益诉求。成都市要加强流通领域的执法监督，确保各级政府及其部门在流通领域的行政行为合法有效，纠正违法违规行为。成都市要加强流通领域的司法保障，提高司法公信力和权威性，维护流通主体的合法权益，及时化解流通领域的矛盾纠纷。三是法治文化。法治文化是指在流通领域形成的具有鲜明特色和价值导向的思想观念、道德规范、行为习惯等，是反映流通主体对于法治保障工作的认同感和参与度的重要标志。法治文化应该具有包容性、创新性、引领性等特点。成都市要大力弘扬社会主义核心价值观，培育尊重规则、诚信守约、公平竞争、共同发展的流通文化。成都市要广泛开展流通领域的普法教育，提高流通主体的法律素养，增强流通主体自我约束和自我监督的能力。成都市要积极推广流通领域的先进典型案例，激励流通主体遵守和维护高效现代流通体系建设的相关规则。

为了更好地推动高效现代流通体系法治保障工作，还需要开展全面、客观、公正的效果评价工作。效果评价工作主要对成都市高效现代流通体系建设情况进行总结和反馈，旨在检验成都市高效现代流通体系建设是否达到预期目标，是否存在不足和问题，以及如何进一步完善和改进。开展好效果评价工作，有利于提升法治保障工作的质量和水平，增强法治保障工作的公信力和影响力，促进法治保障工作的创新和发展。效果评价工作可以按以下七个步骤进行：第一步，明确评价的目的和意义。评价的目的是检验法治保障工作是否符合国家法律法规和政策要求，是否满足经济社会发展需要，是否符合人民群众利益诉求。评价的意义是总结法治保障工作的经验和教训，发现法治保障工作的问题和不足，提出法治保障工作的改进措施和建议。第二步，明确评价的主体、对象、内容和范围。评价主体是指负责组织和实施效果评价工作的机构或个人，包括政府部门、专业机构、社会组织、媒体、公众等。评价对象是指受到效果评价工作影响的机构或个人，包括流通主体、流通管理部门、流通监督部门、流通服务部门等。评价内容是指需要进行效果评价的具体事项或活动，包括法律法规、政策措施、项目计划、行政行为等。评价范围是指需要进行效果评价的时间段或地域范围，包括年度评价、阶段性评价、专项评价等。第三步，建立科学合理的评价指标体系和评价方法。评价指标体系是指用于衡量法治保障工作效果的一系列具体指标，包括定性指标和定量指标。评价方法是指分析和判断法治保障工作效果的一系列具体方法，包括定性方法和定量方法。在建立评价指标体系和评价方法时，要根据国家法律法规要求，结合经济社会发展需要，考虑人民群众利益诉求。第四步，采取有效的数据收集和分析方式。数据收集是指获取法治保障工作效果相关信息的过程。数据分析是指对收集到的数据进行处理和解读，包括数据清理、数据整合、数据挖掘等。在进行数据收集和分析时，要根据评价指标体系和评价方法的要求，选择合适的数据来源和类型，保证数据的真实性和有效性。第五步，形成有效的评价结果和建议。评价结果是对法治保障工作效果进行综合评价的结论，包括评价等级、评价得分、评价优劣等。评价建议是指针对法治保障工作效果存在的问题和不足提出的改进措施，包括改进目标、改进方案、改进步骤等。在形成评价结果和建议时，要根据数据分析的结果，综合考虑各方面的因素，提出具有可行性和操作性的建议。第六步，发布和传播评价结果和建议。发布和传播评价结果和建议是指将评价结果和建议以适当的形式向相关方公布和宣传，是提高评价结果和建议的知晓度和认同度的过程。第七步，落实和跟进评价结果和建议。落实和跟进评价结果和建议是指将评价结果和建议转化为具体的行动计划，并监督其执行情况，是确保评价结果和建议得到有效实施的过程。

六、开放发展水平的提升及其法治保障效果评价

开放发展是中国长期以来的战略选择。开放发展不仅能够促进中国经济增长和社会进步，也能够为世界和平与发展做出贡献。但是，开放发展也面临着诸多风险和挑战，需要强有力的制度来支撑。法治保障正是通过制定和执行符合国家利益和人民意愿的法律法规，维护国家主权和安全，保护人民群众的合法权益，促进国际交流与合作，实现开放发展的目标。法治保障是开放发展的基础和保障，也是开放发展的动力和引领。因此，推动开展开放发展水平法治保障效果评价工作具有重要意义。效果评价工作是指通过科学、规范、客观、公正的方法和程序，对法治保障工作的目标、内容、过程、结果、影响等方面进行系统分析和综合评价，以便及时发现问题，提出改进措施，促进法治保障工作的持续优化。效果评价工作是法治保障工作的重要组成部分，也是法治保障工作的重要反馈机制。通过效果评价工作，我们可以检验法治保障工作是否符合国家战略和人民期待，是否能有效解决开放发展中遇到的问题和挑战。成都做为西南地区的中心城市，是"一带一路"建设的重要节点，应积极推进对外开放发展战略，努力打造国际化、现代化、生态化的新型城市。在此过程中，成都市高度重视法治保障工作，制定了一系列地方法规和规章制度，强化了对外法律服务和风险防范工作，积极参与国际法治建设和合作。

（一）开放发展水平的提升

成都从国际市场着手，从加强与全球经济贸易机构的合作着手，打造开放发展国际合作平台，向中央政府申请更多的外国领事机构入驻成都区域，增加成都国际合作的机遇。同时，成都要按照中央审批规定积极加入全球城市合作

组织，提高开放发展协作可能性。成都通过建立法务机构，将与成都本地特色产业联系密切的企业引进来，特别是一些高端性服务行业的分支机构。成都应根据实际的需求，进一步将国际上的跨国公司总部、分部，新兴产业及中小企业引进来。统筹优化成都的投资环境，这关系到成都基础设施建设及经济水平的继续提升。"要想富，先修路"，成都紧跟中央政府政策，提高交通基础设施建设水平，大力发展航空、高铁、海运建设，现如今成都已经建成天府国际机场，成都已经成为拥有两座国际机场的城市，大大提高了成都对外交往水平。成都又是"一带一路"建设的重要城市，良好的交通建设让成都具有连接东西南北的功能，提升了成都在西部地区发展中的地位，保障成都在更大空间、更广领域与世界的联系，从而参与全球资源的优化配置，提升对外开放水平。创新在现代化建设中的作用越来越突出，成都地方政府不断加强财政支持，促进中小企业发展，尤其是创新型公司的建设发展。成都政府坚持规划引领，聚焦各大创新企业，给予政策支持和资源供给，科学布局各项产业，打造协调联动、城乡一体的发展模式；发挥航空作用，开发更多的国际航线，做大做强国际物流行业，形成功能完善的国际航线体系，提升成都的综合竞争力。

党的十九大报告明确指出："优化区域开放格局，加大西部开放力度。把变革的自主权赋予自由贸易试验区，进一步去探寻建设自由贸易港。"① 近几年线上销售平台得到快速发展，成都有国家重点发展的跨境电子商务，进口贸易的方式也实现了改革创新，数字服务经济开始走向全世界，对外贸易形势开始转型升级，市场采购方式多样化。成都要继续统筹规划建设对外经济贸易发展机制，利用"一带一路"建设通道，充分发挥成都物流枢纽的作用，强化泛欧泛亚国际门户枢纽位置。从关键性技术、成都缺乏的资源入手加大进口贸易，同时让成都本地特色产业"走出去"，出台政策支持民营企业针对国际市场创新品牌。成都必须深化外贸合作，打造服务贸易合作平台。成都要坚持对外贸易的创新提质，聚焦成都对外经济发展走廊，坚持以成都为贸易的中转枢纽，大力提升成都对外贸易水平，保障成都贸易承载平台地位，增强在欧亚地区的国际枢纽城市地位。高科技技术是经济发展的关键因素，成都应大力吸引各行业的顶尖人才，毫不吝啬地给予财政、政策的支持。成都要积极推动生产型服务的出口，推动软件开发、动漫设计的出口，坚持"优进优出"的发展原则。成都正在建设贸易创新示范区、进出口贸易示范区、数字服务中心，这

---

① 习近平. 决胜全面建成小康社会 夺取新时代中国特色社会主义伟大胜利：在中国共产党第十九次全国代表大会的报告 [M]. 北京：人民出版社，2017.

对成都及其周边城市发展的转型升级具有重要作用。扩大开放，坚持创新引领，加快新旧动能转换，是实现高质量发展的重要途径①。成都要坚持构建西部地区一体化空间布局，保障政府对经济的规划引领作用，促进西部地区的快速崛起。

要推动成都"走出去"的数量和质量双提升，把握"一带一路"建设、中欧投资协定、RCEP等机遇，通过高质量的"走出去"，增加国际资源对成都发展的效益。利用国际航线网络、陆海大通道布局，打造全球供应平台网络，在跨国采购、外贸投资等方面加大本地企业的国际化建设，合理利用全球资源服务成都建设。通过建立新形态的外贸模式，发展新时代下外贸创新，加强制度创新，为成都外贸经济发展注入新活力。加速国内贸易与国外贸易融合，平衡内外循环，提升服务质量，打破市场壁垒，加速成都特色"走出去"体系构建。要提高产品生产技术，提升产品的科技含量，逐渐破除价值链低端锁定、增加产品附加值、推动中国制造业迈向全球价值链中高端②。加快培育一批世界级的跨国公司，扶持一些规模大、品牌强的龙头企业③，提升"走出去"的水平，减少政府行政审批的流程，提升企业的工作效率。西部地区自然资源、文化资源丰富，产业发展时间长，拥有良好的"走出去"优势，成都又位于"一带一路"重要的连接点上，加强与沿线国家的产业合作，推动新能源、建筑材料、农业科技、卫生医疗等领域的企业"走出去"，不断扩大运输、电信、旅游等服务业"走出去"的范围，把中国特色的医药学、养生文化、教育文化等介绍给世界，让世界其他国家能够了解、学习、运用。成都是世界著名的美食之都，在现代化建设过程中，要充分发挥成都文化资源丰富的优势，加快文化"走出去"的步伐，提升成都在国际社会的影响力。

国际交流协作具有非常重大的作用。成都要积极开展与其他国际机构、国家、城市、高校、企业广泛务实的交流，既要与发达国家开展交流，更要与发展中国家开展交流。通过与国际上具有影响力的机构论坛、国际赛事、国家博览会展开协作，抓住对外合作交流的机遇。既要重视经济合作交流，又要重视文化、价值观上的交流，也要充分发挥全球华人华侨在国际交流中的作用，支持民间的交流协作，聚合所有力量加强国际交流。要不断深化供给侧结构性改革，加快创新发展，注重市场秩序，促进成都与其他国家的国际交流合作，高

---

① 本报评论员. 提升高水平开放高质量发展的保障力 [N]. 钦州日报, 2019-08-08 (1).

② 马林静. 外贸"十四五"创新再出发 [N]. 国际商报, 2021-07-26 (3).

③ 甄晓英, 马继民. "一带一路"战略下西部地区的对外开放与机制创新 [J]. 贵州社会科学, 2017 (1): 130-135.

质量共建"一带一路"，让文化和旅游产业提质、提效，提升产品供给的弹性，促进全方位高质量发展。当今世界信息化发展快速，数字经济大放异彩，智慧旅游、线上旅游、线上演出、云端展会等文化和旅游新模式方兴未艾①，为文化旅游赋予新的发展动能；同时要借助国家网络公共资源、智慧图书馆等平台，传播积极向上的文化；要坚持以市场为主导、企业优先的原则，充分利用旅游和文化资源，坚持区域合理调度、优势互补、共同推进、文旅融合的发展方式，坚持企业的主导地位，充分发挥企业领头作用，开拓国内外市场，有重点、有核心地推动以文化为中心的国际合作和对外贸易发展。高校是我国科研的主阵地和人才培养的基地②，要加强和国际高校的合作，选送学科带头人、青年教师和学生到国外进修，学习国外的先进技术和经验；要与世界优秀科学家合作，建设一批具有世界水平的科研基地，为创新成果的产出提供沃土。

（二）推动开展提升开放发展水平法治保障效果评价工作

发展是一个国家屹立于世界民族之林的最基本的要求。发展水平的高低能够体现出国家的国际地位高低。发展水平越高，国家的国际话语权越大。当前国际形势错综复杂、充满变数，逆全球化潮流涌动，单边主义、贸易保护主义的思潮不断抬头。国际法治同样是依法治国的核心，是成都加强国际交流合作的必经之路。改革开放以来，我国法治建设取得了辉煌成就，这些成果来之不易，得益于中国特色社会主义制度，更离不开中国人民选择的法治道路。党的十八大以来，党中央把握时代发展特点，顺应人民群众的利益和期盼，进一步丰富和完善法治思想体系。无数实践成果证明，只有开放才能助推发展，法治建设则是发展与开放的制胜法宝。在提升开放发展水平，加强集聚国际机构和市场主体，推进对外贸易创新提质，推动"走出去"质量提升，广泛开展国际交流合作的实际工作中，必须通过法治建设保障开放发展。

成都坚持走中国特色社会主义法治道路，坚持在执法、司法、法治教育各个方面体现为人民服务的宗旨，努力让人民群众感受到中国共产党一切为了人民的初心；坚持法律面前人人平等的原则，坚持德治与法治相结合的治国方略。要始终坚持法治思维，不断实践法治建设，保障成都在对外开放发展中的

---

① 王嘉珮. 描绘国际交流与合作新蓝图 推动"一带一路"文旅融合发展 [N]. 中国旅游报，2021-07-20 (3).

② 张莉，孟徽. 新时期加强高校国际科技交流与合作的思考 [J]. 武汉理工大学学报（社会科学版），2021, 34 (3)：139-142.

根本权益，保证成都顺利进行国际合作交流、提升对外贸易效益、提升"走出去"质量。成都市政府以国家法律法规为依据，制定适合本地区发展的地方法律法规，保障国家权力机关依法办事。成都市制定了一系列地方法规和规章制度，为对外开放发展提供了有力的法律保障。成都市还与美国、日本、韩国、德国等多个国家的城市建立了友好城市关系，在经贸、文化、教育、科技等领域开展了广泛交流。成都市对外贸易额连续多年保持两位数增长，出口产品结构不断优化，服务贸易占比不断提高。成都市"走出去"企业数量和规模不断扩大。在"走出去"过程中，相关主体依法保护了自身的合法权益，也尊重了其他国家和地区的法律制度，积极履行了国际义务和责任。成都市还积极推动国际法治建设，参与了多边和双边的法律合作。成都市建立了完善的对外法律服务体系，为"走出去"企业提供专业、高效、便捷的法律咨询、代理、仲裁等服务。成都市还不断提升对外法律风险防范和应对能力，及时处理涉外经贸、投资、人员、知识产权等方面的法律纠纷和争端。成都市积极参与多项重要的国际法律文件的签署和实施，为维护国际经济秩序发挥了积极作用。综上所述，成都市提升开放发展水平法治保障工作取得了显著成效，为成都市的经济社会发展提供了有力的支撑。为了进一步坚持以习近平新时代中国特色社会主义思想为指导，坚持以党中央决策部署为遵循，坚持以人民为中心，坚持以改革创新为动力，坚持以开放包容为理念，坚持以效果评价为导向，努力开展更高水平的开放发展法治保障工作，需要对法治保障工作的效果进行评价。效果评价工作是法治保障工作的重要组成部分，也是法治保障工作的重要反馈机制。可以从以下五个方面开展提升开放发展水平法治保障效果评价工作：

第一，明确评价的目标和原则。评价目标应全面、客观、公正地反映法治保障工作在提升开放发展水平方面所取得的成就和存在的问题，为进一步完善和改进法治保障工作提供依据和参考。评价原则包括：一是以事实为依据。评价工作应以真实、准确、完整的数据和信息为基础，避免主观臆断。二是以标准为遵循。评价工作应以国家法律法规和政策要求为依据，遵循国际通行的评价规范和方法。三是以需求为导向。评价工作应以满足人民群众日益增长的物质文化需求为出发点和落脚点，关注人民群众对于法治保障工作的意见和建议。四是以改进为目的。评价工作应以促进法治保障工作的持续优化为最终目的，提出具有针对性和可操作性的改进措施和建议。

第二，确定评价的范围和对象。评价范围是指需要进行效果评价的时间段或地域范围，评价对象是指受到效果评价影响的机构或个人。确定评价的范围和对象有利于明确评价的依据和方向，有利于减少评价的工作量和降低难度。确定评价的范围和对象应遵循以下原则：一是全面性原则。评价的范围和对象应尽可能地涵盖所有与法治保障工作相关的时间段或地域范围，以及所有参与或受影响的机构或个人。二是代表性原则。评价的范围和对象应尽可能地反映法治保障工作在提升开放发展水平方面的普遍性和特殊性。三是可比性原则。评价的范围和对象应尽可能地具有可比性和可区分性，以便进行横向或纵向的比较分析。四是可操作性原则。评价的范围和对象应尽可能地具有可操作性和可测量性，以便进行有效的数据收集和分析。

第三，建立评价的指标和方法。评价指标要能够衡量法治保障工作在提升开放发展水平方面的具体表现和效果，应该包括以下内容：一是法治保障工作目标实现情况。主要评价法治保障工作是否达到了预期的目标，如是否提高了对外开放水平，是否增强了国际竞争力，是否促进了国际合作交流等。二是法治保障工作的内容覆盖情况。主要评价法治保障工作是否涵盖了开放发展的各个领域和环节，如是否完善了流通领域的法律体系，是否加强了流通领域的执法监督，是否提高了流通领域的司法保障等。三是法治保障工作的过程规范情况。主要评价法治保障工作是否遵循了法治原则和程序，如是否依法制定、修改、废止相关的法律法规，是否依法行使行政权力，是否依法处理涉外经贸、投资、人员、知识产权等方面的法律纠纷和争端等。四是法治保障工作的结果满意情况。主要评价法治保障工作是否满足了人民群众的利益和期待，如是否保障了流通主体的合法权益，是否维护了流通秩序的公平正义，是否促进了流通效率的提高和流通成本的降低等。五是法治保障工作的影响持续情况。主要评价法治保障工作是否具有长远的影响和意义，如是否增强了流通主体的法律意识，是否形成了尊重规则、诚信守约、公平竞争、共同发展的流通文化，是否推动了国际法治建设和国际经济秩序的公正合理化等。评价方法是对法治保障工作在提升开放发展水平方面进行分析和判断的方法，包括以下五种方法：一是文献分析法。文献分析法通过收集、整理、分析相关的文献资料，如法律法规、政策文件、统计数据、研究报告等，梳理出法治保障工作在提升开放发展水平方面的基本情况和发展趋势。二是比较分析法。比较分析法通过比较不同地区或不同时间段的法治保障工作在提升开放发展水平方面的差异和变化，找出其中存在的问题和原因，借鉴其中成功的经验和做法。三是调查问卷法。调查问卷法通过设计、发放、回收、分析相关的调查问卷，获取流通主体对于法治保障工作在提升开放发展水平方面的看法和感受，了解人民群众对于法治保障工作的满意度和信任度。四是访谈讨论法。访谈讨论法通过组织、参与、记录、总结相关的访谈讨论活动，收集流通主体对于法治保障工作在提升开放发展水平方面的意见和建议，为法治保障工作的改进提供参考和依据。五是案例分析法。案例分析法通过选择、分析、总结相关的典型案例，如涉外经贸、投资、人员、知识产权等方面的成功或失败的案例，展示法治保障工作在提升开放发展水平方面的具体效果和影响，提炼法治保障工作的经验教训和启示。

第四，设计评价的方案和流程。评价方案是指用于指导效果评价工作实施的具体计划和安排，包括评价的目的、内容、指标、方法、数据来源、数据分析、结果呈现等。评价的流程是指用于规范效果评价工作执行的具体步骤和程序，包括评价的准备、实施、监督、反馈等。科学的评价方案和流程有利于保证评价工作的科学性和有效性，有利于提高评价工作的质量和水平。设计评价方案和流程应遵循以下原则：一是目标导向原则。评价的方案和流程应以实现评价的目标为导向，即全面、客观、公正地反映法治保障工作在提升开放发展水平方面的成就和问题，为进一步完善和改进法治保障工作提供依据和参考。二是适应性原则。评价的方案和流程应根据评价的范围和对象，以及法治保障工作在提升开放发展水平方面的实际情况和发展变化，进行灵活调整和完善。三是创新性原则。评价的方案和流程应根据评价的内容和指标，以及法治保障工作在提升开放发展水平方面的新特点和新要求，进行创新和改进。四是可行性原则。评价的方案和流程应考虑实际条件和资源限制，以及可能遇到的风险和困难，制定可行性强、操作性好、效果好的方案和流程。

第五，开展评价工作和评价活动。评价工作是指按照评价的方案和流程，进行效果评价工作的具体执行，包括数据收集、数据分析、结果形成等。评价活动是指为了支持或改进效果评价工作进行的各种辅助或补充活动，包括宣传教育、访谈讨论、案例分析等。开展评价工作和活动有利于将评价的方案和流程转化为具体的行动和成果，有利于检验评价工作的效果和影响。开展评价的工作和活动应遵循以下原则：一是规范性原则。开展评价工作和活动应严格按照评价的方案和流程进行，不得偏离或违反。二是协同性原则。开展评价工作和活动应加强各个环节和各个部门之间的协调配合，形成合力。三是参与性原则。开展评价工作和活动应广泛吸引各类利益相关者参与，充分听取他们的意见和建议。四是反馈性原则。开展评价工作和活动应及时收集反馈信息，分析问题，提出改进措施。

第六，形成评价结果和建议。评价结果是对法治保障工作在提升开放发展水平方面进行综合评价的结论，包括评价等级、评价得分、评价优劣等。评价建议是针对法治保障工作在提升开放发展水平方面存在的问题和不足提出的改进措施，包括改进目标、改进方案、改进步骤等。在形成评价结果和建议时，要根据数据分析的结果，综合考虑各方面的因素，提出具有可行性和操作性的建议。根据评价指标和方法，可以对法治保障工作对提升开放发展水平的保障效果进行量化和定性评价。量化评价是指通过给各个评价指标赋予一定的权重和分值，计算法治保障工作在提升开放发展水平方面的总体得分和各个方面的得分，以数字和图表的形式展示出来。定性评价是指通过对各个评价指标进行描述和分析，总结出法治保障工作在提升开放发展水平方面的优势和不足，以文字和语言的形式表达出来。根据量化和定性评价的结果，可以将法治保障工作提升开放发展水平的效果划分为不同的等级，如优秀、良好、一般、较差等，并给出相应的评语。根据评价结果中反映出来的问题和不足，可以对法治保障工作在提升开放发展水平方面提出改进措施和建议。改进措施和建议应该具有针对性、可行性、可操作性等特点，要针对具体的问题和不足，考虑实际条件和资源限制，明确责任主体和时间节点。

七、联动重点区域协同开放及其法治保障效果评价

改革开放以来，西部地区发生了翻天覆地的变化，从落后地区变成了现在快速发展的地区，人民生活水平有了很大的提升。在经济全球化的今天，世界经济发展方式正处于历史拐点，中国经济也迎来了转型升级的时刻。成都是西部地区快速发展的代表型城市。成都在许多产业领域取得了显著的成果。成都作为我国近几十年发展较快的城市，吸引了国内外许多大中型企业到此建设工厂，为中国的经济发展做出了巨大的贡献，也给成都周边城市的经济发展和产业发展带来重大机遇，促进了成渝地区双城经济圈的建设发展，提升区域经济发展水平。随着经济发展水平的提升，管理方式也应不断改进，在充分发挥市场作用的同时，加强政府对经济的调节作用，强调收入分配的公平性，先富带动后富，实现共同富裕。国家不能任由市场经济发展，束缚政府这只"看得见的手"，这可能会导致市场经济发展失衡。同时法治也是现代文明社会的象征，是一个国家建设发展的必要保障。成都无论是加强与长江经济带联动发展协同开放，还是加强与西部陆海通道、包昆轴线带的协同发展，都离不开法治保障。为了更好地实现这一目标，需要对法治保障工作进行效果评价。本节主要对成都联动重点区域协同开放法治保障工作的效果进行评价，并提出改进建议。

（一）联动重点区域协同开放

成渝地区双城经济圈是我国现代化建设的新高地，是新时代中国快速发展的典型代表。以成都、重庆为代表的两大城市群，有丰富的旅游资源和矿产资源，对西部地区经济的发展有较强的辐射带动作用，这里连接产品生产地和市场供应区，而且人口总量大，具有较强的消费潜力。随着我国经济发展水平和科技水平的提升，基础设施建设日趋完善。虽然西部地区山地占比很大，但科学技术的发展直接带动了西部地区交通基础设施建设的发展。以成都、重庆为代表的城市，已经修建了联通全球的交通枢纽（航空、铁路），不仅能直达西部地区各个城市，而且能通达世界主要发达国家。成渝地区双城经济圈是习近平总书记重点提出建设的西部地区经济中心，中央给予了各项优惠政策，有财政的大力支持，有保税区、自贸试验区等开放平台，有与国际接轨的法律法规，有良好的营商环境。成都致力于打造与西部地区发展相融合的特色产业，形成适合西部地区发展的产业体系，打造世界级贸易中心。创新人才是地区发展重要的动力，成都联合西部地区众多高校，为经济建设培养高素质的人才，出台优惠政策吸引国内外顶尖人才，提升本地区科技创新水平，在技术和管理等方面实现和世界的接轨，发挥成都的辐射带动作用，推动西部地区协同开放水平建设。

西部地区虽然身处我国内陆，远离海洋，没有海运连接西方国家，但随着近几年中国高铁、航空技术的发展，路上交通设施建设得到极大发展。要不断打通西部通道，建设缺失路段，提升铁路干线的运载能力；加强通道内联辐射和推进通道对外联通[1]，重点推动核心区域和辐射地带与长江经济带建设紧密结合，并注重航空、高铁等跨境通道建设，提升与周边国家的联系。长江经济带建设是国家发展的"三大战略"之一，是实现第二个百年奋斗目标的重大决策。成都应联动其他重点区域协同开放建设发展，充分利用长江经济带"一轴、两翼、三极、多点"格局，发挥"成渝一极"的战略优势。一是构建铁水联运结构，长江黄金水道支流甚多，泸州、宜宾、万州等港口优势明显，利用众多港口发展航运业、物流业，不仅能带动周边地区发展，而且能提升现代化水平。成都应发挥"米"字形干线铁路特点，打造四通八达、协调联动的铁水联运体系，提升该地区交通建设水平。二是长江中游、下游城市群发展

---

① 潘晓娟. "十四五"推进西部陆海新通道高质量建设 协同发力带动西部地区进一步开放融合发展 [N]. 中国经济导报，2021-09-03（1）.

势头甚是良好，成都应与长沙、武汉等城市加强汽车、石化、钢铁、电子等产业的协同发展，促进该地区经济一体化发展，打造世界级产业园区。应与长江三角洲城市群加强在高端产业的协同发展，打破市场壁垒，激发产业发展活力。三是要加强与长江中下游的交通运输体系建设，交通体系的完善不仅能提升对外通达程度，也给经济发展带来巨大机遇。成都要加强对外联系带动本地区经济的发展，并借此扩大与国际经济贸易合作。

近年来，西部陆海通道的作用日益凸显，在促进西部地区大开发和衔接"一带一路"等方面发挥重要作用。随着西部陆海通道的建设，区域物流环境不断改善，沿线经济快速发展①，尤其是作为核心覆盖地带的西南地区，经济的增长速度已经在全国位于前列，尤其是像成都、重庆、昆明这样的中心城市，它们的产业聚集能力、人才培养能力、人口的吸引能力都得到显著增强。现如今，成都已经和60多个国家有陆海空交通连接，有120多个目的港口，方便了与其他国家的经济联系，促进了经济的发展。政府要加大投资力度，不断解决发展中的"卡脖子"问题，补齐发展中的短板，加快港口建设，优化港口的功能布局。西部陆海通道与长江经济带联系甚密，成都要加强与陆海通道沿线城市合作共建，完善物流功能机制，积极与重庆、广西、贵州等地建立商贸物流协作机制。同时充分利用"一带一路"和陆海通道的联动作用，既要与邻边沿海城市加强商贸合作，又要加强拓展至东南亚等地区的联系。要利用西部陆海通道综合物流运输的便利条件，发挥物流枢纽作用，利用交通运输、物流服务、经济发展交织的关系促进成都联动发展协同开放。成都和西部各省要坚持共商共建共享的发展原则，进一步提高对外开放水平，借助"一带一路"建设，增强与沿线国家的经济、文化联系。国家要坚持以西部地区陆海通道为窗口，建设从西部地区通达全国、畅通全球的互联互通交通网络②。要充分发挥我国铁路、航空、海运的优势，构建全方位、宽领域的立体交通网络。

我国正加快构建以国内大循环为主体、国内国际双循环相互促进的新发展格局③。这为西部地区带来了巨大的发展潜力，给了西部地区一个缩短与东部地区发展差距的机会，同时我国经济发展正面临着转型升级，给西部地区经济发展带来巨大挑战。随着成都、重庆、昆明等西部地区大城市的崛起，中心城

---

① 毛雯. 西部陆海新通道升级加快速度 [N]. 中国贸易报, 2021-09-16 (7).

② 邵洁, 胡山川, 蔚欣欣, 等. 西部陆海新通道交通发展格局初探 [J/OL]. 公路, 2021 (9): 318-322.

③ 魏旭. 西部地区的人口与城市协调发展 [N]. 中国人口报, 2021-08-02 (3).

市带动周边城市发展的作用越来越明显，人口在该地区的流动范围也在不断扩大，这有利于西部地区一体化新发展格局的建设。成都是一个常住人口达到2 000万的国际一线城市，庞大的人口基数对经济政策的实施和推行都有一定的影响，人口多也就意味着有充足的劳动力，为实体经济的发展提供重要的劳动力资源，保障实体经济在国家经济发展中占主要地位。成都是西部地区的龙头城市，成都和其他省会城市的合作有利于实现资源共享，促进共同发展。包头—昆明城镇化区域是工业发展、城镇化的重要经济带，是现代化建设的重要地区；成都与包昆城镇化轴带交织，要发挥重点城市协调带动作用，加强与沿线城市的经贸合作，通过提升交通基础设施建设水平，推动经济一体化发展，更好地为经济贸易联动发展提供便利。积极探索工业经济成长、物流运输发展、旅游文化交流等领域协作机制，提升铁路建设对经济发展的助推作用，并联动四川其他城市提升城镇化水平。包昆轴带与丝绸之路经济带、长江经济带、欧亚铁路、珠江—西江经济带联系密切，成都应充分利用好经贸物流加大与其他区域的经济交流，为经济发展提速，为走向国际合作提供道路，联动这些重点区域、重点城市协作发展，为成都建设国际门户枢纽城市提供支撑。

（二）推动开展重点区域协同开放法治保障效果评价工作

在与重点区域联动开放方面，成都应加强与重点区域合作。交通基础设施的通达程度是一个城市发展能走多远的决定性因素，陆海空等对外连接通道越发达，对外交流的频率也就越多；反之，如果因为山地崎岖而忽略了交通基础设施建设，那城市的发展不仅不顺畅也走不长远。所以，加快建设交通设施，完善综合运输大通道、综合交通枢纽和物流网络，可以为经济发展创造良好条件。中国是一个法治国家，在发展中坚持依法治国，以法治引领经济发展，完善治理体系，提升各地方的治理能力，是新时代中国特色社会主义建设的重要内容。成都在加强与重点区域合作时，要把法治建设贯穿其中，从历史和现实情况出发，坚持理论联系实际。制定系列地方法规和规章制度，为与重点区域联动开放提供保障，推进西部陆海新通道建设项目落地，加快建设成都国际铁路港、成都至重庆高速铁路等重大交通基础设施，与重点区域签署合作协议，在政策协调、项目对接、资源共享等方面开展深入合作。为了评价成都与重点区域联动开放法治保障工作的效果，可以采用以下评价指标体系和评价方法：

可以从四个方面构建评价指标体系，分别是法治保障工作的目标实现情况、法治保障工作的内容质量情况、法治保障工作的过程效率情况、法治保障工作的结果影响情况。法治保障工作的目标实现情况包括与重点区域联动开放法治保障工作的总体目标、具体目标、阶段目标等的符合度和达成度。法治保障工作的内容质量情况包括与重点区域联动开放法治保障工作相关的法律法规和制度规范的科学性、完善性、协调性等。法治保障工作的过程效率情况包括与重点区域联动开放法治保障工作相关的执法监督机制、协调推进机制、信息交流机制等的有效性、高效性、便捷性等。法治保障工作的结果影响情况包括与重点区域联动开放法治保障工作相关的交通基础设施建设水平、物流网络发展水平、区域经济一体化水平等的提升程度。同时，可以采用定量和定性相结合的评价方法，运用数据分析、案例分析、专家评估等多种手段，对上述评价指标进行量化或者描述性评价，得出综合评价结果和评价等级。具体来说，每个评价指标可以采用以下几种评价方法：一是数据分析。可以收集与重点区域联动开放法治保障工作相关的统计数据，如法律法规和制度规范的数量、质量、执行情况等，执法监督机制、协调推进机制、信息交流机制的运行情况和运行效果等，交通基础设施建设水平、物流网络发展水平、区域经济一体化水平等方面的指标数据等。然后，可以运用数理统计、数据挖掘等方法，对这些数据进行分析和处理，得出数据分析结果和数据分析报告。二是案例分析。可以收集与重点区域联动开放法治保障工作相关的典型案例，如在法律法规和制度规范制定或者执行过程中出现的成功或者失败的案例，在执法监督机制、协调推进机制、信息交流机制运行过程中出现的有效或者无效的案例，在交通基础设施建设、物流网络发展、区域经济一体化方面取得突出成绩或者存在不足的案例等。然后，可以运用比较分析、因果分析等方法，对这些案例进行分析和总结，得出案例分析结果和案例分析报告。三是专家评估。可以邀请与重点区域联动开放法治保障工作相关的专家学者，如法学、经济学、社会学等领域的专家学者，政府部门、企业机构、社会团体等领域的工作人员等，通过问卷调查、访谈讨论，向这些专家学者征求他们对重点区域联动开放法治保障工作的看法和建议，得出专家评估结果和专家评估报告。通过以上评价指标体系和评价方法，可以对重点区域联动开放法治保障工作的效果进行全面、客观、科学的评价，并根据评价结果给出相应的评价等级，如优秀、良好、一般、较差等。同时，还可以根据评价结果发现存在的问题和不足，提出改进措施和建议，如加强法律法规和制度规范的制定和执行，完善执法监督机制、协调推进机制、信息交流机制，提升交通基础设施建设水平、物流网络发展水平、区域经济一体化水平等。

为了更好地说明评价指标体系和评价方法的具体应用，可以以成都与重点区域联动开放法治保障工作的具体案例进行分析。例如，成都市作为"一带一路"建设的重要节点城市，积极参与"一带一路"倡议，与沿线国家开展广泛的经贸合作、文化交流、人员往来等活动。为了保障这些活动的顺利进行，成都市在法治保障方面做了大量的工作，加强了与沿线国家的司法执法合作，提供了专业的对外法律服务等。为了评价这些工作的效果，我们可以采用以下评价指标体系和评价方法：一是法治保障工作的目标实现情况。可以采用数据分析和专家评估相结合的方法，收集并分析成都市与"一带一路"共建国家在经贸合作、文化交流、人员往来等方面的数据，如进出口额、投资额、项目数量、合作协议数量、文化活动数量、人员往来数量等，并向相关领域的专家学者征求他们对这些数据的看法和评价，以此来判断成都市是否实现了推进"一带一路"建设的总体目标、具体目标、阶段目标等。二是法治保障工作的内容质量情况。可以采用案例分析和专家评估相结合的方法，收集典型案例向相关领域的专家学者征求他们对这些案例的看法和评价，以此来判断成都市法治保障工作的内容质量情况。三是法治保障工作的过程效率情况。可以采用数据分析和案例分析相结合的方法，收集并分析成都市在执法监督机制、协调推进机制、信息交流机制方面的数据，如执法检查次数、执法问责次数、执法效果评价，协调推进会议次数、协调推进方案数量、协调推进效果评价，信息交流平台数量、信息交流内容数量、信息交流效果评价等，以此来判断成都市与"一带一路"共建国家的执法监督机制、协调推进机制、信息交流机制的有效性、高效性、便捷性等。四是法治保障工作的结果影响情况。可以采用数据分析和专家评估相结合的方法，收集并分析成都市与"一带一路"共建国家在交通基础设施建设、物流网络发展、区域经济一体化方面的数据，如交通基础设施建设投入额、交通基础设施建设覆盖率、交通基础设施建设质量，物流网络发展规模、物流网络发展结构、物流网络发展效率，区域经济一体化贸易额、区域经济一体化投资额、区域经济一体化合作项目等，以此来判断成都市与"一带一路"共建国家在交通基础设施建设、物流网络发展、区域经济一体化方面合作程度。

八、文化环境的建设及其法治保障效果评价

文化是一个国家和民族的灵魂，是一个城市和地区的特色和魅力。文化环境是文化的载体和表现，是文化生存和发展的基础和条件。建设良好的文化环境，是提升城市和地区的文化品位和影响力，促进经济社会全面发展，增强人

民群众的文化自信和幸福感的重要举措。但是，建设良好的文化环境，也面临着诸多困难和挑战，需要强有力的法治保障做支撑。法治保障是建设良好的文化环境的基础和保障，也是建设良好的文化环境的动力和引领。为了更好地实现这一目标，我们需要对法治保障工作进行效果评价。近年来，成都市积极推进对外开放发展战略，努力打造国际化、现代化、生态化的新型城市。本节结合成都建设文化环境法治保障工作，进行法治保障效果评价，并提出改进建议。

（一）文化环境的建设

"民族的就是世界的。"提倡发掘民族文化价值在国内文艺界、遗产学界产生了长期深刻的影响①。近年来，我国对文化遗产越发重视，文化是中华民族经过 5 000 多年的岁月沉淀下来的精髓，是中国人的精神信仰。成都是三国时期蜀国的国都，这里有着丰富的三国文化和诸多三国历史文化遗产，如武侯祠、刘备墓惠陵、诸葛井、张飞营、万里桥、黄龙溪等。文化与经济发展相交融，一个地区如能充分发挥文化的作用推动经济发展，那这个地区就有巨大的发展潜力。成都应充分发挥武侯祠的文化遗产功能，对周边地区进行整合和改造，以武侯祠、锦里为中心，打造集文化展示、研究、观赏于一体的文化走廊；以武侯祠为模板，充分开发赵云墓等文物资源，集保护与利用于一体，打造三国旅游文化专线，将赵云、关羽、张飞文化和其他相关文化结合起来打造游客体验中心和文化产品，这样不仅能带动相关产业的发展，而且能提升成都的影响力。随着科技的发展，以文化遗产为题材的新兴产品层出不穷，成都可以将三国文化进行再开发，利用 VR、AR、MR 等新兴的科技手段，打造三国动漫文化和 3D 虚拟文化产品。坚持用热门景点带动冷门景点，搞活三国文化遗迹，与德阳、绵阳等地合作，加强财政和政策支持，做大做强三国文化，使三国文化走出国门走向世界。

成都作为第一批国务院公布的 24 个历史文化名城之一，经过改革开放 40 多年的发展，面貌焕然一新，城市的功能和设施不断提升，成为西部地区最重要的大城市之一。红色文化是成都文化体系中浓墨重彩的一笔②，是在革命年代，由中国共产党、先进分子、人民群众共同创造并极具中国特色的先进

---

① 郭的非. 文化遗产、全球史观与三国文化论析［J］. 成都大学学报（社会科学版），2020（4）：83-87.

② 郭政玲. 红色文化视域下的历史文化名城建设：以四川成都为例［J］. 中国经贸导刊（中），2021（1）：154-156.

文化①。红色革命精神在历史的发展中与城市的建设融为一体。成都的红色文化资源具有丰富的精神内涵，铸就了城市特殊的文化底蕴，是城市文化软实力中不可缺少的重要基因。从成都保路运动到成都解放，再到现在改革开放，成都走过了100多年的发展历程，可供开发和利用的革命资源、红色资源相当丰富。例如十二桥烈士，红岩烈士张露萍、丁地平，红军长征著名遗迹，东郊记忆，改革开放之后成都建设的农家乐旅游发源地——农科村，2008年汶川地震后建设的一系列纪念馆等，这些都是成都发展到现在的历史记忆。成都的这些文化底蕴造就了现在的成都。从红军长征到三线建设到抗震救灾再到现在的抗击疫情，革命文化、红色文化都流淌在城市的记忆中、人民的心中，它是这座城市的精神灯塔，是人们心中神圣的净土。红色文化是成都的铠甲，是成都在现代化建设中脱颖而出的关键。

党的十九大报告指出："要坚持创造性转化、创新性发展，不断铸就中华文化的新辉煌。"② 在经济和科技飞速发展的今天，以文化打底的新兴产业发展壮大。以"天府文化"为例，成都的文化产业不仅发掘了文化的商业价值，而且打造了一条独特的文化走廊。成都最具有代表性的文化有川剧、蜀绣、三国文化、三星堆等，这些为电子游戏、表演艺术等提供了创作的素材。成都享有"网游第四城""手游第四城"等盛誉③，从2001年起，世界各大游戏公司在成都布局，2001年成立的成都梦工厂网络信息有限公司是成都第一家游戏公司。成都以游戏为中心的年营收额已经达到200亿元，近20年的发展，游戏行业已经是成都的支柱产业，在现代化发展中游戏还将发挥更大作用。表演艺术根植于民族文化④，为我国社会主义现代化建设推波助澜。成都丰富的文化为电影、电视剧、话剧、舞台表演提供了素材，四川音乐学院、四川传媒大学、成都理工大学等学校的表演专业为社会输送了大量的表演艺术人才，让这些文化素材在导演、编剧、演员等工作人员的共同努力下呈现给观众。这不仅丰富了人们的文化生活，还提升了传统文化在人们心中的地位。在全球化发展的现代社会，一个国家的文化实力体现着这个国家的综合实力，文化产业的竞争就是一个国家综合国力的竞争。

---

① 李红梅. 红色文化的研究宣传与刘开渠纪念馆爱国主义教育的开展 [C] //中国博物馆协会纪念馆专业委员会. 红色文化论坛论文集，2012：5.

② 胡玉珠，胡晓宇，孟芸. "天府文化"视角下的电子游戏产业发展分析 [J]. 现代商业，2019（29）：43-44.

③ 周亚亚. 成都游戏产业的成长路径与发展策略 [J]. 新媒体研究，2019，5（3）：60-62.

④ 黄晓懿，钟林. 中国表演艺术产业经济与社会整合推动机制研究 [J]. 中国民族博览，2019（4）：66-67.

今天文化强省被提到一个崭新的高度，文化是现代化建设的重要力量。成都是一座历史文化丰厚的城市，也是产生名人较多的城市。古代有司马相如、杨雄、常璩、李升、范镇、范冲、费密等文学家和画家，现代有巴金、流沙河、余杰、韩素音、刘正成、阿来、李焕民、徐匡等，他们创造了大量的文学作品和绘画作品，在国内外享有很高地位。近年来四川文艺界紧跟中国共产党的领导，创作出一系列反映社会发展的文学作品。如近几年成都的脱贫攻坚战，文学家根据中国发展的阶段创作出了长篇报告文学《悬崖村》、长篇小说《迎风山上的告别》、中篇小说《高腔》等，这些都是体现中国脱贫攻坚的优秀作品，其中多部作品被翻译成英文、俄文、韩文等语言出版；还有描写成都人文特点、美好风光的作品，如《云中记》《成都书》等；随着互联网的发展，涌现出一批网络文学，如《金缕词》《商藏》等阅读量惊人。一座城市提供的公共服务，关系着民生之基、幸福之本①。成都常住人口超过两千万，完善的公共文化服务是城市发展的必要条件。走在成都的街头巷尾都能看到各种图书馆、博物馆、文化苑等，如四川博物馆、成都图书馆、当代艺术馆、天府美术馆等，天府双塔、音乐会、主题派对等一系列节目不断上演，丰富着成都人的文化生活，展现着成都的特色，吸引着国内外的游客。

当前我国经济从高速增长阶段转向高质量发展阶段②，这对高质量的创新人才需求量极大，成都利用优惠政策吸引人才的同时要充分发挥高校的作用培养创新人才，促使成都经济顺利转型升级。各大高校充分利用现代信息技术，实行多平台信息教学，利用"互联网+教学"的模式，建立多个免费的学习App，制作高质量的学习视频，提高老师的在线教学水平；采用"双师"型团队教学法，邀请企业、专家到学校讲座，学生在学习理论知识的同时结合社会实践，实现理论知识的现实转化；随着我国教育改革的开展，成都应紧跟中央政策，合理规范校外培训机构，让教育的主导权掌握在国家手中，让九年义务教育的理念扎根在人们心中，引导器乐、美术、表演等培训机构合理发展，不断丰富学生的校外生活；中国正处在百年未有之大变局下，科学技术的发展日新月异，成都紧跟时代发展步伐，持续调整教学模式，采用产、学、研相结合的方式，为城市不断输送创新型人才，提升城市的建设水平。

---

① 王雪娟. 公共文化服务：成都做对了什么？［N］. 中国文化报，2021-08-31（4）.

② 朱丽萍，左仁淑，罗堰，等. 新媒体背景下新商科人才培养教学方法研究［J］. 企业科技与发展，2021（7）：140-141，144.

（二）推动开展文化环境建设法治保障效果评价工作

文化环境是人民的精神家园，是社会文明的重要标志。建设良好的文化环境，需要有法治的保障，也需要进行效果评价。法治保障是文化环境建设的基础和前提，效果评价是文化环境建设的动力和导向。进行文化环境建设法治保障效果评价可以推动文化环境建设的科学化、规范化、制度化，实现文化环境建设的质量提升。为了探索建设文化环境法治保障效果评价工作的方法和路径，下文将以成都市为例，从文物保护、红色文化保护、网络游戏监管、表演艺术规范、知识产权保护五个方面进行文化环境建设法治保障效果评价，并提出改进建议。

一是文物保护相关规范实施方面。成都市拥有众多历史悠久的文物资源，如杜甫草堂、武侯祠、金沙遗址等。为了更好地保护这些文物资源，成都市出台了文物保护管理的制度规范，明确了对具有艺术品质、体现时代特性的出土文物的保护措施，并建立了完善的监督管理机制。同时，成都市还加大了对文物保护人才的培养和引进力度，提高了文物保护工作的专业水平。成都市在文物保护方面的法治保障工作取得了显著的成效，文物资源得到了有效的保护和利用，文化遗产得到了传承和发扬，文化自信得到了提升。

二是红色文化保护相关规范实施方面。成都市拥有如繁星般璀璨的红色资源。为了更好地保护这些红色资源，成都市设立了专项资金，修缮红色建筑，制定了红色文化保护管理的法律法规，对破坏红色资源的行为进行严厉处罚，并开展了丰富多彩的红色文化宣传教育活动。同时，成都市还加强了对红色文化的研究和创新，培育了一批红色文化品牌和产品。成都市在红色文化保护方面的法治保障工作取得了显著的成效，红色资源得到了有效的保护和利用，红色文化得到了传承和发扬，爱国主义精神得到了弘扬和提升。

三是在网络游戏监管相关规范实施方面。为规范网络游戏行业的发展，成都市出台了未成年人网络空间保护方面的制度规范，明确了对网络游戏内容、运营商等的监管要求，并建立了完善的执法监督机制。同时，成都市还加大了对网络游戏行业的引导和支持，鼓励网络游戏开发者创作符合社会主义核心价值观、有益于青少年身心健康、有益于中华优秀传统文化传播的网络游戏。成都市在网络游戏监管方面的法治保障工作取得了显著的成效，网络游戏环境得到了净化，网络游戏行业得到了健康和有序的发展，未成年人获得了安全的网络空间。

四是表演艺术相关规范实施方面。表演艺术能给人们带来欢乐和启迪，也是展示城市和地区文化魅力和水平的窗口。表演艺术涉及电影、电视剧、舞台剧、音乐、舞蹈等多种形式。为了更好地规范表演艺术秩序，成都市出台了表演艺术管理方面的制度规范，明确了对表演艺术的内容、主体、场所、活动等方面的管理要求，并建立了完善的审批监督机制。同时，成都市还加强了对表演艺术的扶持和推广，鼓励表演艺术创作者创作符合社会主义核心价值观、有益于人民群众精神文化需求、有益于中华优秀传统文化传播的表演艺术作品。成都市在表演艺术规范方面的法治保障工作取得了显著的成效，表演艺术环境得到了规范和优化，表演艺术行业得到了健康和有序的发展，人民群众得到了丰富和优质的文化享受。

五是知识产权保护相关规范实施方面。知识产权是创新型国家建设的重要支撑，也是城市和地区经济社会发展的重要驱动力。知识产权涉及文学、科技、艺术等多个领域，既包括文化名人的作品，也包括各类创新成果。为了更好地保护知识产权，成都市建立了完善的知识产权保护协调推进机制。同时，成都市还加强对知识产权的培育和运用，鼓励知识产权创造者创作服务于国家战略、有益于科技进步和文化繁荣、有益于国际交流与合作的知识产权作品，并给予相应的奖励和支持。成都市在知识产权保护方面的法治保障工作取得了显著的成效，知识产权资源得到了有效的保护和利用，知识产权创新得到了持续和快速的发展。

通过以上的效果评价工作可以看出，成都在文化环境建设法治保障工作方面取得了显著的成就，为其他城市和地区提供了可借鉴的经验和做法。但是，也要看到，成都市在文化环境法治保障工作方面还存在一些不足和问题，需要进一步改进和完善。一是在制度规范制定方面。虽然成都出台了一系列与文化环境建设相关的法律法规和制度规范，但是这些法律法规和制度规范还不够系统、完善、协调，存在重复、冲突、空缺等问题。因此需要立法、行政部门加强对现有法律法规和制度规范的梳理和整合，消除不必要的重复和冲突，填补明显的空缺和漏洞，形成一个系统、完善、协调的文化环境法治保障制度体系。二是在执法监督方面。虽然成都建立了有效的执法监督机制，但是在实际执行过程中，还存在需要进一步改进的空间。因此未来要进一步落实和完善执法监督机制，提高执法人员的素质和能力，加大执法力度，确保文化环境法治保障工作的公正、公平、公开。三是在效果评价反馈方面。虽然成都市开展了一系列的效果评价工作，但是这些效果评价工作还不够规范、科学、客观。未来应当加强对效果评价工作的规范和创新，建立科学、客观、全面的效果评价指标体系和方法体系，并及时将效果评价工作的结果反馈给相关部门和人员，为文化环境法治保障工作的改进和完善提供依据和参考。从整体看，文化环境建设法治保障效果评价工作是一个长期而艰巨的任务，需要各级各部门和各界各方的共同努力和支持。

九、小结

法治是人类进入文明社会的重要标志。法治是人类经济发展、政治发展、社会发展的一项重要成果，是现代化建设的一个基本框架。无论是一个国家的发展建设，还是每一个人的发展，都需要法律的指引。对于中国这个世界上最大的发展中国家，要实现真正的法治，就要坚持依法治国、依法执政、依法行政，共同推进法治国家、法治政府、法治社会一体建设①。习近平总书记在各种场合多次强调要坚持科学立法、严格执法、公正司法、全民守法；要继续推进法治领域改革，解决好立法、执法、司法、守法等领域的突出矛盾和问题②。实施依法治国基本方略，是实现经济发展、社会进步、国家长治久安的根本保障。四川位于中国的西部地区，这里人口稠密、产业集中、城镇密集，而且四川与周边其他地区在地理、历史、文化、政治、经济方面联系紧密，有着一体化发展的先天优势。应努力把四川建设成为连接长江经济带和"一带一路"建设的中轴核心，立足西部地区辐射带动周边地区发展的法治建设新高地、法律服务的聚集地、法治化营商环境的示范区、公共法律服务普惠区③。

把成都建设成为国际门户枢纽城市必须根据成都的实际情况，抓住当前发展建设成渝地区双城经济圈的战略优势，推动成都协调发展，促进人才、资源

---

① 四川省人民政府. 习近平在中央全面依法治国工作会议上强调坚定不移走中国特色社会主义法治道路为全面建设社会主义现代化国家提供有力的法治保障 [EB/OL]. (2020 - 11 - 17) [2021 - 08 - 06]. http://www.sc.gov.cn/10462/10778/14586/14587/2020/11/17/79b0bbcee6bd48cdaf 90822b6ae4ae51.shtml.

② 四川省人民政府. 习近平在中央全面依法治国工作会议上强调坚定不移走中国特色社会主义法治道路为全面建设社会主义现代化国家提供有力的法治保障 [EB/OL]. (2020 - 11 - 17) [2021 - 08 - 06]. http://www.sc.gov.cn/10462/10778/14586/14587/2020/11/17/79b0bbcee6bd48cdaf 90822b6ae4ae51.shtml.

③ 四川省人民政府. 王彬介绍川渝两地司法行政如何进一步开展全方位、多层次的深度合作为成渝两地区双城经济圈建设提供法治保障 [EB/OL]. (2020 - 06 - 18) [2021 - 08 - 06]. http:// www.sc.gov.cn/10462/c102997/2020/6/18/f0e3ef83d5b94c5aacba30a49abb178a.shtml.

和资金等各类发展要素的合理流动和聚集，发挥成都中心城市的协调带动作用，把成都建设成为国际门户枢纽城市，助推整个西部地区经济的健康发展。我国是世界上最大的发展中国家，依法治国是我们的本质要求。推动成都发展建设也要坚持法治的理念。要想促进成渝地区经济、政治、文化、生态的协同发展，就必须发挥两个城市的优势，而法治保障就是成都健康发展必不可少的基础和条件。加快成都法治建设，推动经济的现代化发展。进入新时代，我国的各项法律法规更加完备，粤港澳大湾区、京津冀、成渝地区双城经济圈等区域经济圈的健康发展都需要依靠法治保障作用。成都作为我国西部地区经济发展的引擎，在政治协调、区域发展、产业融合等方面取得了重大的成就，成都始终把依法治国贯彻落实到经济发展的方方面面，全面提升成都法治建设水平，以便在矛盾风险来临时成都乃至整个西部地区有更好的应对能力，使成都社会环境建设更加公平、市场更加协调一致、改革发展更加坚强有力。成都坚持在法治的保障下促进融合发展，不断提高政府的工作水平，增强"四个意识"、坚定"四个自信"、做到"两个维护"，不断深化对成都建设国际门户枢纽城市重要意义的认识，持续推动市场化改革，建设更加开放公平的市场体系，依法规范市场主体的活动、保障人民群众的利益、完善法治环境，加快推动成都建设国际门户枢纽城市的各项政策任务落实。

受地理环境影响，西部地区在发展的过程中存在着相当多的困难，比东部地区发展慢些。但随着改革开放深入，成都联动重点区域协同发展，依靠"六大任务"提升成都的对外开放水平。《中共中央 国务院关于新时代推进西部大开发形成新格局的指导意见》指出：以共建"一带一路"为引领，加大西部地区开放力度①。要提高成都、重庆的对外开放水平，增强成都对西部地区的辐射带动作用。成都要打造多向度战略大通道体系、建设高效率枢纽体系、建设高能级开放平台体系、构建高效现代流通体系，推动自贸试验区在法律规定的范围内先行先试，探索出适合本地区发展的行政管理体系。天府国际机场的建立使成都成为拥有双机场的城市，航线数量大幅度提升，使成都成为全国重要的航空枢纽城市。加快成都铁路建设，加强与全国各个省份的联系，搭上便捷的交通体系的顺风车，促进铁路港经济开发区建设。加快成都各功能平台基地建设，提高国际合作园区发展水平，促进成都经济转型升级。成都不断构建"双走廊"的经济发展格局，加快形成"欧盟—成渝—日韩""成渝—

---

① 中共中央 国务院关于新时代推进西部大开发形成新格局的指导意见［EB/OL］.（2020-05-17）［2021-08-06］. http://www.gov.cn/zhengce/2020-05/17/content_5512456.htm.

东盟"开放通道体系和"四向多廊"全球物流网络①，提升成都对外开放的疏散能力、协调能力、辐射带动能力。成都作为西部地区经济发展水平较高的城市，在现代化建设中具有举足轻重的地位，把成都建设成为国际门户枢纽城市，能够带动西部地区发展。

改革开放以来，四川人民在中国共产党的领导下，奋勇争先，顽强不屈，锐意进取，求实创新，在社会发展各个方面取得了辉煌成就，四川发生了天翻地覆的历史巨变。我们要保证党的清正廉洁，全面从严治党永远在路上，坚持中国共产党统领一切，坚持社会主义制度不动摇，坚持我国的一切政策方针都来源于人民、用之于人民，坚持中华民族伟大复兴的历史使命，永葆清正廉洁的政治本色。新时代，成都建设国际门户枢纽城市这一发展政策需要法治保障促进其顺利实现。成都坚持依法治市、依法执政、依法行政、建设法治政府和法治社会，让"法治城市"的美誉落地成都。要提高成都社会主义政治建设水平，完善人民代表大会制度，保障人大及其常委会的权力；密切人大代表与人民群众的联系，让人民群众的诉求通过人大代表表达出来；发挥人民政协参政议政的作用，提高建言献策水平；更好地发挥工会、共青团等人民团体的作用，让人民群众的声音出现在成都的建设中。要强化成都地区立法工作，坚持党的领导，进行科学立法，把立法和成都的改革发展联系起来；听取学者、专家和人民群众的意见和建议，保障立法选题、起草、审议各个环节的顺利进行；优化基层立法联系点制度，建立健全立法中涉及的重大利益调整事项论证咨询机制、争议较大的重要立法事项引入第三方评估制度和立法后评估制度②。不断提高依法行政水平，保障决策的科学化、民主化，对于重大的行政决策要保证有专家的讨论、公众的参与，保证执法工作向社会进行公示，记录执法的全过程；深入推进"放管服"改革，在执法方面更加公正文明，司法的公信力得到全面提升，法治保障社会的公平正义，努力让人民群众感受到每一个司法案件的公平正义；完善成都地区的监督体系，对于执法过程中出现的严重错误要终身追究责任。成都是西部地区经济发展的龙头，完善的法治体系有利于经济的健康发展，有利于改革开放的进一步扩大，有利于成都建设国际门户枢纽城市。

---

① 成都市人民政府. 成都市国民经济和社会发展第十四个五年规划和二〇三五年远景目标纲要［EB/OL］. (2021-02-07)［2021-08-06］. http://gk.chengdu.gov.cn/govInfoPub/detail.action? id=2876436&tn=2.

② 成都市人民政府. 成都市国民经济和社会发展第十四个五年规划和二〇三五年远景目标纲要［EB/OL］. (2021-02-07)［2021-08-06］. http://gk.chengdu.gov.cn/govInfoPub/detail.action? id=2876436&tn=2.

参考文献

曹阳昭，2015. 中国区域法制实施研究 [M]. 成都：四川大学出版社.

陈光，2019. 论区域法治竞争视角下的地方立法协调 [J]. 东方法学（5）：100-108.

陈广汉，2018. 粤港澳大湾区发展报告 [M]. 北京：中国人民大学出版社.

戴小明，2020. 区域法治：一个跨学科的新概念 [J]. 行政管理改革（5）：65-73.

戴小明，2020. 区域法治研究：价值、历史与现实 [J]. 中共中央党校（国家行政学院）学报，24（1）：87-98.

戴小明，冉艳辉，2019. 新中国民族区域法治运行轨迹与基本经验 [J]. 中南民族大学学报（人文社会科学版），39（6）：7-14.

戴永红，秦永红，王俭平，等，2016. 中国与南亚·东南亚区域合作 [M]. 成都：四川大学出版社.

杜维超，2018. 论新时代法治评估的区域化转向 [J]. 法治现代化研究，2（6）：38-54.

范今朝，2013. 行政区划体制与城乡统筹发展 [M]. 南京：东南大学出版社.

丰志勇，2012. 国家发展战略视角下的区域政策与经济增长研究 [M]. 南京：东南大学出版社.

付承伟，2012. 大都市经济区内政府间竞争与合作研究 [M]. 南京：东南大学出版社.

高薇，2014. 德国的区域治理：组织及其法制保障 [J]. 环球法律评论，36（2）：177-192.

葛宝琴，2013. 新型城镇化下的中国区域经济协调发展 [M]. 杭州：浙江工商大学出版社.

公丕祥，2014. 法治建设先导区域的概念与功能［J］. 江海学刊（5）：124-132.

公丕祥，2014. 区域法治发展的概念意义：一种法哲学方法论上的初步分析［J］. 南京师大学报（社会科学版）（1）：57-72.

公丕祥，2014. 区域法治发展与文化传统［J］. 法律科学（西北政法大学学报），32（5）：3-13.

公丕祥，2015. 法治中国进程中的区域法治发展［J］. 法学（1）：3-11.

公丕祥，2016. 还是区域法治概念好些：也与张彪博士、周叶中教授讨论［J］. 南京师大学报（社会科学版）（1）：5-24.

公丕祥，2018. 当代中国区域法治发展的动力机理：纪念中国改革开放四十周年［J］. 江苏社会科学（4）：20-32.

公丕祥，2018. 法治发展的区域分析：一种方法论的讨论［J］. 法学（5）：3-14.

公丕祥，2018. 国家发展：区域法治发展的分析工具［J］. 社会科学战线（2）：207-214.

公丕祥，2019. 空间关系：区域法治发展的方式变项［J］. 法律科学（西北政法大学学报），37（2）：3-13.

顾朝林，赵民，张京祥，2012. 省域城镇化战略规划研究［M］. 南京：东南大学出版社.

韩业斌，2019. 我国法治化营商环境的区域差异及其影响因素［J］. 领导科学（8）：118-120.

何勤华，杨安舒，郑欣沂，2014. 区域法治文化初探［J］. 扬州大学学报（人文社会科学版），18（5）：10-18.

洪世键，张京祥，2012. 城市蔓延机理与治理［M］. 南京：东南大学出版社.

胡德，2014. 权力空间过程与区域经济发展［M］. 南京：东南大学出版社.

贾婷月，2019. 公共支出、劳动力流动与制造业地区差距［M］. 上海：上海社会科学院出版社.

江雪松，2017. 国家治理体系中的区域法治发展类型学分析［J］. 宁夏社会科学（4）：41-48.

姜涛，2014. 区域法治发展路径：一个文化论的解释［J］. 江海学刊（4）：131-140.

焦凤君，王春业，2011. 经济区域发展的法制保障研究［J］. 理论建设（3）：5-12.

靖学青，2018. 中国区域战略与上海转型发展［M］. 上海：上海社会科学院出版社.

郎全发，2004. 创造良好的地方法制环境是保障区域经济发展的重要条件［J］. 甘肃农业（8）：88-89.

李崇科，2014. 云南边境少数民族地区县域经济科学发展研究［M］. 昆明：云南大学出版社.

李俊，梁东，李志宏，等，2016. 区域合作发展政府间协调机制研究［M］. 武汉：武汉理工大学出版社.

梁海燕，2017. 甘肃经济协调发展与区域法治建设研究［M］. 兰州：甘肃人民出版社.

林海，2016. "区域法治先行"概念基础与实践径路的再检讨［J］. 南京师大学报（社会科学版）（3）：74-79.

刘爱龙，2016. 我国区域法治绩效评估体系建构运行的特征、困境和出路［J］. 法学评论，34（6）：24-33.

刘丹冰，2014. 法制统一、人权保障与区域特色［J］. 西北大学学报（哲学社会科学版），44（1）：83-87.

刘士国，2010. 用法制之盾保障区域良性发展：鄱阳湖生态经济区环保法制构建［J］. 环境保护（6）：51-53.

刘志彪，江静，2021. 长三角一体化发展的体制机制研究［M］. 北京：中国人民大学出版社.

刘志彪，徐宁，孔令池，2019. 长三角高质量一体化发展研究［M］. 北京：中国人民大学出版社.

陆远权，2013. 人口贫困与区域可持续发展［M］. 重庆：重庆大学出版社.

吕国辉，王海翔，2014. 长江三角洲区域创新系统研究［M］. 杭州：浙江工商大学出版社.

马存利，2016. 流域跨界水污染视野下区域合作行政的法制保障：以长三角为例［J］. 山西农业大学学报（社会科学版），15（3）：177-183.

马海龙，2014. 京津冀区域治理［M］. 南京：东南大学出版社.

马述林，2016. 重庆发展改革筹谋［M］. 重庆：重庆大学出版社.

宁夏社会科学院，2019. 宁夏法治发展报告［M］. 银川：宁夏人民出版社.

牛国元，2011. 宁夏区域经济发展战略研究［M］. 银川：宁夏人民教育出版社.

彭建交，王燕，刘邦凡，2017. 经济一体化与京津冀协同［M］. 北京：中国人民大学出版社.

苏颖宏, 2014. 东盟五国制造业国际竞争力研究 [M]. 厦门: 厦门大学出版社.

孙久文, 2016. 区域经济学前沿 [M]. 北京: 中国人民大学出版社.

孙久文, 2020. 区域经济前沿 [M]. 北京: 中国人民大学出版社.

孙久文, 傅娟, 姚鹏, 2017. 中国区域经济发展报告 [M]. 北京: 中国人民大学出版社.

孙久文, 孙翔宇, 夏添, 2018. 中国区域经济发展报告 [M]. 北京: 中国人民大学出版社.

孙久文, 夏添, 张静, 2019. 中国区域经济发展报告 [M]. 北京: 中国人民大学出版社.

孙武军, 翟俊生, 2013. 区域经济转型升级与区域金融体系构建 [M]. 南京: 江苏人民出版社.

孙肖远, 2014. 构建区域信用治理与区域法治建设协同推进机制: 以信用长三角建设为例 [J]. 现代经济探讨 (9): 59-62.

陶品竹, 2018. 京津冀协同发展与区域法治建设研究 [M]. 北京: 中国政法大学出版社.

陶希东, 2014. 全球城市区域跨界治理模式与经验 [M]. 南京: 东南大学出版社.

屠启宇, 张剑涛, 2015. 全球视野下的科技创新中心城市建设 [M]. 上海: 上海社会科学院出版社.

汪厚冬, 2018. 我国民族自治区域法治建设实践、问题及其发展 [J]. 民族论坛 (4): 9-15.

王春业, 2018. 论京津冀区域协同发展中的法治促进 [J]. 南京社会科学 (1): 100-104.

王春业, 2020. 论我国 "特定区域" 法治先行 [J]. 中国法学 (3): 110-128.

王根荣, 2015. 浙江崛起的奥秘 [M]. 杭州: 浙江工商大学出版社.

王敬波, 2017. 我国法治政府建设地区差异的定量分析 [J]. 法学研究, 39 (5): 35-52.

王立国, 杨婷婷, 2014. 区域经济发展理论与实践研究 [M]. 北京: 新华出版社.

王林梅, 2018. 生态文明视域下长江经济带产业结构转型升级研究 [M]. 成都: 四川大学出版社.

王青斌，2018. 区域规划法律问题研究 [M]. 北京：中国政法大学出版社.

王燕，2016. 区域经贸法治的"规则治理"与"政策治理"模式探析 [J]. 法商研究，33（2）：161-171.

王莹，王允武，2018. 区域发展视域下民族区域自治地方法治建设路径探析 [J]. 河南师范大学学报（哲学社会科学版），45（4）：36-41.

王勇，郭倩倩，2013. 城乡统筹发展中的政策引导和法制保障：从区域比较的视角切入 [J]. 甘肃政法学院学报（1）：45-52.

王振，2018. 长三角协同发展战略研究 [M]. 上海：上海社会科学院出版社.

文正邦，2014. 法治中国视阈下的区域法治研究论要 [J]. 东方法学（5）：69-75.

吴大华，张帆，2019. 新形势下贵州区域法治建设调查与研究 [M]. 北京：中国政法大学出版社.

吴殿廷，杨春志，钱宏胜，2014. 中国新型城镇化战略及其推进策略 [M]. 南京：东南大学出版社.

吴殿廷，杨欢，郭来喜，等，2013. 县域经济的转型与跨越发展 [M]. 南京：东南大学出版社.

吴明，2011. 长株潭城市群体育产业发展战略研究 [M]. 北京：北京体育大学出版社.

席玮，2011. 中国区域资源、环境、经济的人口承载力分析与应用 [M]. 北京：中国人民大学出版社.

夏锦文，2014. 区域法治发展的法理学思考：一个初步的研究构架 [J]. 南京师大学报（社会科学版）（1）：73-88.

夏锦文，陈小洁，2015. 区域法治文化：意义阐释、运行机理与发展路径 [J]. 法律科学（西北政法大学学报），33（1）：3-12.

夏锦文，陆俊杰，2014. 长三角区域法治文化的基本特质与协同理路 [J]. 法学（8）：74-86.

谢俊，廖明，2016. 内陆开放区生态化建设法律问题研究 [M]. 北京：新华出版社.

谢遥，2018. 对地方法治研究三十年的整理与反思 [J]. 河北法学，36（7）：137-146.

邢俊，翟璇，柯海倩，2017. 区域经济治理 [M]. 成都：西南交通大学出版社.

徐洪海，孙婷婷，练江，等，2017. "一带一路"背景下四川省内陆开放型经济发展研究 [M]. 成都：四川大学出版社.

徐祖澜，2016. 纵向国家权力体系下的区域法治建构［J］. 中国政法大学学报
　　（5）：17-26，159.

阳盼盼，郑晓曦，陈旺华，等，2015. 我国西部地区循环经济发展机制与路径
　　研究［M］. 成都：四川大学出版社.

姚锡棠，2019. 浦东崛起与长江流域经济发展［M］. 上海：上海人民出版社.

姚毅，周灵，2018. "一带一路"背景下成都空港经济发展的战略与对策研究
　　［M］. 成都：四川大学出版社.

殷阿娜，2015. 中国开放型经济转型升级的战略、路径与对策研究［M］. 北
　　京：新华出版社.

殷为华，2013. 新区域主义理论［M］. 南京：东南大学出版社.

尤安山，2018. "21 世纪海上丝绸之路"建设与中国［M］. 上海：上海社会科
　　学院出版社.

于文轩，孙昭宇，2019. 论京津冀大气污染防治协同立法之完善：以区域法治
　　发展为视角［J］. 环境与可持续发展，44（3）：26-30.

张彪，周叶中，2015. 区域法治还是区域法制？：兼与公丕祥教授讨论［J］.
　　南京师大学报（社会科学版）（4）：40-51.

张春梅，2017. 区域经济空间极化与协调发展［M］. 南京：东南大学出版社.

张红伟，耿林，王芳，等，2011. 四川对外开放战略研究［M］. 成都：四川大
　　学出版社.

张健，2017. 产学研互动与区域协同发展［M］. 北京：中国人民大学出版社.

张丽艳，2016. 区域法治协同发展的复杂系统理论论证［J］. 法学（1）：
　　97-105.

张莉，2019. 高速铁路对区域经济发展的影响机理及效应研究［M］. 南京：南
　　京大学出版社.

张文显，2014. 区域法治文化问题的棱镜［J］. 扬州大学学报（人文社会科学
　　版），18（5）：5-9.

张志元，张梁，2013. 区域经济差异的资本形成机制研究［M］. 北京：中国人
　　民大学出版社.

赵慧，2018. 区域经济发展理论与实践［M］. 兰州：甘肃人民出版社.

赵驹，郭靖，梁正，2013. 成渝经济区会展业发展研究［M］. 成都：四川大学
　　出版社.

赵小芳，耿建忠，吴殿廷，2015. 中国沟域经济机理与发展模式研究［M］. 南
　　京：东南大学出版社.

周刚志，罗芬，2020. 论区域法治文化 类型、理据与发展方略：以湖湘法治文化为范例［J］. 湖南大学学报（社会科学版），34（4）：137-143.

周谷平，陈健，邓纯考，2017. 中国西部大开发发展报告［M］. 北京：中国人民大学出版社.

周丽，2016. 省际跨区域协同发展先行之路［M］. 北京：新华出版社.

周毅，2015. 经济区划与区域政策转型比较研究［M］. 北京：新华出版社.

朱建涛，郑丽华，2005. 区域经济协调发展的法制保障［J］. 湖南冶金职业技术学院学报（4）：402-404.